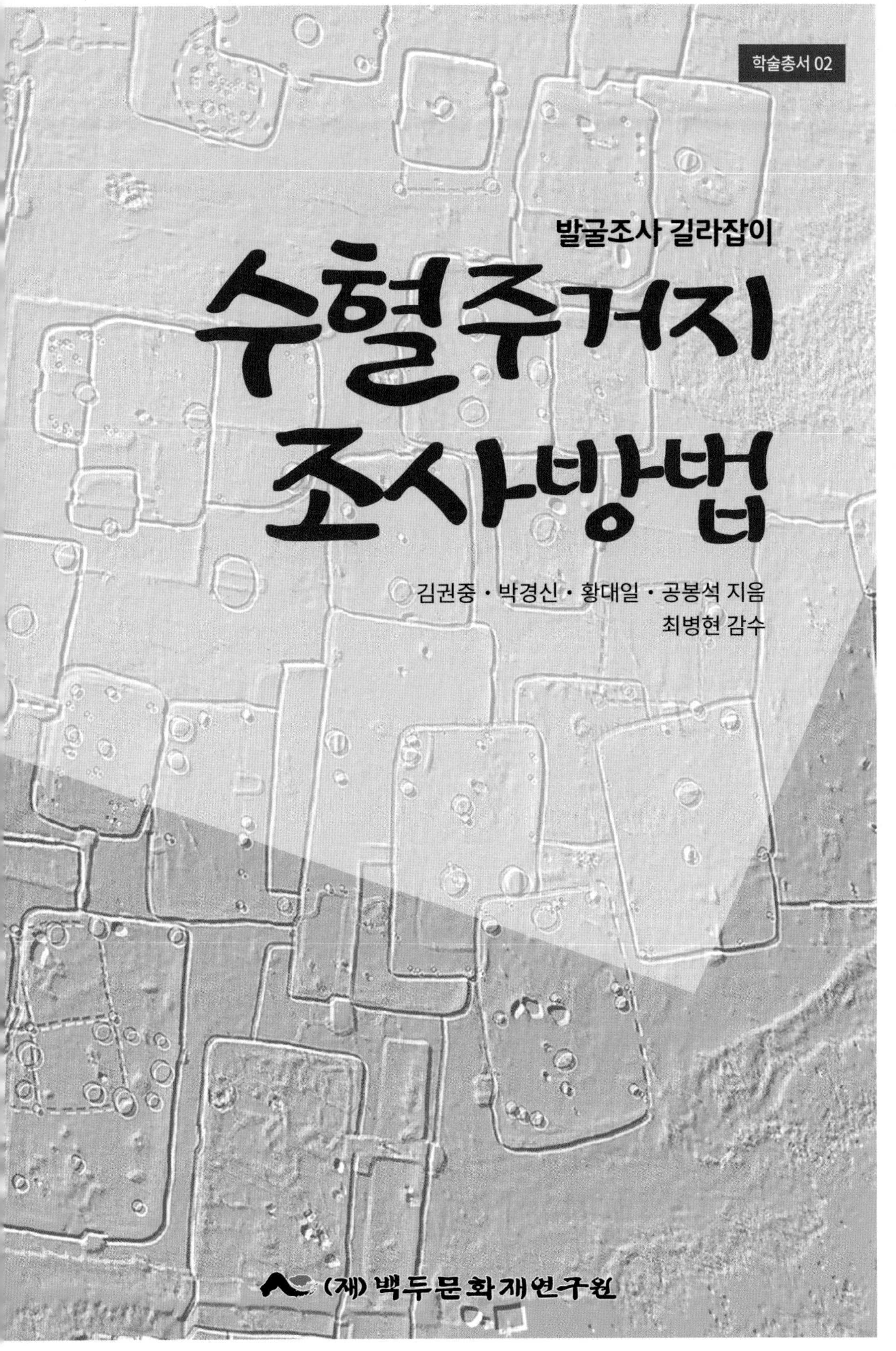

학술총서 02

발굴조사 길라잡이

수혈주거지 조사방법

김권중 · 박경신 · 황대일 · 공봉석 지음

최병현 감수

(재) 백두문화재연구원

발간사

수혈주거지는 분묘와 함께 발굴조사에서 가장 많이 접하는 유구일 것이다. 구조적으로 정형화된 분묘는 주로 매장이라는 행위에 집중되지만 수혈주거지는 조성 이후 사용과 폐기라는 일련의 과정을 거친다. 이로 인해 예측하기 힘든 다양한 양상으로 확인되기 때문에 조사와 해석에 많은 어려움이 있다.

과거 수혈주거지 조사가 증가하면서 몇몇 조사방법론이 제시되었는데, 특히 취락연구회(2004)의 『竪穴建物址 調査方法論』은 국내 수혈주거지 조사의 기틀을 마련하는 계기가 되었다. 당시에는 수혈주거지 조사방법에 관한 연구 자료가 많이 축적되지 않았기 때문에 주로 일본의 조사방법과 자료에 의존할 수밖에 없었다. 또한 내용이 다소 어렵고 일본식 용어를 그대로 사용하기도 하였다.

국내에도 이제는 셀 수 없을 만큼 많은 수의 수혈주거지가 조사되었다. 그러나 대부분이 구제발굴이기 때문에 항상 시간에 쫓기는 상황이며 이로 인해 기계적이고 습관적인 조사방법이 적용되어 왔다. 또한 발굴조사 현장에서 실제 조사담당자는 조사의 경험이 다소 부족한 조사원급 이하가 많은 것도 현실이다. 이와 같이 부족한 시간을 극복하고 조사를 담당하는 이들에게 현장에서 참

수혈주거지뿐만 아니라 수혈건물지,
각종 수혈유구 등의 조사에도 도움이 되기를 기대하며

고가 될 만한 지침서와 효율적인 조사방법의 필요성을 느끼게 되었다. 또한 이제는 국내 자료를 바탕으로 현재의 실정에 맞는 조사 방법이 필요한 시점이 되었다. 발굴조사는 이론적인 측면도 중요하지만 보다 실질적이고 경험적인 측면에서 접근하여야 한다. 이 책의 집필 목적은 필자들이 그간의 조사에서 경험한 사실을 정리함과 동시에 최근 조사된 사례들을 소개함으로써 수혈주거지 조사방법에 대한 진일보한 접근을 위한 것이다.

이 책은 수혈주거지 구조에 대한 올바른 이해와 적절한 조사방법을 소개하고자 하였으며, 특히 시대별 특성에 알맞은 조사방법을 정리하였다. 이 책의 발간으로 수혈주거지뿐만 아니라 수혈건물지, 각종 수혈유구 등의 조사에도 도움이 되기를 바란다. 다만 집필진의 능력 부족으로 많은 비판과 문제 제기가 있을 것으로 생각된다. 그럼에도 불구하고 다소 용감하게 이러한 지침서를 발간하게 된 것은 추후 좀더 나은 결과물이 나오기를 기대하는 마음이 앞섰기 때문이다.

2019. 08 집필자 일동

감수의 글

광복 후 우리나라에서 유적의 발굴조사는 국립박물관과 문화재관리국(현 문화재청) 산하 (국립)문화재연구소 등의 정부기관이 주도하던 시기가 있었고, 국토의 개발과 함께 폭증하는 구제발굴을 주로 대학 박물관이 맡아 하다, 지금은 민간 매장문화재조사 전문기관이 거의 모든 유적의 발굴조사를 수행하고 있다.

유적 발굴조사 수행기관의 이와 같은 변화는 불가피한 측면이 없지 않았지만, 급격하게 이루어진 변화 속에 대학에서 전문 교육과정은 이루어지지 못하고 민간 전문기관의 설립은 나날이 늘어나면서 수준 높은 전문인력의 수급은 어려운 상황이 되었다. 여기에 또 구제발굴은 속성상 속도전의 압력 속에 진행되어 항상 시간에 쫓기게 마련이다. 그러다 보니 담당 기관이나 조사원에 따라 발굴조사 수준과 성과의 편차가 심하다는 평가가 이어지고 있다. 유적 발굴조사의 수준 향상과 표준화가 시급한 실정이다.

이런 상황 속에서 유적조사 현장의 제일선을 맡아 온 연구자들이 뜻을 모아 수혈주거지 조사방법에 대한 새로운 지침서를 마련하였다. 수혈주거지는 구제발굴 현장에서 고분과 함께 가장 많이 접하는 유구이며, 이 책의 저자들은 각지에서 수혈주거지들을 직접 조사하고 연구해온 각 지역, 각 시대 수혈주거지 전문가들이다.

그러므로 이 책은 과거에 나온 유적조사 방법에 대한 책들과는 다르다. 이 방면 과거의 책들은 대개 발굴조사원 교육 프로그램 자료들을 엮어내 체계적이지 못하거나 이웃 일본의 조사 · 연구 사례에 기반한 것이 대부분이었다. 그러나 이 책은 철저히 우리나라 유적의 조사 경험을 바탕으로 쓰였고, 책 전개과정의 모든 근거들이 우리나라 유적 사례들로 제시되었다. 이 책은 유적조사의 지침서인만큼 긴 설명보다는 유적 조사과정에서 마주하게 되는 유구 각 부분의 도면과 사진을 빠짐없이 제시함으로써 유적조사의 실제 현장에서 활용도를 극대화한 것이 또한 장점이라고 하겠다.

그러므로 이 책은 우리나라의 수혈주거지 발굴조사에 합당한 좋은 지침서가 될 것이며, 전국의 수혈주거지 발굴조사 현장에서 적극 활용되기를 기대한다. 그러면서 아직 조금 남아있는 공동집필의 흔적과 차이 등 초판의 불비한 점들이 판을 거듭하면서 개선되어 한국 수혈주거지 발굴조사의 완벽한 지침서가 되기를 기대한다.

고고학은 과거의 인류가 남겨놓은 물질자료를 통해 당시 문화의 복원을 목표로 하며, 물질자료, 즉 고고학자료를 찾는 유적의 발굴조사가 그 연구의 시작이다. 유적의 발굴조사에서는 최대한의 정보를 얻어야 함은 물론이며, 그러기 위해서는 좋은 지침서가 필수적이다. 그러나 아무리 완벽한 지침서라도 발굴조사원의 열정이 없으면 무용지물이다. 유적의 발굴 현장에서 발굴조사원의 열정과 좋은 지침서가 만나 유적에 대한 최대한의 정보가 얻어지기를 기대한다.

2019. 08 최병현

일러두기

1. 이 책의 집필 대상은 수혈주거지이다. 수혈건물지 가운데 수혈주거지를 엄격하게 구분하기 어렵지만 대체로 수혈주거지로 인정되는 것들을 대상으로 하였다.
2. 원고는 선사시대, 원삼국~삼국시대, 통일신라~조선시대로 대별하여 시대별 집필자가 책임 집필하였다. 그리고 종합적인 체제의 통일과 검토는 김권중이 담당하였다.
3. 시대별로 조사방법을 분담하여 집필함에 따라 내용상 중복되는 부분이 있을 수 있다. 그러나 시대별 특성을 감안하여 필자의 견해를 그대로 수록하였다.
4. 용어는 국문 표기를 원칙으로 하되, 대체가 어려운 외래어는 제한적으로 사용하였음을 밝혀둔다.
5. 인용문 및 각주 표기는 한국고고학회 집필원칙에 따랐으며, 참고문헌은 원고의 마지막에 수록하였다.
6. 본문에 삽입되는 그림, 삽도, 표 등은 도면, 사진, 표 등으로 통일하여 표기하였다. 또한 도면의 축척은 통일하지 않았으나 필요시 제시하였다.
7. 본문에 사용한 도면과 사진은 출전을 밝혀 독자의 이해를 돕고자 하였다.
8. 이 책의 내용은 필자들의 경험에 의한 현상의 파악과 의견 제시임을 명확히 하고자 한다.

목차

머/리/말

발굴조사에서 획득한 고고자료가 당시의 문화를 복원하는데 중요한 가치를 가지는 것은 두말할 것도 없다. 특히, 수혈주거지는 인간이 영위하였던 문화의 복원에 있어서 수혈유구, 굴립주건물, 경작유구, 환호(환구), 목책, 도로, 수로, 우물 등과 함께 취락을 구성하는 요소 가운데 가장 핵심적인 것이다. 한국고고학에서는 1990년대 중반 이후 국토개발에 따른 발굴조사의 수요 증가와 함께 수혈주거지 조사도 급증하였다. 이러한 상황에 따라 수혈주거지에 관한 조사연구도 매우 활발하게 진행되어 많은 결과가 축적되었고, 이를 바탕으로 취락의 구조 분석은 물론 경관의 복원까지도 어느 정도 가능하게 되었다. 그러나 수혈주거지에 대한 검토와 해석이 선명하거나 완전하지 못하여 왜곡된 모습을 많이 보이기도 하였다. 이것은 수혈주거지 조사의 수적인 증가만큼 유구에 대한 올바른 이해와 접근이 이루어지지 않았기 때문이다. 그러므로 수혈주거지에 대한 올바른 이해를 토대로 조사가 실시되어야 취락의 구조는 물론 성격이나 경관의 복원이 적극적으로 논의될 수 있다.

이 글의 목적은 생활유적의 핵심자료로서
수혈주거지의 적절한 조사방법을 제시하고
유적에 대한 올바른 인식과
이해를 갖도록 하는 것이다

수혈주거지 조사는 조성과 사용, 폐기의 과정을 이해하는 것이 핵심이다. 고고학에서 유적의 발굴조사는 '어떻게 조사하고 무엇을 남길 것인가?' 라는 것이 명제(命題, proposition)라고 할 수 있다. 이를 수혈주거지 조사에 적용한다면 조성과 사용, 폐기를 이해하기 위하여 어떠한 방법으로 조사하고 무엇을 남길 것인가가 가장 중요한 문제일 것이다.

이 글의 목적은 생활유적의 핵심자료로서 수혈주거지의 적절한 조사방법을 제시하고 유적에 대한 올바른 인식과 이해를 갖도록 하는 것이다. 이를 위하여 그간에 논의되었던 각종 이론도 간략하게 살펴보고 실제 조사 사례들에 어떻게 적용되는가를 살펴보고자 한다. 특히 발굴조사로 축적된 수많은 자료를 시대별로 구분하여 각각의 특성을 살펴보고 적절한 조사방법을 설명하고자 한다.

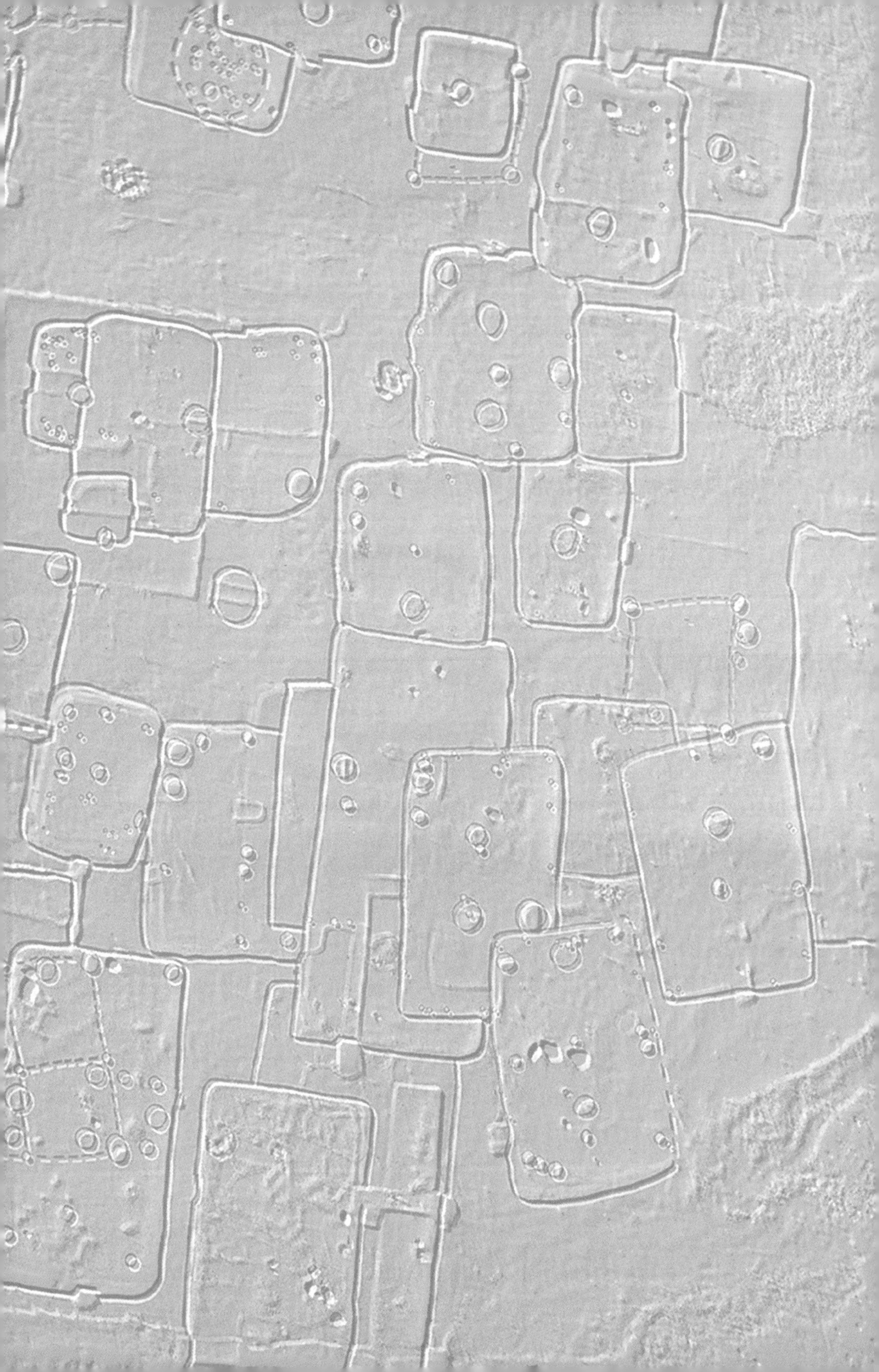

I

수혈주거지의 이론적 검토

01

1. 개념과 종류

일반적으로 수혈주거지[1]는 지상주거지와 대비되는 용어로 생활공간을 지하 또는 반지하에 마련한 주거지를 뜻한다. 우선 '주거住居'란 인간이 생활하기 위한 집이며 주거의 기능으로 휴식, 수면, 육아, 교육, 취사, 식사, 가재관리, 접객, 격리 등을 들고 있다(취락연구회 2004). 이러한 주거의 개념에 따라 유적에서 확인되는 유구에 대해 노爐의 존재 및 그 사용흔, 상면床面의 빈번한 이용에 따른 경화면의 확인, 조리용 토기와 기타 식기류, 식물조리용 도구의 출토 등 이 세 가지가 동시에 확인된다면 우선 주거지로써 판정해도 큰 무리는 없다고 한다(취락연구회 2004). 그러나 실제 발굴조사에서 확인되는 유구에 대해 이러한 기능을 엄격하게 적용하여 주거지로 구분하는 것은 쉽지 않은 일이다. 이로 인해 단지 몇 가지 단순한 기준을 적용하여 왔는데, 유구 내부에서 확인되는 시설

1) 수혈유구의 대표적 예인 창고와 함께 공방이나 기타 공공시설인 경우에도 일단 '竪穴建物址'로 부르되 주거로 인정되는 경우에만 '竪穴住居址'로 부르는 것이 좋다는 의견(취락연구회 2004)이 있다.

가운데 노, 저장공 등의 존재나 출토유물, 구조 등에 따라 주거지로 판단하거나, 또는 일정 면적 이상을 주거지로 보아야 한다는 의견[2]도 있었다. 또한 특별한 시설이 없는 소규모의 것은 수혈유구로 파악해 왔다[3].

수혈주거지는 성격이나 용도에 따라 일반주거지, 공방주거지, 취사주거지, 특수 용도(집회, 연회, 의례 등)의 주거지로 분류할 수 있다. 수혈주거지의 성격을 구분하는 방법은 규모, 형태, 구조, 내부시설, 출토유물 등에 따라 가능하다. 내부시설 가운데 가장 중요한 요소는 노와 저장공의 존재이다. 노와 저장공의 존재는 일상생활에서 소비와 저장이라는 측면에서 매우 중요한 시설이지만 송국리식주거지와 같이 확인되지 않는 경우도 있기 때문에 노와 저장공이 반드시 존재할 필요는 없는 충분조건이라고 할 수 있다. 또한 노가 있다 하더라도 그 기능이 일상생활에 필요한 것이 아니라 다른 용도, 가령 토기 등 기물의 제작과 관련된 소성燒成의 기능을 가진 것도 있을 수 있다. 어쨌든 한두 가지의 단순한 사항으로 판정할 수 있는 것은 아니라는 점이다. 일상생활에 필요한 도구를 갖추고 있으며 특별한 시설이 확인되지 않는다면 일단 일반주거지로 볼 수 있다. 또한 사천 본촌리 나지구 3호 주거지(**도면 1** 참조)[4]처럼 특수한 목적을 가진

---

2) 면적이 10㎡ 이하이고 내부에 노의 흔적이 없는 소형의 수혈유구들을 저장을 위한 시설로 추정하고 있다(김용석 1996: 84).

3) 일반적으로 수혈유구는 거주 목적이 낮다고 판단되었기 때문에 저장 기능만을 가진 시설로 보는 시각에는 문제가 있지만 일단 주거지와는 구분되어야 한다. 수혈유구는 비교적 규모가 작고 단순한 내부구조로 인해 성격 파악이 어려웠지만 폐기장, 태토채취장, 함정, 화장실, 가축사육장 등 다양하게 추정되고 있다.

4) 사천 본촌리 유적에서 확인된 나지구 3호 주거지는 길이 15.3m, 너비 8.3m로서 평면적이 126.9㎡이다. 다른 주거지에 비해 월등히 많은 양의 유물이 출토되었다. 다량의 유물과 함께 지석, 주상으로 잘게 분리된 수정, 대형토기에 남은 취사흔적 등으로 성격을 파악하고 있다. 특히 주거지 내부에는 규모에 비하여 한 기의 노만 노출된 상황으로 미루어 보아 일상주거용이 아닌 공방지적 성격이 강한 공동체 전 구성원이 참가한 집회를 위한 장소이며, 공방, 창고 등 복합적인 성격을 띤 공용건물로서 취락내의 공적인 행사를 주재하는 우두머리의 거처로 판단하고 있다(경상대학교 박물관 2011).

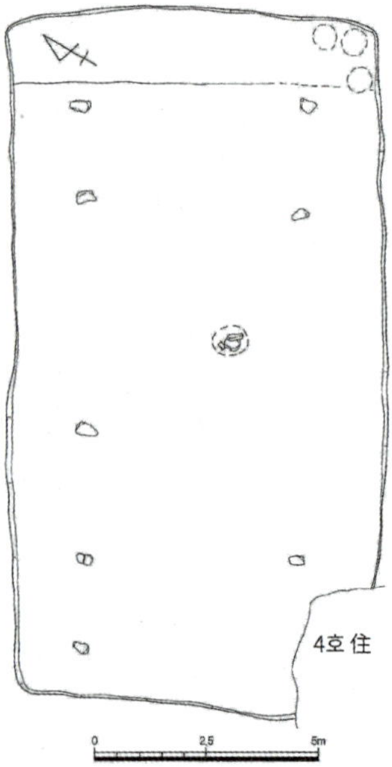

도면 1 본촌리 나지구 3호 주거지

주거지와 같이 집회나 연회 등 공공장소로서의 성격이 강한 것, 의식과 제의 행위가 확인되는 의례적 성격의 장소 등으로 구분할 수 있다.

수혈주거지의 평면형태 분류는 크게 원형계와 방형계 또는 돌출형계로 구분된다. 이 가운데 방형계[5]는 방형, 장방형, 세장방형으로 구분하고 있는데 연구자에 따라 약간씩 차이를 보이고 있다.(표 1 참조) 대체로 방형은 장폭비 1:1.5이하, 장방형은 1:2.5이하, 그 이상이면 세장방형으로 분류하고 있지만 절대적인 기준은 없다. 수혈주거지의 유형이나 지역별, 시기별 상황에 따라서 기준에 차이를 두는 것이 좋다. 또한 단순히 장폭비의 수치에 따를 것이 아니라 노나 중심주혈의 수, 단변의 폭 등도 함께 고려하여 분류하면 좋을 것으로 판단된다.

표 1 연구자에 따른 평면형태의 분류

분류 / 연구자	방형	장방형	세장방형
이기성	1~1.5	1.5~3.0	3.0이상
안재호	1~1.5	1.5~2.2	2.3이상
박영구	1~1.5	1.5~2.5	2.5이상
송만영	1~1.45	1.36~2.06	2.06이상
김권중	1~1.39	1.4~2.29	2.3이상

5) 말각방형계는 주거지 상단의 평면형이 말각인 경우가 많지만 주거지 바닥의 평면은 방형에 가까운 것들이 많으므로 크게 방형계에 포함한다.

02

조성, 사용, 폐기

수혈주거지의 조사에서 가장 중요한 것은 조성, 사용, 폐기의 과정을 밝히는 것이다. 수혈주거지가 어떠한 과정을 거쳐 폐기되고 매몰이 완료되는지에 대한 연구는 고바야시 겐이치小林謙一의 주거지 Life Cycle Model이 대표적인데, 이 모델은 주거지의 조성에서 사용, 폐기 등의 일생적 과정을 역으로 소급해가는 이론적 개념을 도면 2와 같

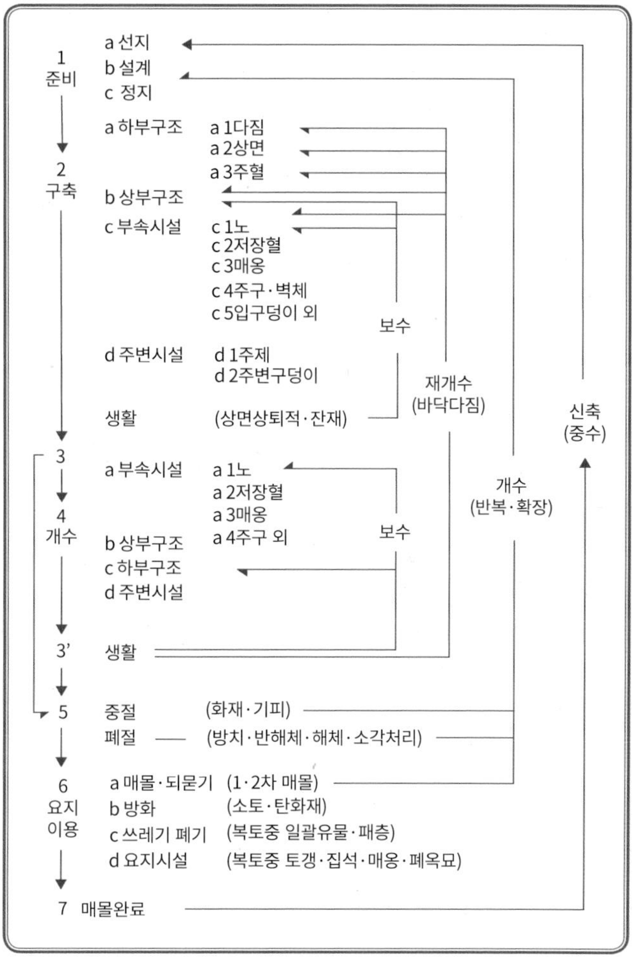

도면 2 Life Cycle Model(고바야시 1994 인용·수정)

이 설명한 것이다. 주거지(건물지)의 일생적 과정, 즉 계획, 구축(설치), 사용(유지), 수리(보수, 개수, 개축 등), 폐기, 재이용, 매몰이라는 과정을 역으로 소급하여 시간적 서열화를 시도하였다. 이 책에서 기술하는 내용은 이 모델에 기초하여 국내외 여러 연구자의 견해와 필자의 생각을 정리한 것이다.

1) 조성과정

수혈주거지의 조성과정을 개략적으로 살펴보면 ①**굴착** → ②**굴착면 다짐** → ③**중심기둥 설치** → ④**상부구조(지붕) 조성** → ⑤**벽체 조성** → ⑥**시설물 설치** → ⑦**바닥(생활면) 다짐** → ⑧**바닥재 부설** 등의 순서로 추정된다. 다만 시대나 지역, 상황 등에 따라 순서는 바뀔 수 있으므로 절대적인 것은 아니다.(**도면 3** 참조)

① **굴착** - 입지 선정 이후 주거지 조성의 가장 기초 단계로 지면에 수직에 가까운 굴광을 한다. 바닥과 벽의 요철면을 깎거나 메워 정지整地하기도 하지만 불규칙한 굴곡면을 형성하기도 한다. 구릉지에서는 바닥의 정지면을 생활면으로 사용하는 경우도 있다.

② **굴착면 다짐** - 굴착면의 바닥을 다지는 단계로 보통 1회를 실시하지만 충적지에서는 2회 이상 하는 경우도 많다. 점토와 같은 이질토를 가져와 다지지만 굴착토의 일부를 사용하는 경우도 많고 충적지에서는 표토도 혼입되어 전반적으로 블록Block상을 보인다. 이 다짐면을 바닥(생활면)으로 그대로 사용하는 경우가 많다.

③ **중심기둥 설치** - 굴착면 다짐 후 주기둥 설치를 위하여 구덩이를 파는 경우인데 굴착 이후 굴착면 다짐과 병행하는 경우도 있다.

④ **상부구조 조성** - 가옥의 상부구조인 지붕의 조성 단계이지만 주기둥 조성 시 병행될 가능성도 높다. 지붕은 용마루, 보, 도리, 서까래 등이 가구된다.

⑤ **벽체 조성** - 벽체의 구성에 필요한 재료(흙, 나무, 풀)로 외벽을 설치하는 과정이다. 지붕의 골조(뼈대)만 완성하고 벽체를 앞서 조성할 수도 있다.

⑥ **시설물 설치** - 출입구, 선반, 거치대, 침상 등의 각종 시설물을 설치하는 단계이다.

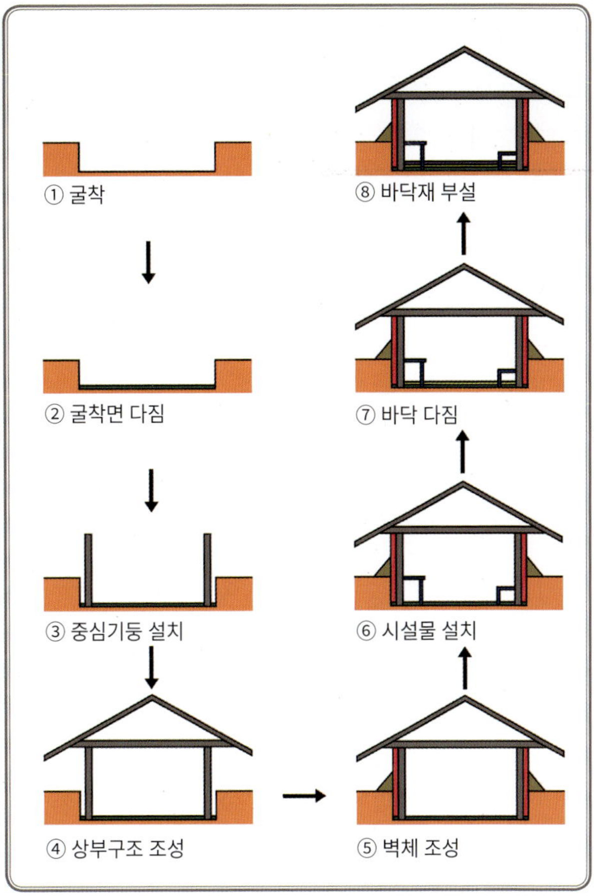

도면 3 수혈주거지 조성과정 모식도

⑦ **바닥(생활면) 다짐** - 주재료는 점토인데 비교적 얇게 다진다. 바닥 다짐 전후로 노, 저장공, 작업공 등을 설치한 것으로 추정된다. 주기둥 설치 이전에 바닥 다짐이 이루어지는 경우도 간혹 있다.

⑧ **바닥재 부설** - 바닥재를 깔지 않는 경우도 있겠지만 기본적으로 초본류, 피혁, 수목(판재) 등의 재료를 사용한다.

수혈주거지의 조성과정은 이상과 같이 추정되지만 거주인의 성향에 따라서 순서가 부분적으로 바뀔 가능성도 많다는 것을 염두에 두어야 한다.

2) 폐기과정

수혈주거지의 폐기과정을 파악하기 위해서는 우선 토층을 큰 단위로 구분하는 것이 가능해야 한다. 퇴적된 토층의 요소에 따른 구분은 다음과 같다. 아래의 내용은 이현석 외(2004)의 내용[6]을 다시 수정·가필하였다.(**도면 4** 참조)

① **최상부 퇴적토층〔直上層〕**: 내부가 완전하게 퇴적된 이후의 토양이다. 얕은 요지凹地가 형성되며 주거지와는 거의 관련이 없는 층이다.

② **2차 퇴적토층〔2次 埋沒土層/覆土上層〕**: 자연토층이며 주로 흑색계열의 부식토층이어서 다소 부드럽다. 굴광선은 주로 이 층에서 확인된다.

③ **1차 퇴적토층〔1次 埋沒土層/覆土下層〕**: 주거지 폐기 후 일정기간이 지난 뒤 유입된 것으로 중심기둥이 남아 있는 경우도 있다. 일반적으로 주변의 흙이 유입된 것이며, 층 자체에는 유물이 적으나 층 상하에 유물의 출토가 잦다.

④ **벽가 유입토〔壁際 流入土〕**: 주거지 외부에서 유입된 것으로 주거지 폐기 직후 최초로 유입된 흙이다. 주로 삼각상을 띠며 외부둑〔周堤帶〕이나 지붕토 등도 유입된다.

⑤ **바닥 퇴적토〔床面上 堆積土〕**: 최초의 바닥이 조성된 이후 폐기시까지 형성된 층으로 매우 단단하고 치밀하다. 유물 출토가 적고 흑색 계통의 유기물

6) 고바야시(1994, 1998)의 내용을 인용하여 수정한 것이다.

층이 형성되기도 한다.

⑥ **벽체 보강토〔壁體 補强土〕**: 벽체 외벽과 굴착벽 사이에 보강을 위한 충전토나 구축토이다. 단면이 삼각상을 띠는 것이 일반적이다.

⑦ **바닥 다짐토층〔貼床層〕**: 바닥(생활면) 조성을 위한 다짐층이다. 굴착면 다짐 후 이루어지고 굴착면 다짐토보다는 일반적으로 점성이 강하고 단단한 이질토를 가져와 다진다.

⑧ **굴착면 다짐토층〔床面下 整地土層〕**: 주거지 굴착 후 요철면 정지를 위해 깎거나 메운 층으로 대개 기반토와 함께 부식토, 점토, 모래 등이 혼입되기도 한다. 이 층을 바닥(생활면)으로 사용하기도 한다.

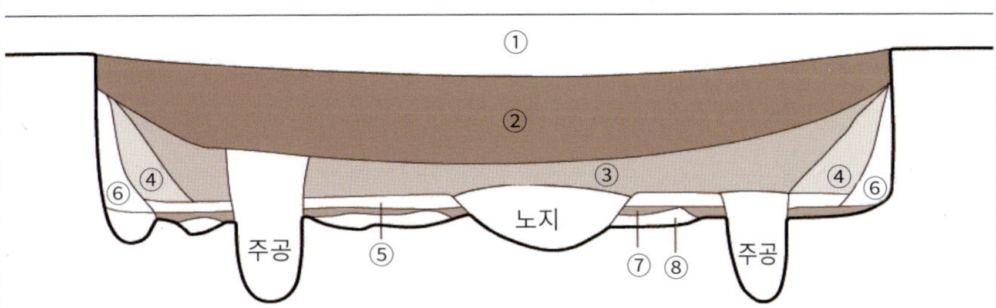

도면 4 수혈주거지 토층 단면 모식도(고바야시 1994 수정)

03

폐기 양상과 원인

주거지는 폐기된 상태로부터 현재까지 남은 자료이다. 폐기는 '못쓰게 된 것을 내버린다'는 뜻으로 방기放棄나 유기遺棄도 폐기의 범위에 속한다고 한다(이현석 외 2004). 폐기에는 다양한 이유에서 폐기자(거주인)의 폐기 의도가 내포되어 있기 때문에 유구의 잔존상태를 통한 폐기 의도의 파악이 중요하다고 할 수 있다.

폐기행위의 연구사를 살펴보면 폐기패턴론으로 종합할 수 있는데, 일본 연구자들이 유구와 유물의 잔존상태 분석을 통해 각종 패턴론을 연구하였으며, 다양한 패턴론[7]을 통해 당시 연구 상황의 한계를 극복하고자 하였다.

국내에서 폐기에 관한 본격적인 연구는 이상길(2000)이 시작하였고, 2000년대 중반에 이르러 취락연구회(2004)가 활성화되어 폐기에 대해 집중적으로 다루기도 하였다(이현석 외 2004). 유물의 폐기에 대한 이들 연구는 주로

7) 후키아게〔吹上〕패턴, 이도지리〔井戶尻〕패턴, 헤이와다이〔平和台〕패턴, 니시케지〔西耕地〕패턴, 신이도지리〔新井戶尻〕패턴 등이 있다.

일인 학자의 연구를 토대로 일본 자료의 소개와 국내 자료의 분석을 통해 각종 이론을 적용하고 있다. 국내에서도 유병록(2004)에 의해 유물의 정확한 출토양상의 파악을 통한 올바른 해석문제에 접근하기도 하였다. 이후 특정 유형의 수혈주거지와 관련하여 송국리문화 취락의 수혈주거지 폐기에 대해 집중적으로 검토하여 고의 폐기와 불의 폐기로 구분한 사례(梁慧珍 2011)도 있다.

주거지의 폐기 원인을 고고학적으로 밝혀내는 것은 매우 어렵다. 그러므로 폐기 양상과 과정을 이해하는 것이 중요하므로 토층과 잔존상태의 파악이 핵심이다. 폐기의 종류는 주거지의 일반적인 잔존상태에 따라 화재주거지와 비화재주거지, 즉 화재폐기와 자연폐기의 단순한 구분이 가능하지만 화재와 비화재라는 상태만으로 폐기 이유를 설명하는 데에는 한계가 있다. 폐기의 단순 분류는 가능하지만 폐기자의 의도가 내포되어 있지 않아 적절치 못하다. 폐기자의 의도를 파악하기 위해서는 폐기패턴론과 같은 연구가 선행되어야 한다. 이를 위해서는 층위의 명확한 파악을 통하여 주거지 사용시와 폐기 당시의 유물과 폐기 이후의 유물을 구분하고 유물의 출토 상황을 명확하게 파악하여 폐기의 다양한 패턴이 정리되어야 한다.

1) 폐기의 양상

일본의 폐기 연구 가운데 주목되는 것으로 오바 이와오〔大場磐雄〕(1955)는 유물의 폐기 패턴을 연구하여 이전(移轉 : 자연 폐기), 화재(災害 : 불의 폐기), 매장(埋葬 : 기피 폐기)이라는 3가지 가설을 상정하였다. 이는 폐기 행위에 대해 의미를 부여하고 인간의 폐기 동기에 접근한 연구이다. 국내에서 주목되는

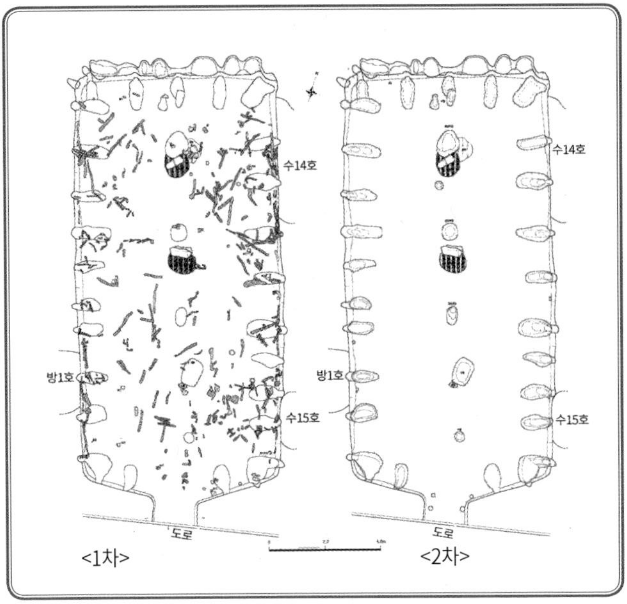

도면 5 우두동 롯데인벤스 유적 1호 주거지

것으로는 폐기 후 이를 처리하는 양상으로 방치, 소각, 해체의 3가지 경우를 상정하는 연구가 있다(이현석 외 2004). 그 내용을 살펴보면 다음과 같다.

① **방치** - 의도적인 소각이나 해체 과정 없이 타의적 방화나 실화, 자연재해, 이주 등에 의해 별다른 처리 행위 없이 그대로 방치하는 것이다. 매우 다양한 상태로 확인될 것이다.

② **소각** - 필요에 의해 의도적으로 소각한 경우이다. 소각 처리는 건축 부재의 소각, 전염병이나 질병 등으로 사망했을 때의 기피적인 행위로써 소각,[8)]의례적인 소각 등이 해당된다. 화재(타의적 방화와 실화)로 인한 폐기와의 구분이 필요하다.

③ **해체** - 건물의 골조를 이루는 구조재를 해체하는 것으로 사용된 목재가 그 대상이 된다. 해체된 목재는 건축부재로 재이용되거나 연료용 땔감 등으로 이용된다. 해체 주체는 거주 당사자이거나 제3자일 수도 있다. 건축부재의 재이용은 주로 주기둥을 뽑는 경우와 자르는 경우가 있겠지만 후자는 발굴

8) 이 경우 소각 처리 후 복토한 경우(춘천 거두2지구 북-10호, 북-15호 주거지)가 있다. 질병 문제에서 다시 언급하고자 한다.

조사에서 확인하기 어렵다.

위와 같은 폐기 양상 가운데 해체와 소각 행위가 함께 일어난 경우로 춘천 우두동 롯데인벤스 유적 1호 철기시대 주거지(강원문화재연구소 2007a)가 좋은 예이다.(도면 5 참조) 이 주거지의 해체 후 소각 행위의 원인은 이주라고 판단되며, 새로운 곳으로 이주 시 중요 자재인 중심기둥(중앙·벽)을 모두 뽑아 낸 뒤 해체하고 남은 것은 소각한 행위가 관찰된다. 또한 폐기 시 저장공이 아닌 주혈 내부에 토기의 매납도 함께 이루어져 폐기 의례의 일례를 보여주고 있다. 아래의 도면 6은 방치, 해체, 소각에 의한 폐기 양상을 모식도로 나타낸 것이다.

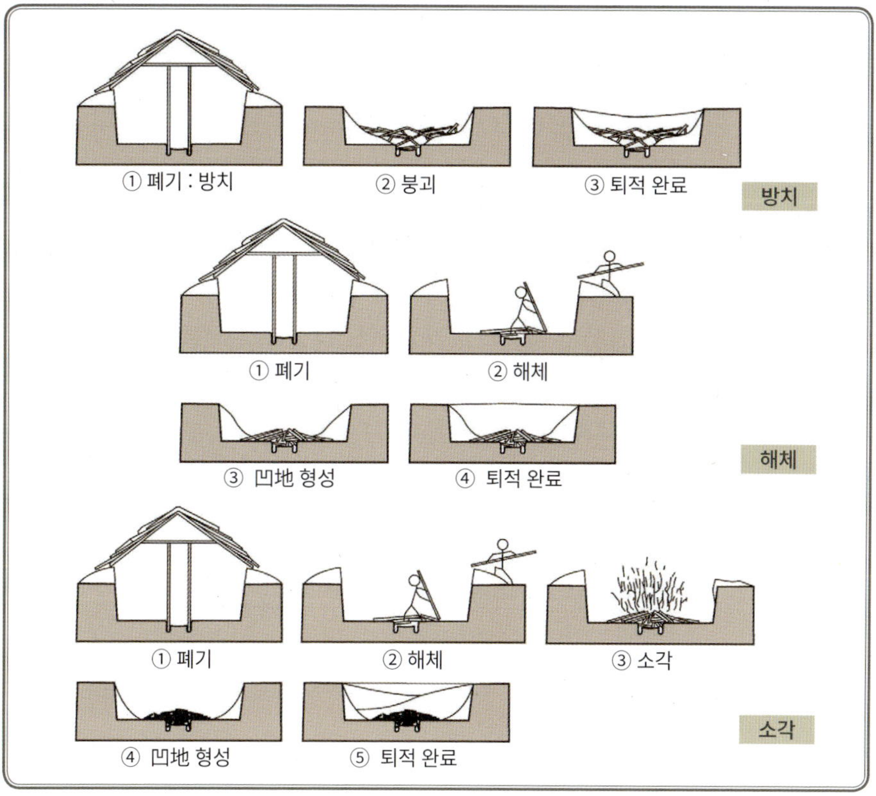

도면 6 방치·해체·소각에 의한 폐기 과정(梁慧珍 2011 전재)

한편 주거지의 폐기 양상에 관하여 일반적인 방치, 해체, 소각 외에 폐기장, 의례 장소, 무덤, 요지나 야외노 등으로 전용된 폐기와 질병에 의한 폐기도 상정하고 있다(梁慧珍 2011).

2) 폐기의 원인

폐기의 원인은 매우 다양하다. 그 원인을 개념적으로 정리한 것 가운데 국내에서 가장 적절하다고 판단되는 것으로 고의 폐기와 불의 폐기(이하 비고의 폐기)[9]로 구분한 것이 있다(이현석 외 2004). **표 2**를 참조하여 이를 보완하여 설명하면 고의 폐기는 자원의 고갈, 전쟁과 같은 갈등 상황의 도래, 질병에 대한 대비를 위한 이주 등의 원인으로 해체, 소각(의도적 또는 자의적 방화)의 형태로 나타나는 것이다. 비고의 폐기는 화재(타의적 방화와 실화), 홍수, 화산재해 등 예기치 못한 피해가 원인이 되어 소실, 매몰, 파괴 등의 결과로 나타나는 것이다. 전자는 거주인의 직접적인 폐기 의도가 작용한 것이며, 후자는 거주인의 직접적인 의도와는 상관없이 폐기되는 것이라고 할 수 있다.

표 2 폐기의 종류(이현석 외 2004 인용·수정)

	고의 폐기	비고의 폐기
폐기의 원인	인간의 의지 (이동 및 신축에 따른 건축부재의 재이용 등)	화재, 홍수, 화산재해
가옥의 상태	해체(解體)나 소각(燒却)	소실(燒失), 매몰(埋沒), 파괴(破壞)
출토유물 상태	· 빈약한 경우 · 의례적인 경우 일부 남겨진 경우도 있음	· 사용상태 그대로 남겨진 경우 있음 · 나중에 내부 정리 가능성 있음

9) 이 책에서는 불의 폐기를 비고의 폐기로 명칭한다.

이상의 폐기 종류와 관련하여 폐기 원인은 유물의 출토상황에 따라 표3과 같이 파악할 수 있다. 고의 폐기는 이전, 방치, 전용, 소각의 상황에 따라 유물의 출토양상이 다양하고, 비고의 폐기는 일시 매몰과 소실의 상황에 따라 약간의 차이가 있다.

표3 폐기상황에 따른 유물의 출토양상(이현석 외 2004 인용·수정)

상태	상황	원인	유물의 상태 및 양
고의 폐기	이전(移轉)	주변이나 타지역으로 이사	토기편, 석기편 등의 파손된 유물
	방치(放置)	주기적인 순환 이주	선택되지 못한 생활용기 남김. 제의적 용기나 도구를 특정장소에 안치 가능성
	전용(轉用)	용도폐기된 것을 다른 용도(저장시설, 폐기장 등)로 전환	주변이나 다른 건물의 유물 유입, 연속적인 폐기행위로 다량의 유물과 석재들 출토
	소각(燒却)	질병 혹은 수명이 다한 사망	사용 당시 유물을 일정장소에 모아 놓았을 가능성(제사의식)
비고의 폐기	일시매몰(一時埋沒)	자연재해	사용당시 상태 그대로 남겨질 가능성과 후일 복구 가능성 염두
	소실(燒失)	분쟁상황	사용당시 상태 그대로 남겨질 가능성

3) 화재폐기와 질병폐기

발굴조사에서 가장 흔히 접하는 수혈주거지의 폐기 양상 가운데 하나는 화재로 폐기된 것이다. 화재주거지의 잔존 양상은 매우 다양하므로 그 양상에 대해 살펴보고 원인을 파악해 보고자 한다. 이와 더불어 화재의 여부와 관계없이 질병으로 인해 남겨진 것도 다수 확인되고 있어 이들도 함께 검토하였다.

(1) 화재폐기

화재주거지의 인정 기준에 대해서는 다양한 견해가 있지만 큰 차이는 없다. 주로 목탄이나 소토, 재층, 피열흔 등을 기준으로 상정할 수 있다(취락연구회 2004)고 한다. 화재주거지를 통하여 건물의 규모 및 구조, 건축재의 종류, 내부 공간의 이용방법 등을 알 수 있다. 여러 연구자들이 화재주거지의 다양한 판단 기준을 설정하고 있는데 탄화재와 소토의 동시 존재, 유물이나 유구의 피열흔 등을 복합적으로 고려하여 신중하게 판단할 것[10]을 공통적으로 요구하고 있다(취락연구회 2004). 과거 화재주거지의 화재 원인을 모두 전쟁이라고 단정하기는 어렵지만 화재율의 전반적인 추이에 주목하여 집단 간의 알력, 즉 전쟁이 증가한 것으로 해석하기도 하였다(송만영 2000).[11] 당시로서는 화재 원인에 대한 세세한 구분이 불가능하였기 때문에 추론된 결과라고 판단된다.

화재는 방화放火와 실화失火로 구분할 수 있으며 방화는 의도적인 것이고, 실화는 비의도적인 것이다. 방화는 스스로의 의지에 의한 것(自意的 放火)과 타인의 의지에 의한 것(他意的 放火)으로 구분할 수 있는데, 이주나 질병(전염병)과 같은 상황에서는 자의적인 방화가 이루어지지만 전쟁[12]과 같은 경우에는 타의적인 방화가 일어날 수 있다. 두 가지 경우 모두 출토유물이 온전하게 남을 가능성이 높은데 전쟁의 위기를 미리 알았을 때에는 자의적 방화와 같이 일부 유물을 유출할 가능성이 있다.

---

10) 목탄의 존재 여부만을 가지고 판단하는 것은 문제가 있다. 목탄이 소량이라 할지라도 화재주거지인 경우가 있고, 목탄이 다량이어도 화재가 아니라 주거지 폐기 직후 목탄의 폐기장으로 이용한 경우는 화재주거지가 아니다. 결국 잔존상태의 세밀한 분석이 필요하다.

11) 이는 원삼국~한성백제기 취락의 근본적 이론 접근을 위한 가설의 의미로 다른 시대와 통칭했다고 단정하는 것이 아님을 밝혀둔다.

12) 전쟁의 원인으로는 단순한 분쟁이나 알력에 의한 것일 수도 있겠지만 선사시대의 전쟁은 영역의 확보를 위한 영토분쟁이나 식량과 같은 각종 재화의 획득을 위한 약탈전쟁의 가능성이 높을 것으로 생각된다.

실화에 의해 화재가 났지만 정리 후 보수하여 재사용하는 경우에는 흔적이 남지 않을 가능성이 있고, 해체 후 매몰하고 재건축하여 사용하는 경우도 상정된다. 유물은 급박한 상황이므로 거의 그대로 남았을 가능성이 있지만 이것도 온전한 토기와 석기는 재사용될 가능성이 높고, 부분적으로 생활도구를 이동하였을 가능성이 있으므로 신중한 해석이 필요하다.

(2) 질병폐기

거주인의 일부나 전부가 전염병이나 질병으로 사망했을 때 기존에 사용하던 집에 대해 기피忌避적인 의미로 소각행위가 이루어지기도 하는데, 횡성 둔내 나-2호 주거지를 질병에 의해 폐기된 것으로 추정하기도 하였다(池賢柄 1999). 춘천 거두2지구 유적의 청동기시대 주거지 2기(북지구 10·15호)와 수혈유구 1기

사진 1 거두2지구 북-10호(上)·15호(下) 주거지 전경과 토층 단면

(북지구 42호)에서는 인위적으로 화재를 내어 폐기시킨 뒤 내부를 매몰하고, 최종적으로 상부를 황색점토로 덮어 마감한 흔적이 확인되었다.(사진 1 참조)

이러한 행위는 전염병과 같은 질병이 주거지 외부로 퍼지는 것을 막기 위한 것으로 판단된다. 정신적인 측면에서 사람이 병에 걸린 것을 사악한 기운이 몸에 들어 온 것으로 인식하고 이를 주거지 내부에서 밖으로 확산되는 것을 막기 위한 행위의 결과로 판단되는데, 특수한 주거지 폐기양상을 보여주는 예라고 할 수 있다. 이들 주거지와 관련하여 『삼국지』「위서」 동이전 예조(『三國志』「魏書」 東夷傳 濊條)에는 이러한 상황을 뒷받침하는 기록이 있는데 그 내용은 '꺼리는 것이 많아서 병을 앓거나 사람이 죽으면 곧 옛 집은 버리고 다시 새 집을 지어 산다'(多忌諱 疾病死亡輒損棄舊宅 更作新居)는 것으로 질병에 의한 주거지의 폐기와 관련된 기록이라고 할 수 있다.

한편, 춘천 천전리 유적 A지역 가지구 47호의 경우와 같이 화재주거지에서 당시에 사용한 유물이라고 볼 수 있는 것이 온전하게 출토되는 경우가 많다. 이와 같은 결과는 다양하게 추정할 수 있지만 이 역시 질병의 결과일 가능성이 있다고 판단된다.

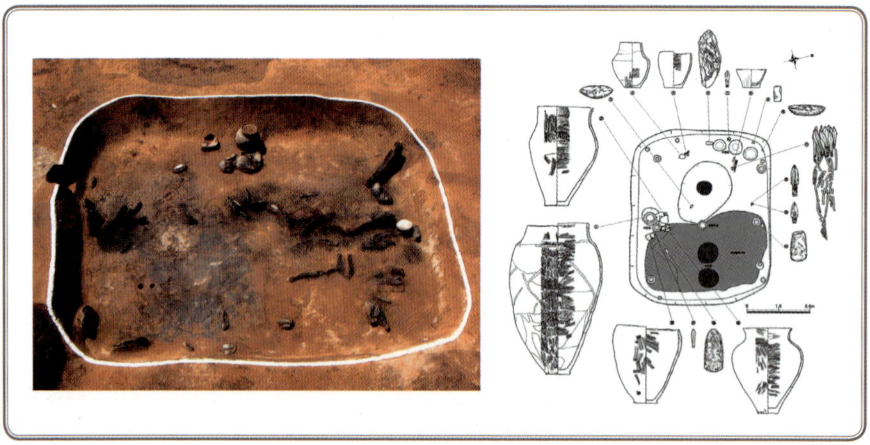

도면 7 천전리 A지역 가지구 47호 주거지 전경과 유물 출토위치

04

구조의 변화와 거주인수

수혈주거지는 여러 가지 원인에 의해 구조나 형태의 변화를 수반하면서 사용하거나 폐기 후 재사용하기도 한다. 이러한 변화는 증축增築:擴張, 개축改築, 개수改修:補修, (반복)재사용反復再使用, 재축再築[13]과 신축新築 등의 개념으로 정리할 수 있는데, 여러 가지 원인에 의해 위치변화, 면적증감, 거주인의 변화 등이 발생한다. 이와 같은 개념을 정리하면 다음의 표 4와 같다.

표 4 수혈주거지 변화양상의 개념 정리

개념	위치 변화	면적 증감	사용자	주요 원인	사례
증축(확장)	없음	증가	동일	면적 협소	화천 용암 139-a·b호 가평 연하리 1·13호 등
개축	없음	동일	동일	노후, 파손	대구 서변동 25·27호
개수(보수)	없음	동일	동일	노후, 파손	춘천 거두2지구 북-13호
(반복)재사용	없음	동일	동일 타인	이주 후 복귀(동일) 폐기 후 재사용(타인)	화성 석교리 3호
재축	없음	동일	동일	자연재해, 화재	-
신축	이동	동일 or 증감	동일 타인	화재, 전쟁, 자연재해, 질병, 자원고갈 등 다양	대부분의 주거지

13) 재축은 동일한 위치에서 새로이 수혈주거지를 조성하는 것이고 위치의 변화가 있을 때는 신축이라는 개념을 사용하고자 한다.

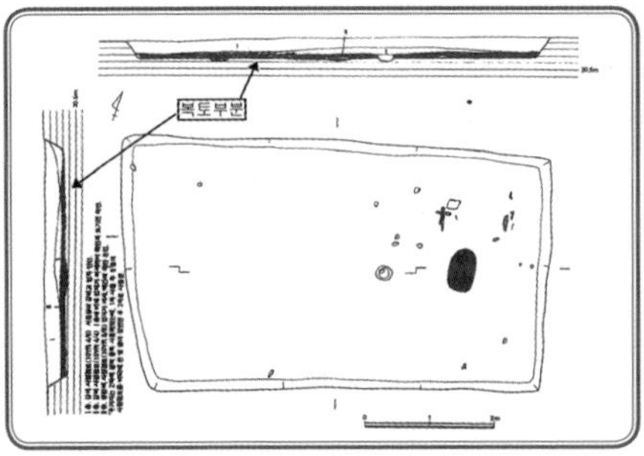

도면 8 개축(대구 서변동 25호 주거지)

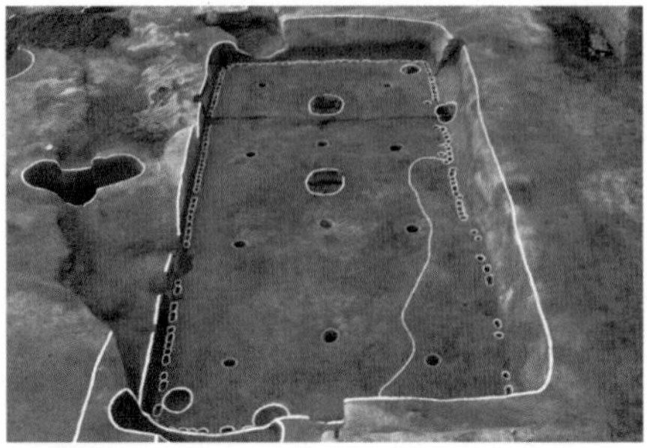

사진 2 개수(춘천 거두2지구 북-13호 주거지)

위와 같이 다양한 형태 변화 중 주거지의 면적이 확장된 사례가 종종 확인되는데, 넓게는 증축의 개념에 포함될 수 있지만 여기에서는 확장의 의미로 한정하여 살펴보고자 한다.

1) 수혈주거지의 확장[14)] 원인

궁극적으로 주거지 확장의 원인은 결혼, 출산과 같은 가족 구성원의 증가나 사용도구의 증가에 따른 면적의 협소함을 해소하기 위한 것으로 판단된다. 또한 작업공간 내지는 활동공간의 확보와 같은 기능적인 문제 해결과 오랜 사용으로 인한 노후[15)] 등의 문제를 상정할 수 있다. 주거지를 확장하는 방식은 수평확장水平擴張과 수직확장垂直擴張으로 나누어 볼 수 있다.(**표 5** 참조) 확장의 증거로는 벽선의 어긋남, 바닥 높이차, 중심주혈의 재배치, 기존 시설(저장공, 노 등)의 폐기와 복토 등의 흔적을 통하여 확인할 수 있다.

---

14) 확장은 이동 없이 동일한 위치에서 건축의 평면적과 높이의 증가를 목적으로 하는 것이므로 넓게는 증축이라는 개념(취락연구회 2004)에 포함할 수 있으나, 기존 건물이 있는 대지로 이전하는 것도 증축으로 보기 때문에 증축과는 다소 차이가 있다.

15) 면적의 변화를 수반하지 않는 경우에는 개축과 개수(보수)로 보아야 할 것이다.

(1) 수평확장

기존 주거지를 그대로 사용하면서 단벽(縱方向擴張)이나 장벽(橫方向擴張)을 터서 확장하거나, 장벽과 단벽 모두(兩方向擴張)를 확장하는 방식으로 구분할 수 있겠지만 주로 종방향확장이 확인된다. 수평확장은 기존 생활면 변화는 거의 없이 그대로 유지한 채 확장한 것이다. 장방형주거지에서는 종방향확장이 많이 관찰되는데 주거지의 특성상[16] 종방향 확장이 용이하기 때문이다. 천안 백석동 Ⅰ-23와 A-4호 주거지(도면 9 참조), 가평 연하리 1호 주거지(도면 10 참조)와 홍천 철정리Ⅱ A-13호 철기시대 주거지(사진 3 참조)가 수평확장한 것으로 판단된다.

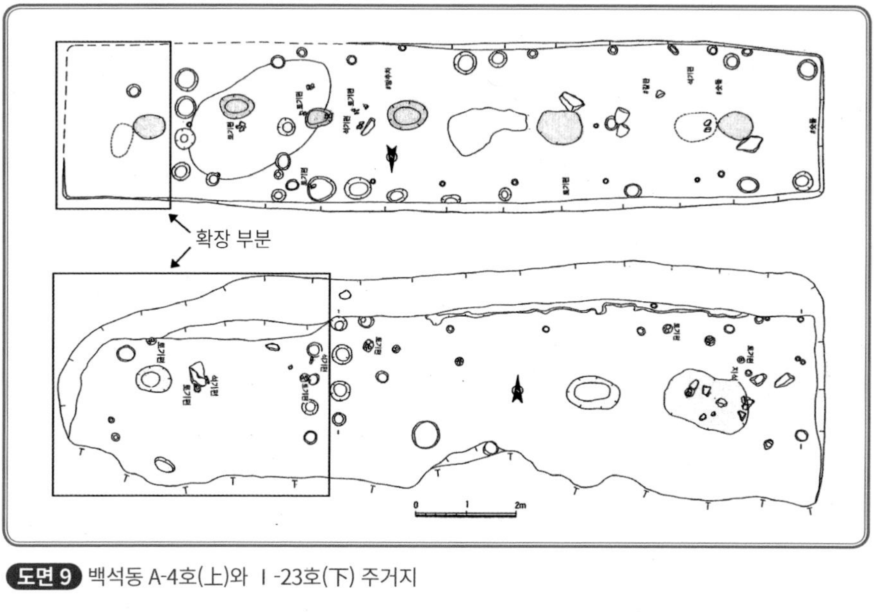

도면 9 백석동 A-4호(上)와 Ⅰ-23호(下) 주거지

16) 장방형주거지는 형태적으로나 구조적으로 종적인 확장이 용이한데 이는 내부를 효율적으로 사용할 수 있고 확장시 구조 변화가 적고 편리하기 때문이다.

표 5 수혈주거지의 확장 방식

	수평확장	수직확장
방식과 특징	기존 주거지를 그대로 이용 장벽이나 단벽을 외부로 터서 확장 장방형주거지에서 일반적	기존 주거지를 복토하여 상부로 확장 매몰토 확인 확장 전후가 동일한 성격의 구조
방향	부분확장(종방향, 횡방향, 양방향)	전면확장
원인	건물의 노후와 파손(弱) 및 거주인 수 증가	건물의 노후와 파손(强) 및 거주인 수 증가
유구	백석동 Ⅰ-23호, A-4호 연하리 1호, 철정리 A-13호(철기시대)	용암리 139-a·b호, 153-a·b호 천전리 A-53-a·b호, 연하리 13호

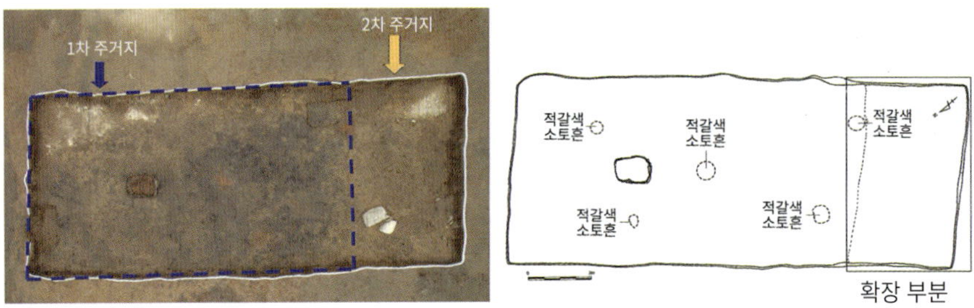

도면 10 연하리 1호 주거지

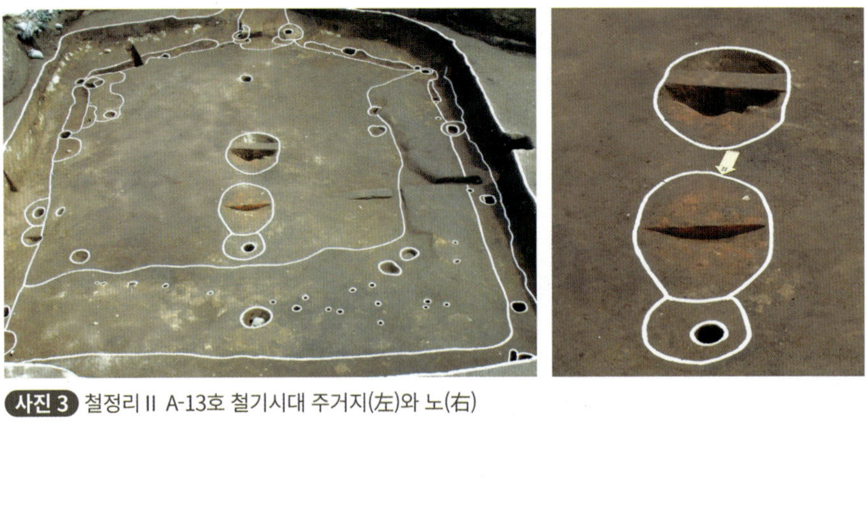

사진 3 철정리 II A-13호 철기시대 주거지(左)와 노(右)

(2) 수직확장

기존에 사용하던 주거지를 매몰시켜 폐기하고 그 상부에 단벽과 장벽 등을 확장하는 방식이다. 이 경우 유구가 중복된 것처럼 보일 수 있고 신축[17]으로 볼 수도 있지만, 인위적으로 매몰시켜 복토한 흔적이 관찰되고 확장한 주거지가 기존 주거지의 주축과 같은 방향이거나 주거지의 성격이 같을 경우 수직확장한 주거지로 볼 수 있다. 화천 용암리 139-a·b호 주거지(사진 4 참조)와 용암 153-a·b호 주거지(사진 5 참조), 춘천 천전리 153-a·b호 주거지, 가평 연화리 13호 주거지(도면 11 참조)가 이에 해당한다. 용암리 유적의 예를 자세히 살펴보면 다음과 같다.

용암리 139-a·b호 주거지 중 선행하는 139-a호는 거의 정방형(장폭비-1:1.10)에 가까운 형태의 소형주거지로 면적은 13.1m²이다. 중앙에 노 1기, 중앙주혈 1기를 갖춘 주거지였으나 매몰시켜 폐기하고 주거지 전체의 면적을 증가시켰는데 주로 남단벽쪽이 많이 확장되었다. 후축인 139-b호는 기존의 중앙주혈과 노는 약간 남쪽으로 이동시켰고 새로이 2×3주식의 내측주혈(주변주혈)을 배치하였다. 평면형태는 장방형(장단비-1:1.31)계통으로 약간 길어졌으며, 면적은 17.2m²로 4.1m² 가량 증가하였다.

용암리 153-a·b호는 일반적인 주거지와는 달리 노와 저장공 같은 시설은 확인되지 않지만 바닥에 탄화유기물을 깐 특수한 성격(공방으로 추정)의 주거지이다. 153-a호는 평면 방형(장단비-1:1.25)계통의 주거지였으며 면적은 7.4m²이고 중심주혈 1기가 배치되었다. 북단벽과 동장벽을 새로이 확장한 153-b호는 평면 장방형(장단비-1:1.61)계통으로 바뀌고 면적은 10.8m²로 3.4m² 가량 증가하였다. 주기둥도 단벽쪽에 2개를 새로이 설치하여 3개로 증가되었다. 두 주거

17) 신축은 새로운 대지로 이주하여 건축한 경우이다.

지 모두 공통적으로 주혈의 배치나 노의 이동 외에는 성격에 큰 변화 없이 복토하여 폐기하고 상부에 신축하여 면적을 확장하였다는 것이다.

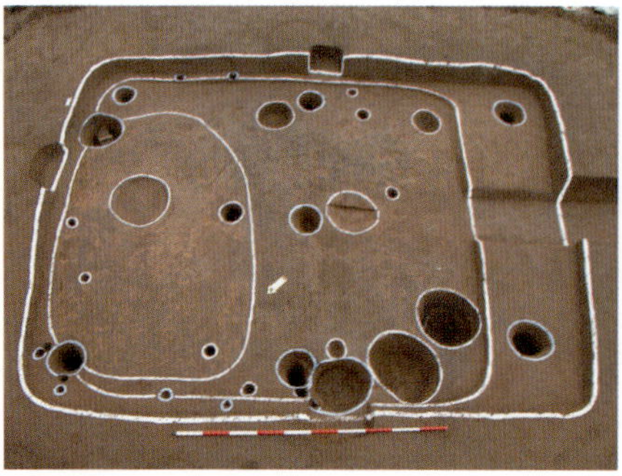

사진 4 용암리 139-a·b호 주거지

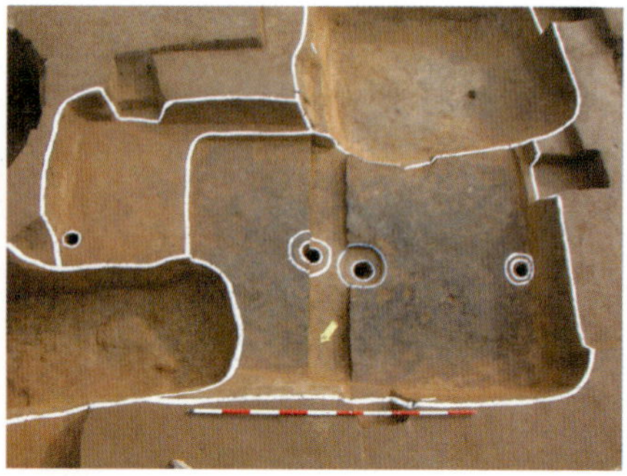

사진 5 용암리 153-a·b호 주거지

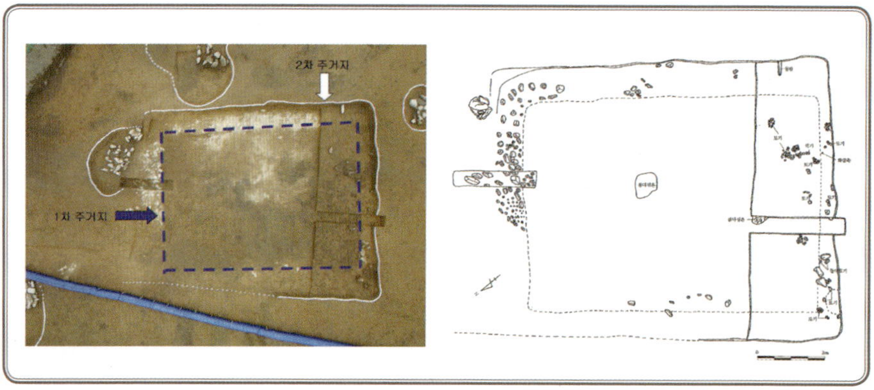

도면 11 연하리 13호 주거지

2) 수혈주거지의 면적산출과 거주인수

수혈주거지의 면적산출을 통한 거주인수의 산출은 가족 단위나 구성 관계를 파악하고 인구의 증감과 변화를 관찰하는데 필요하다. 주거지 면적을 산출하는 방법은 장벽과 단벽 길이를 그대로 반영하여 계산하는 것이 일반적이다. 그러나 이러한 계산에 의한 주거지의 규모는 실제 생활공간의 면적과 다소 차이가 있는데,[18] 노를 비롯한 저장공, 중심주혈, 기타 시설 등도 제외하여 가용면적을 산출하는 것이 옳을 것으로 판단된다(김권중 2005).

주거지에 거주하는 인구수에 대한 관심은 역삼동 유적의 발굴조사로부터 시작하였다(金良善·林炳泰 1968: 45-46). 김양선은 전통적인 한 가구의 구성원을 고려하여 한 주거당 5명이 거주하는 것으로 추정하였다. 그 결과 3㎡ 전후의 면적에 1인이 거주하는 것으로 계산하였다. 이후 주거지의 면적에 따른 거주인수를 추정하는 방법에는 1인당 점유면적을 5㎡로 보는 견해(김정기 1974)와 3㎡로 보는 견해(사회과학원 고고학연구소 1977)로 양분된다. 1인당 점유면적을 5㎡로 보는 견해에 대해서는 많은 논리적 비약이 있음을 지적한 바 있다(崔夢龍·朴洋震 1984). 일본 학계에서는 3㎡로 보는 견해에 노 면적을 제외한 것(小野忠熙 1962: 17-18)으로 산출하고 있다.(표 6 참조) 최근에는 송국리형 주거지에 대한 실험고고학적 방식으로 1인당 약 3.5㎡(3.4960㎡)의 면적을 산출하기도 하였다(金範哲·金庚澤 2017: 22). 위의 의견들은 모두 선사시대 주거를 대상으로 한 것으로서 이를 원삼국시대로 확대하여 적용한 연구자는 지현병(2000)이다.

18) 일반적으로 유적 보고서의 주거지 규모는 주거지 조성시에 굴착한 상부 면적을 표기하고 있으므로 면적산출을 위해서는 벽체를 이루는 벽주혈 외측의 공간은 전체 주거지 면적에서 제외시키는 것이 바람직하다.

표 6 거주인수 추정방식

연구자	1인당 점유면적
김양선·임병태(1968)	3㎡(1주거 5인 기준)
김정기 (1974)	5㎡
사회과학원 고고학연구소(1977)	3㎡
일본 학계	3㎡(노 면적 제외)
김권중(2005)	3㎡(생활면적에서 내부시설의 면적과 노 1개당 1㎡ 제외)
김범철·김경택(2017)	3.4960㎡

그러나 이러한 사항들을 모두 일률적으로 적용시키는 것에도 문제가 있다. 그것은 주거지가 사용될 당시 주거문화의 특수성[19]도 고려해야 하기 때문에, 실제 주거지내 거주인수를 산출하는 것은 매우 어려운 문제이다. 그러므로 단순한 상대비교나 시기적으로 차이가 있다 하더라도 동일한 문화적 전통을 계승한 경우의 변화상 파악 정도는 가능하리라 생각된다. 어쨌든 앞서 언급한 대로 주거지의 실제 사용면적을 산출한다면 거주인수는 좀 더 근사치에 가까워질 것이다.

일본에서는 실제 거주인 수를 추정하여 접근한 연구가 있는데 일본 후쿠오카현 노구로자카〔福岡縣 野黑坂〕 유적에서 조사된 고분시대 후기(6세기 중엽)의 주거지를 분석한 것이다. 주거지는 한 변이 4.5m로 면적은 20.25㎡이며 내부에서 출토된 토기의 식기 조합은 스에키 개배 4세트와 하지키 개배 5세트, 취사용기 옹 2개(각6리터)가 출토되어 이를 토대로 4~5인이 거주한 것으로 추정하고 있다(쓰데 히로시〔都出 比呂志〕 1989).(**도면 12** 참조)

19) 주거지내 거주 인원의 파악 문제는 한 명당 어느 정도의 면적이 필요하느냐의 단순한 계산에서 벗어나 계절성, 이동성, 시대성, 주거지의 성격, 시대에 따른 사회발전 정도, 취락지의 지역성, 취락의 성격(농경집단, 공방집단, 어업집단)까지 고려하여 고찰할 필요가 있다(취락연구회 2004, p. 174).

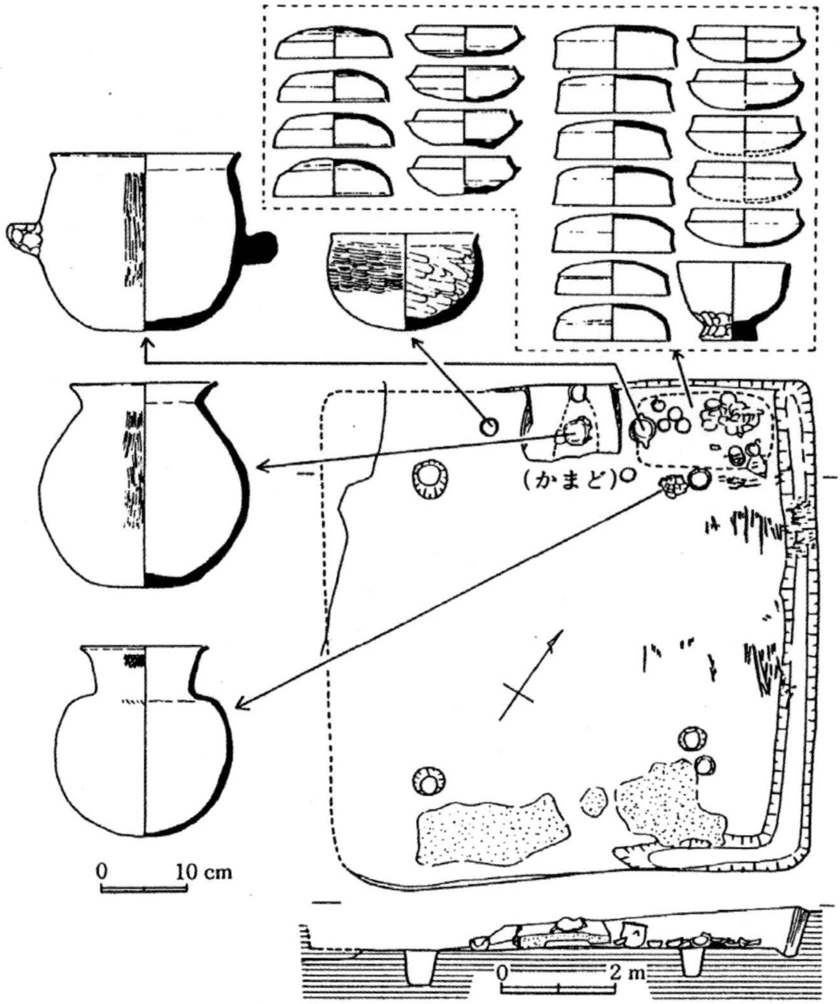

도면 12 노구로자카 유적의 주거와 토기(쓰데 1989 전재)

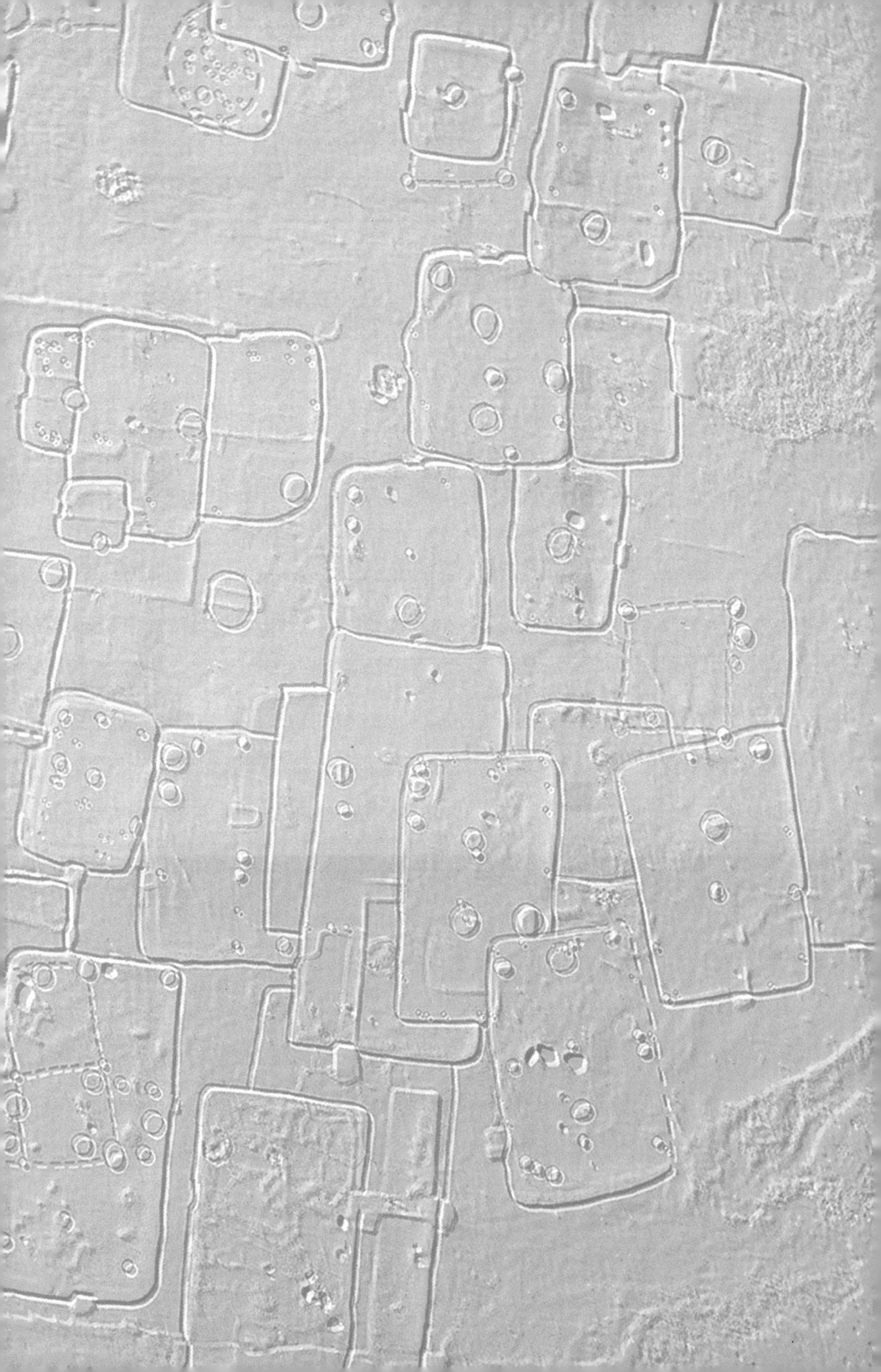

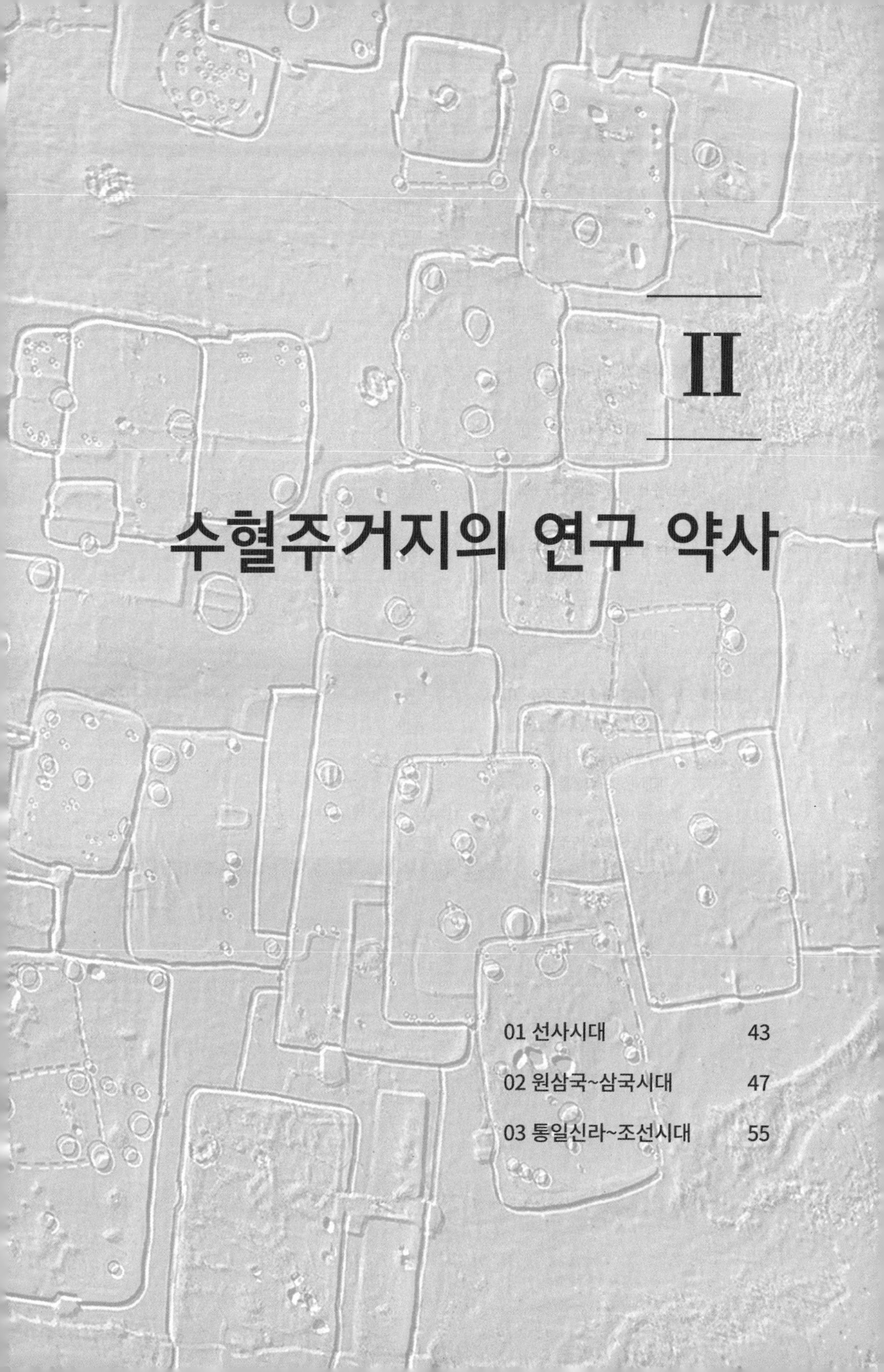

II

수혈주거지의 연구 약사

수혈주거지의 시대별 연구사에 앞서 국내의 발굴조사 매뉴얼 작성에 관하여 간단하게 살펴보고자 한다. 국내에서 발굴조사에 관한 매뉴얼은 1990년대 이전까지는 간행되지 못했다. 대체로 발굴조사의 과정과 절차보다는 학술적인 개설서 발간이 주를 이루었다. 발굴조사 방법론에 대해서는 해외의 사례, 특히 일본의 발굴조사 방법론을 소개한 도서를 참고하는 경우가 많았다.[20] 우리나라 최초로 발굴조사 절차를 소개한 책은 매산梅山 김양선이 집필한 『考古學』이다(金良善 1958). 이 책은 제1장. 고고학연구의 방법, 제2장. 선사시대의 유적유물과 그 문화, 제3장. 유적의 조사와 그 방법으로 장을 나누었다. 제3장은 다시 1. 유적의 위치와 종류, 2. 유적의 조사, 3. 유적의 발굴과 방법으로 나누어 발굴조사 과정과 절차에 대하여 소개하고 있다.(사진 6 참조) 1960년대부터 1970년대까지는 창산昌山 김정기가 수혈주거에 대한 많은 연구성과를 제출하였다(이형원 2017). 특히 일본에서 배운 발굴조사 기법을 우리나라 발굴 현장에 접목시켜 많은 학술적 진전을 이루었다. 그러나 아쉽게도 발굴조사 방법론과 관련한 논문은 찾아보기 어렵고, 주로 구조 및 계통에 대한 연구에 집중하였다. 1990년대 이후에는 개발사업에 따른 구제발굴이 본격화하면서 매장문화재조사 전문 기관의 설립이 폭발적으로 증가하였다. 기관의 증가세에 비하여

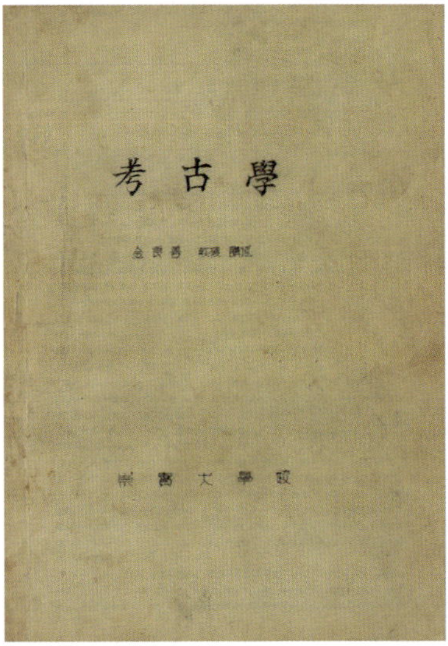

사진 6 『考古學』(1958)

20) 일본의 발굴조사 매뉴얼 작성 과정에 대한 대략적인 내용은 아래에 별도로 기술하였다.

조사연구원의 수급은 쉽지 않았고, 대학에서 전문 교육과정을 통해 양성된 양질의 전문인력은 더욱 부족하였다. 그 결과 현장 조사 시 기관과 전문인력의 조사능력 차이에 따라 조사 성과의 편차가 심하게 발생하게 되었다. 한편 유적에서 절대 다수를 차지하는 주거지에 대한 연구 관심이 집중하게 되었다. 이 과정에서 1999년 탄생한 것이 취락연구회이다. 취락연구회에서는 표준화된 주거지 조사연구법을 중점적으로 연구하였다. 그리고 2004년 단행본으로 결실을 맺게 되는데 우리나라 최초의 전문적인 수혈주거지 조사방법론 도서이다(취락연구회 2004). 그러나 이 도서는 일본의 연구성과를 대폭 수용하고 있으며 선사시대 주거지에 중점을 둔 조사방법론이라는 한계를 드러냈다.

2005년에는 한국문화재조사연구기관협회(현 한국문화유산협회)가 설립되면서 새로운 전기를 마련하게 된다. 즉 기관지인 『발굴사례연구논문집』(현 『야외고고학』)이 매장문화재 조사방법론과 관련한 유일한 전문 잡지로 자리잡게 된다. 한국문화유산협회는 2006년도부터 본격적으로 기관의 조사연구원을 대상으로 한 재교육 사업을 진행하였다. 먼저 수혈주거지에 대한 조사방법론을 시기별·지역별로 교육하고 현장에서 실습함으로써 매우 독특한 형태의 교육 포맷을 완성하게 된다. 특히 2011년에는 '수혈건물지 조사법'이라는 주제 하에 수혈주거지의 개념, 시기별·지역별 조사방법론을 소개하였다(한국문화재조사연구기관협회 2011). 2012년 가을에도 다시 수혈건물지 조사법이란 주제로 교육 프로그램이 운영되었는데 2011년도와 큰 차이를 보이지는 않았다(한국문화재조사연구기관협회 2012b). 이후 수혈주거 조사법에 대한 교육 방향은 전국을 대상으로 연차적으로 이루어지면서 대략적인 절차만을 소개할 뿐 세부적인 조사절차에 대한 기술에 한계를 드러냈다(김도헌 2017).

- 일본의 발굴조사 매뉴얼 작성 과정 -

사진 7 일본의 발굴조사 입문서(1:1966, 2·3:2005, 4:2010)

일본은 제2차 세계대전 이전부터 문화재 발굴조사가 꾸준히 이루어졌다. 특히 1945년 이후 전후 복구를 위한 구제발굴이 폭발적으로 증가하면서 각 지방단위의 발굴조사가 활발히 이루어졌다. 그러나 지역단위 발굴조사의 기획, 발굴, 정리에 이르는 발굴조사 절차의 이행에 지역별 차이가 발생하게 되면서 이에 대한 사회적 합의가 필요하게 되었다. 이에 일본 문화청(文化廳)은 1966년에 발굴조사상의 절차를 표준화한 최초의 종합적인 지침서를 제작하게 된다(文化廳文化財保護部 1966). 그러나 당시의 지침서는 조사 절차 등을 간략히 표준화한 것으로 지역적 특징을 충분히 담아내지 못했다. 이후 각 지방의 공공단체 단위로 각종 발굴매뉴얼이 제작되기 시작하였다. 또한 많은 개인 연구자들도 개별적인 조사방법론에 대한 단행본을 제작하기 시작하였다. 그 결과 용어와 조사방법에 대한 지역별 편차가 발생하고 통일성이 있는 종합적인 조사방법 입문서가 필요하게 되었다. 이에 일본 문화청은 1994년부터 계획을 수립하고(水ノ江和同 2016) 2005년부터 나라문화재연구소에 의뢰하여 단계별로 새로운 발굴조사 입문서를 제작하기 시작한다(奈良文化財研究所 2005; 山中敏史 2006 : 6). 그리고 2010년에 새로운 발굴조사 입문서를 완성하게 된다(文化廳文化財部記念物課 2013: 사진 7).

위에서 보는 바와 같이 일본은 초기부터 발굴조사에 대한 표준적인 방법론을 공식적으로 제작하였다. 이후 여러 형태의 매뉴얼이 제작되면서 조사방법론이 다양화 되었다. 그리고 현재는 조사방법의 표준화를 시도하는 단계로 발전하고 있다. 그러나 이러한 다양한 조사연구 방법론에도 불구하고 수혈주거를 대상으로 한 라이프사이클에 초점을 맞춘 연구서는 등장하지 못했다. 주로 조사 결과, 실측, 기록 등에 대해서 집중되어 있을 뿐 조사 절차에 따른 미묘한 조사방법을 세밀하게 기록하지 못하는 한계를 드러냈다. 또한 선사시대부터 역사시대의 다양한 주거를 다루지 못하고 수혈주거로 통칭하여 검토하는 한계도 드러내고 있다.

01

선사시대

현재까지 신석기시대와 청동기시대 수혈주거지와 관련하여 많은 연구가 진척되었다. 먼저 신석기시대 수혈주거지 연구[21] 중 1960년대까지는 발굴조사한 수혈주거지를 각 유적별로 입지, 평면형태, 규모, 바닥처리방식, 내부시설물 등을 소개하는 정도였다(金正基 1968). 1970년대와 1980년대에 들어서면서 초보적인 검토가 이루어지기 시작하였는데 북한에서는 신석기시대에서 청동기시대에 이르는 자료들을 편년에 맞추어 변천과정에 대하여 논한 것으로 집자리의 평면평태와 기둥의 배치 등을 통해 집의 짜임새, 즉 가옥 복원형의 변화에 주목하였다(金勇男 외 1975). 이후 신석기시대 수혈주거지 연구는 움집의 복원에 초점을 맞추어 신석기시대 살림집을 외기둥형, 외다리형, 몽고포모양, 쌍다리모양, 모임지붕으로 추정하여 복원하였다(金鴻植 1977). 또한 신석기시대에서 철기시대에 해당하는 움집을 평면형태, 깊이, 지붕모양 및 기둥배치에 따라 분류하

21) 신석기시대 수혈주거지 연구사는 구자진(2010)의 연구현황을 요약·정리한 것임을 밝혀둔다.

고 시대흐름에 따라 변화하고 있다고 판단하였다(林永珍 1985).

1990년대에 들어서는 그동안 간헐적으로 언급되었던 암사동 유적에 대한 종합적 검토가 이루어지거나(정성희 1994), 집자리 내부공간과 거주 인원수에 관한 연구도 시도되었다(김희찬 1995). 건축학 연구자에 의해 수혈주거지의 연구성과가 발표되기도 하였는데 선사시대 수혈주거지의 벽체시설을 고고학적인 현상과 건축학적인 관점에서 유형별로 나누어 구조적 기능을 용도와 집을 짓는 방법을 통해 검토하였다(趙亨徠 1996). 또한 당시까지 발굴된 신석기시대 수혈주거지를 토대로 평면과 기둥배치 형식을 구분한 후, 당시 사용되었던 도구와 기술수준 등을 고려하여 구조를 추정하고 그 유형을 뿔형(모임지붕)과 용마루형(맞배지붕, 우진각지붕)으로 분류하고 평면형태와 기둥구멍의 배치에 따라 세분하였다(김도경·주남철 1988). 건축학적인 측면에서 다루어져 고고학 연구자들에게 움집의 구조, 즉 가구방식에 대한 이해에 도움을 주었으나 집자리의 지역성과 시기구분 및 출토유물에 대한 이해가 부족하여 자료의 인용과 해석에 한계를 지니고 있다.

2000년대에 이르러서는 수혈주거지 유적의 발굴조사가 증가하여 신석기시대 수혈주거지와 관련된 논문들이 본격적으로 발표되었으며 다양한 주제와 분석이 이루어졌다. 권역별로 수혈주거지의 구조와 변화양상을 검토한 글도 발표되었다(송은숙 2003; 지현병 2003; 구자진 2003 외 다수). 이후 수혈주거지 연구는 개별 수혈주거지에서 마을단위의 연구로 진전되어 마을구조에 대한 연구 성과도 축적되기에 이르렀다(이상균 2003; 임상택 2006; 배성혁 2006). 최근에는 지역별·시기별 수혈주거지와 마을에 대한 종합적인 검토가 이루어졌다(具滋振 2010).

청동기시대 수혈주거지 연구는 1960년대까지는 신석기시대와 마찬가지로 조사된 수혈주거지를 각 유적별로 입지, 평면형태, 규모, 바닥처리방식, 내부시설물 등을 소개하는 정도였다(金正基 1968). 1970년대에는 수혈주거지 자체를 구조적인 관점에서 다루기도 하였지만(金鴻植 1977) 자료의 한계상 초보적인 수준에 머물렀다. 이후 신석기시대에서 철기시대에 해당하는 움집을 평면형태, 깊이, 지붕모양 및 기둥배치에 따라 분류하고 시대흐름에 따라 변화하고 있다고 판단하였다(林永珍 1985). 대체로 선사시대 수혈주거지 전체를 대상으로 하는 양상이었고, 청동기시대 수혈주거지를 집중적으로 다룬 글도 발표되었다(윤기준 1984).

1990년대 중반 이후부터는 자료의 증가로 본격적인 수혈주거지 연구가 진전되었는데 주로 문화유형이나 취락의 구성요소로서 다루어지는 연구가 많았다. 수혈주거지 자체에 대한 연구보다는 취락의 기본단위로 인식하여 주로 시대별, (문화)유형별 연구가 진행되는 양상이다. 한편 건축학적인 관점에서 접근을 시도하기도 하였는데 벽체시설을 고고학적인 현상과 건축학적인 관점에서 유형별로 나누어 구조적 기능을 용도와 집을 짓는 방법으로 검토하였다(趙亨徠 1996).

청동기시대 수혈주거지에 대한 연구는 2000년 이후에 본격적으로 시작하였는데 지역이나 문화유형에 기반한 개별주거지 검토(金奎正 2000; 朴榮九 2000; 孔敏奎 2003; 金權中 2005; 李秀鴻 2012 외 다수)가 이루어지기 시작하였다. 차이는 있지만 대부분 시대나 유형별 문화현상을 설명하기 위하여 주요시설을 기반으로 기초적인 구조 검토가 대부분이었다. 2010년 이후에는 지역별 주거구조의 변화상에 대한 연구(朴性姬 2012; 홍주희 2016; 문수균 2016)가 진척되기도 하였다.

한편 청동기시대 수혈주거지의 연구 시각이 다양해져 폐기와 이와 관련한 적석현상, 가옥장 등에 대해서도 연구하기에 이르렀다. 수혈주거지의 폐기 연구는 이상길(2000)이 시작하였으며, 2000년대 중반에 이르러 취락연구회(2004)에 의해 활성화되어 폐기에 대해 집중적으로 다루어지기도 하였다(이현석 외 2004). 또한 유물의 정확한 출토양상의 파악을 통해 올바른 해석문제에 접근하기도 하였다(유병록 2004). 이후 특정 유형의 수혈주거지와 관련하여 송국리문화 취락의 수혈주거지 폐기에 대해 집중적으로 검토하여 고의폐기와 불의폐기로 구분한 사례도 제시되었다(梁慧珍 2011). 또한 수혈주거지 내부의 적석현상에 대해 집중적으로 검토하기도 하였고(金賢植 2005; 李炫錫·金鍾昊 2005), 가옥장에 대한 연구 성과(兪炳琭 2010)도 이루어지게 되었다.

앞서 살펴본 바와 같이 선사시대 수혈주거지 구조에 관한 연구는 취락연구회(2004)에서 본격적으로 다루어진 이후 현재까지 큰 진전이 없었다. 수혈주거지와 관련한 연구 주제가 다양해졌지만 좀더 다변화되거나 깊이 있게 다루어지지 않고 있다. 그나마 한국문화유산협회 주관으로 매년 선사시대 수혈주거지에 관해 여러 연구자가 강의를 진행하는 정도에 그치고 있다. 또한 여전히 취락 연구와 관련하여 문화유형이나 지역성 연구의 구성요소로서 다루어지고 있는 실정이며, 수혈주거지 자체의 구조 분석이나 조사에 관한 세밀한 접근은 이루어지지 않고 있다.

02

원삼국~삼국시대

1) 중부지역

중부지역 여·철자형 주거와 관련된 고고학적 연구는 다른 시기 및 지역 주거에 대한 연구보다 늦게 시작되었다. 먼저 철자형 주거지는 수원 서둔동 취락의 조사에서 처음으로 확인되었다(숭실대학교 한국기독교박물관 2010). 본격적인 철자형 주거지 조사 및 보고는 중도 유적의 발굴을 통해 이루어졌다(國立中央博物館 1980). 당시까지는 방형 및 장방형의 주거지에 출입구가 돌출된 정도의 사례로 인식하였다. 이후 충주 하천리 F-1호 주거지가 조사되면서 여자형 주거지가 처음으로 조사되었다(尹容鎭 1984). 이후 여자형과 철자형 주거는 출입구의 형태에 약간의 차이가 있을 뿐 건축학적으로 동일 구조의 주거로 인식하게 되었다.

중부지역 원삼국시대 주거에 대한 연구는 안덕임(1985)의 연구로부터 시작한다. 당시에는 중부지역에서 조사된 주거가 매우 소량이었기 때문에 유물의 편년과 계통파악이 중심이 되었다. 1980년대 후반부터 1990년대 초에 이루어진 하남 미사리 유적(渼沙里先史遺蹟發掘調査團 1994)과 강릉 안인리 유적(白弘基 1991)의 조사는 중부지역 원삼국시대 주거에 대한 본격적인 연구를 시작하는 계기를 마련하였다. 그러나 연구의 중심이 취락의 성격, 이론 체계, 계통, 위계 등에 집중되어 있었기 때문에 주거에 대한 세부 연구는 진행되지 못했다. 다만 수계별 취락군 연구가 활발해지면서(심재연 2007; 車宇根 2007; 강세호 2009; 이요한 2015; 이준민 2015; 김지한 2015; 김영승 2018) 향후 주거 연구의 기반을 마련하였다는 점에서는 의미가 있다. 이와 더불어 취락의 공간 분석을 시도하여 여·철자형주거의 주축방향, 공간분석 등을 시도한 연구(박경신 2012a; 강세호 2018)가 새롭게 등장하였다.

취락에 집중한 연구 분위기가 주거로 전환한 계기는 노시설에 대한 세부 연구를 활발히 진행하기 시작하면서부터이다. 특히 노(林潤美 1989; 유창현 2006), 외줄구들(정상석 2006; 이병훈 2011, 2016; 송만영 2015; 박중국 2016; 박경신 2016)에 대한 연구는 최근까지도 활발히 진행 중이다. 한편 중부지역 취락 내 주거지의 중복관계를 바탕으로 주거의 축조 과정에 대한 접근을 시도하거나(홍지윤 외 2008), 여·철자형 주거 내 공간 활용의 특징을 분석한 연구(秋佳英 2015), 주거지의 구조분석을 시도한 연구(최인창 2010)도 주목된다. 지금까지 살펴본 바와 같이 중부지역 여·철자형 주거에 대한 고고학적 연구는 주로 계통과 편년 연구에 집중되어 있었다.

여·철자형주거의 구조 및 조사방법에 대한 소개는 주로 공공기관의 특강 형식으로 이루어졌다. 특히 조사원의 재교육 프로그램으로서 여·철자형 주거지의 조사법이 다양하게 소개되었다. 이를 시기별로 살펴보면 다음과 같다.

원삼국~삼국시대 주거에 대한 다양한 조사방법의 소개는 2005년에 설립된 한국문화재조사연구기관협회(현 한국문화유산협회)의 기관지인 『발굴사례연구논문집』(현 『야외고고학』)으로부터 시작한다(이현석 외 2004; 李榮澈·金美蓮 2005; 정상석 2006). 주로 특정 유구 및 내부시설에 한정하여 소개하는 수준이었다. 또한 발굴조사 현장에서 연구자가 경험한 내용을 글로써 정리하는 경우가 대부분으로 다양한 시기 및 지역에 따른 주거의 건설과 폐기 과정을 일목요연하게 이해하기는 어려웠다. 이후 2011년에 '수혈건물지 조사법'(한국문화재조사연구기관협회 2011)에서는 원삼국~삼국시대 주거를 한강유역, 마한·백제지역, 신라·가야지역으로 대별하여 소개하고, 여·철자형 주거에 대한 조사방법론을 최초로 소개한 점에서 학사적 의미가 크다(오승환 2011). 다만 주거의 건축구조 조사방법에 지나치게 집중한 나머지 조사과정에 따른 다양한 절차를 소개하지는 못한 한계를 드러냈다. 이후 2012년에는 주거 내부시설에 대한 조사방법을 주제로 교육이 진행되었다. 특히 외줄구들, 부뚜막, 노, 취사용기 등에 대한 조사방법론이 폭넓게 소개되었다(한국문화재조사연구기관협회 2012a). 그러나 연구자 간 용어의 이해 및 적용이 통일되지 않아 혼란스러운 부분이 있다. 다만 최근 유구·유물에 대한 종합 용어 사전이 출간되어 연구자별 용어 사례에 대한 혼란이 다소 진정된 것은 매우 고무적인 일이다(중앙문화재연구원 편 2018). 2012년 가을에는 다시 수혈건물지 조사법이란 주제로 교육 프로그램이 운영되었는데 2011년도와 큰 차이를 보이지는 않았다(한국문화재조사연구기관협회 2012b). 다만 여·철자형 주거 조사방법과 관련한 조사과정에 따른 기술, 건축적인 요소와 내부시설에 대한 종합적인 고찰이 이루어진 점에서 여·철자형 주거의 라이프사이클에 따른 기술이 시도된 점은 고무적이다. 그럼에도 불구하고 세부조사에 대한 설명이 소략한 아쉬움을 남겼다(박경신 2012b). 한편 국립문화재연구소도 매장문화재 조사법과 관련한 단행본을 시리즈로 제작하고 있다. 이 가운데 주거 조사법은 2권으로 발간되었다. 우선『한국 매장문화재 조사연구방법론』Ⅰ(국립문화재연구소 2005)에서는 선사시대 주거의 노, 출입, 저장 시설에 대한 설명 과정에서 원삼국시대 여·철자형 주거를 소개하고 있다(장경호 2005). 매우 개략적인 설명으로 조사방법보다는 여·철자형 주거 조사 역사에 더 가깝다. 다음으로『한국 매장문화재 조사연구방법론』Ⅲ(국립문화재연구소 2007)에서는 수혈주거를 건물지의 하부 디렉토리로 설정하여 설명하고 있다. 원삼국시대 수혈주거는 선사시대 수혈주거를 설명하는 과정에서 철기시대로 설정하여 소개하고 있다(지현병 2007). 이 논문에서는 주거의 평면형태에 따라 주거를 세분하여 설명하고 있으나 내부시설에 대한 세부적 소개가 소략하다.

국립문화재연구소의 원삼국시대 수혈주거 조사방법론은 공통적으로 주거를 건물의 한 부분으로 이해하고 있으며, 건축학적 구조 설명에 가장 큰 중점을 두고 있다. 또한 선사시대 흐름 속에서 원삼국시대 수혈주거를 이해하고 있다. 따라서 원삼국시대 수혈주거의 특징에 대한 조사과정이나 세부적인 조사방법론을 설명하기 보다는 개설에 가까운 글들로 채워져 있다. 최근 건축학적 구조 연구에 있어서는 원삼국시대 여·철자형 주거의 구조를 이해할 수 있는 기초 자료집이 발간되었다. 대표적인 것이『한성백제 건축 유적 유형분류와 복원연구』(국립문화재연구소 2014)이다. 이 연구를 통해 여·철자형 주거의 벽면, 지붕, 노 시설에 대한 구조적인 접근이 시도되었다. 다만 형식분류 및 규격화에 집중한 결과 실재 유적에서 확인되는 다양한 고고학적 양상과는 큰 차이를 보이는 점이 단점으로 지적된다.

지금까지 살펴본 바와 같이 여·철자형주거 조사방법과 관련한 논문들은 다른 지역 및 시기의 주거 조사방법을 소개하는 과정에서 개론적인 소개에 그친 경우가 대부분이다. 또한 건축구조 파악에 지나치게 집중하여 조사 시 참고하여야 할 사항에 대한 충분한 논의를 진행하지 못했다. 아울러 주거의 생애주기를 바탕으로 한 조사과정 상의 설명이 부족하였다.

2) 영남지역

영남지역은 원삼국·삼국시대 주거지 발굴조사가 급증하였던 2000년대 중반부터 주거와 취락의 본격적인 논의를 시작하였다. 지금까지 많은 연구는 진·변한 사회와 신라·가야의 주거를 구분하기 위해, 주거의 지역성과 시기성을 파악하는 데 주력해 왔었다. 현재 고대 주거 연구는 취락과 더불어 다양한 측면에서 진행되고 있으나, 주거지 조사법을 직접 다룬 사례는 매우 드물다. 따라서 다음에서는 주거의 구조, 내부시설 등 주로 주거지 조사법과 간접적으로 관련한 연구를 중심으로 살펴보았다.

원삼국시대 주거 연구는 주거지 조사법과 관련한 내용으로 한정하지 않더라도 매우 소략한 편인데, 임영옥(2000), 김나영(2007, 2009), 권귀향·김정호(2007), 이주성(2008)은 원삼국시대~삼국시대 주거지의 변화 양상과 지역성을 파악하였고, 박강민(2004)은 삼한시대 주거지 내 부뚜막과 구들의 형식을 분류하여 구들의 기원과 진·변한지역의 특징을 다루었다.

2009년 4월에는 영남고고학회에서 "영남지방 원삼국·삼국시대 주거와 취락"을 주제로 주거 유적 자료 집성과 함께 학술대회를 개최하였다. 여기에서 김나영(2009)은 영남지역 원삼국시대 주거의 구조적 특징과 출토유물을 통해 전기와 후기로 구분하여 지역성을 검토하였다. 김창억(2009)은 영남 내륙지역의 삼국시대 주거지의 구조적 특성과 변화 과정을 살피고 이를 통한 취락의 특성과 성격을 파악하였고, 공봉석(2009)은 유적의 입지에 따른 내부시설 차이와 주거지 중복 양상의 특수성을 검토하여 경남 서부지역 주거문화를 알아보았다. 이후 공봉석(2013)은 주거와 취락 내부에서 행한 다양한 인간 활동에 주목하여, 원삼국·삼국시대 주거지 구조와 유물 출토 양상을 통해 공간 분석을 시도한 바 있다. 그 결과 원삼국시대에서 삼국시대, 삼국시대 전기에서 후기로 이행되면서 나타나는 주거 규모 변화 의미를 주거의 저장 방법 변화라는 측면에서 접근하였다.

한편 삼국시대 영남지역 주거는 정치체와 관련하여 일정 지역별로 구조 차이가 뚜렷하게 나타난다. 이에 권역별 주거 연구도 많이 진행되었다. 우선 영남 동부지역 일대에서는 타지역에서 볼 수 없는 구조의 방형 주거지가 확인되고 있어, 이에 대한 구조 분석이나 변천 양상을 파악하는 데 주력해 왔다. 강정미(2011)는 기장 가동 유적 주거지의 주요 속성 검토와 기타 유구를 분석하여 취락의 전개 양상과 특징을 파악하였다. 정우현(2012)은 경남지역에서 확인되는 방형 주거지를 대상으로, 주거지의 여러 속성을 분류하고 출토유물을 통해 주거 유형 설정과 전반적인 변천 과정을 살펴보았는데, 방형계 주거문화는 대체로 동부지역에서 서부지역으로 확산하였던 것으로 보고 있다. 김창억(2013)은 대구·경북지역 삼국시대 취락의 특성을 파악하기 위해, 주거지의 평면형태·규모·노 시설·주혈 배치 등 주요 속성을 검토하였다. 이후 공봉석(2014)은 신라지역 주거와 취락의 구조, 변화 양상, 성격 등을 검토한 바 있다.

영남 서부지역은 주로 3~4세기대에 많이 보이는 타원형 주거지 연구에 집중되어 있다. 김진철(2008)은 4세기대 영남 서부지역과 호남 동부지역에 분포하는 타원형 주거지의 주요 속성과 생활 용기를 검토한 결과, 타원형 주거지의 범위를 변한과 그 뒤를 잇는 가야권역으로 이해하였다. 권귀향(2012)은 낙동강

이서지역 주거지와 지상식 건물지의 유형을 나누고 유물을 검토하여 시간적 위치를 설정하였으며, 이를 토대로 영남 서부지역 주거 양상을 통시적 관점에서 분석하였다. 공봉석(2008)은 서부지역 타원형 주거지에서 확인되는 구들을 다루었는데, 원삼국시대 구들과 구조적인 차이를 통해 삼국시대 구들의 특성을 파악하였다. 이나영(2010)은 그간의 발굴조사 성과를 토대로 타원형 주거지의 상부 구조를 검토하였다. 기존 일률적으로 복원되던 타원형 주거지의 구조를 비교적 다양한 형태로 유추하고 있으며, 특히 단일 취락 내에서도 다양한 축조 방식을 채택하였음을 피력하고 있다. 공봉석(2016)은 가야지역 주거 유적 자료를 정리하여 전반적인 주거 양상과 취락의 성격 등을 검토한 바 있다.

3) 서남부지역

호서와 호남의 서남부지역 원삼국~삼국시대 수혈주거지 연구는 양 지역으로 구분되어 지역별로 연구되는 경향이다. 그동안의 연구 성과는 호서지역보다는 호남지역에서 좀더 많이 축적되어 있다. 호서지역은 2000년 이전에는 연구 성과가 거의 없었지만 2000년 이후 본격적으로 축적되기 시작하였다(신연식 2006, 2010; 김승옥 2007; 장덕원 2010; 서현주 2010; 현대환·양지훈 2011; 이건일 2011). 호남지역도 1990년대까지 주거지 연구는 거의 이루지지 않았고 1990년대에도 일부(이근욱 1993; 이영철 1997) 진행되었지만, 2000년 이후 본격적으로 축적되기 시작하였다(김승옥 2000, 2004; 정일 2005, 2006; 김은정 2007; 이은정 2007; 이동희 2007 등 다수). 이는 1990년대 서해안고속도로 등 대규모 개발 사업으로 인하여 주거지의 조사가 급증하면서 지역별·시대별로 개별 주거지에 대한 연구와 함께 취락에 대한 연구가 활발해진 것이다.

연구 내용은 주로 개별 주거지의 내부구조와 출토유물을 통해 시기를 구분하고 이를 바탕으로 변화 과정을 밝힌 것들이다. 취락에 대한 연구는 취락 내 주거지의 관계와 지역 내 취락의 관계 문제에 접근한 연구가 주를 이루었다. 전반적으로 주거지의 구조적 특징과 지역별 양상을 통한 지역성 연구와 취락의 구성요소로서 주거지의 편년과 변천양상을 밝히고자 하는 연구가 대부분이었다. 그러나 주거지의 구조 자체와 내부시설을 다룬 연구는 많지 않았는데, 초기에는 벽구나 부뚜막과 같은 노시설을 중심으로 유구의 구조에 대한 접근(이영철 1997; 이민석 2003; 김미연 2005)이 중심을 이루었다. 이후에는 방형의 사주식 주거지를 중심으로 연구하는 경향이 강해지기 시작하였고(정일 2005, 2006), 양 지역 사주식 주거지의 변천이나 지상화 과정(이건일 2011; 임동중 2013)과 사주식 주거지의 상부구조 복원(정일 2007)까지도 검토하게 되었다. 특히 2013년 한국고고학전국대회에서 서울·경기를 포함한 서남부지역의 사주식 주거지를 대상으로 집중적인 검토가 이루어졌지만(서현주 외 2013), 편년과 변천양상, 지역성 연구가 중심이었다.

서남부지역 주거지 조사방법에 대해서는 양 지역 모두 소략한 편이다. 호남지역은 원삼국~삼국시대 수혈주거지의 조사에 관련하여 정리된 바(이영철·김미연 2005) 있다. 기존 보고서의 발굴조사 및 보고서 작성 사례를 검토하였고, 담양 태목리 유적의 중복된 주거지를 중심으로 조사법과 보고서 작성법을 제시하였다. 호서지역은 몇몇 유적을 중심으로 마한·백제 주거지의 조사법에 관하여 다루어지기도(신연식 2012) 하였지만 대체로 소략한 편이다.

03

통일신라~조선시대

통일신라시대 수혈주거지는 2000년대 들어 유적 발굴조사가 확대됨으로써 고고학 자료가 비약적으로 증가하여 다양한 시각에서 연구를 진행하고 있다. 현재까지의 연구 경향은 신라의 한강 진출과 삼국통일이라는 역사적인 궤와 맞물려 한강을 중심으로 서울·경기지역에서 조사된 유적을 통해 수혈주거지의 변화양상에 대한 연구(신유리 2011; 정동헌 2011)와 통일신라시대 단위 취락을 중심으로 취락 내에서 확인된 유구의 분석과 문헌기록을 참고하여 취락의 조성시기와 성격에 대한 연구(박달석 2012; 이상복 2007)로 나누어진다. 수혈주거지 이외에 출토된 유물을 분석한 연구(구자린 2008; 박순발 1998; 변영환 2006; 이동헌 2008; 홍보식 2005)가 다양하게 진행되고 있다.

고려시대 수혈주거지와 생활유적에 대한 연구는 현재까지 거의 찾아볼 수 없을 정도로 미진한 실정이다. 고고학에서는 영남지역을 포함하여 남한지역 전체에서 확인된 고려시대 수혈주거지의 구조를 검토하여 특징을 살펴보고, 주거지의 시간적인 변화양상에 대해 살펴본 연구(황대일 2014)가 유일하다. 건축학에서는 수혈주거지에 설치된 온돌과 관련하여 중국 동북지역 요·금시기 건물지의 온돌형식을 검토하고 동시기 한반도에서 확인된 온돌과의 상관성을 밝혀낸 연구 성과(강영환·최운 2011)가 있다. 또 고려시대 대규모의 건물지가 확인된 대전 상대동 유적의 발굴조사 성과를 중심으로 문헌자료의 검토와 함께 상대동 유적 건물지의 성격을 종합적으로 검토하는 연구가 진행되고 있다.

조선시대 수혈주거지에 대한 연구는 각 지역별로 수혈주거지의 구조와 용도, 성격에 대해 활발히 진행되고 있다. 2000년대 초반까지는 발굴자료 부족으로 문헌기록을 중심으로 수혈건물지의 성격을 밝히고자 한 논문(손진태 1981; 김성태·이병훈 2004)이 간헐적으로 발표되었다. 이러한 논문은 발굴현장에서 주거지가 아닌 수혈의 일부로 분류되던 유구를 수혈주거지로 인식하고 이해할 수 있는 중요한 연구의 디딤돌이 되었다고 생각한다. 2000년대 중·후반부터는 발굴자료의 급증에 힘입어 본격적인 고고학적 분석을 통해 각 지역별로 수혈주거지의 구조를 파악하여 형식분류하고 출토유물의 편년을 통해 시기별 변화양상의 파악, 수혈주거지의 성격을 규명하여 집중한 연구(김지혜 2013; 김현주 2014; 박한재 2007; 손성진 2013; 오승규 2010; 오준혁 2008; 이경복·전경아 2004; 이경복 2008; 임영호·정여선 2007; 황대일 2011)가 진행되고 있다.

앞으로 통일신라~조선시대 수혈주거지에 대한 연구방향은 1차적으로 발굴현장에서 고고학 자료가 각 지역별로 오류 없이 축적되는 것이 우선과제로 보인다. 그 이후 축적된 자료를 통하여 주거지의 지역적인 특징, 공반유구와의 관계를 파악하여야 하고, 출토유물의 분석으로 편년체계를 확립하여야 한다. 또 중국자료와 비교, 검토하여 구조적인 상관성을 탐색하는 등 넓은 시각과 세밀한 분석으로 당시 사회의 주거와 관련한 생활상을 복원할 수 있는 연구가 진행될 것을 기대해본다.

III

수혈주거지의 분류와 구조적 특징

01

선사시대

신석기시대와 청동기시대 수혈주거지는 구조가 다양하고 시대와 유형에 따라 차이가 있지만 기본적인 내부시설이나 구조는 크게 다르지 않다. 아래에서는 각 시대별, 유형별 수혈주거지의 구조와 특징에 대해 살펴보고자 한다.

1) 신석기시대

신석기시대 수혈주거지는 크게 원형계와 방형계, 돌출형계로 구분되며 평면형태와 내부시설에 따라 암사동식, 오산리식, 운서동식, 신길동식, 대천리식, 송죽리식, 범의구석식으로 구분된다. 노의 형식은 위석식, 수혈식, 지면식(무시설식) 등이 있고 약간의 차이가 있지만 위치는 대부분 중앙이다. 주혈의 배치가 다양한 편이고 단시설, 출입구시설에서 차이를 보이고 있다[22].(표 7 참조)

22) 신석기시대 수혈주거지 구조와 특징은 구자진(2010)의 분류를 요약·정리한 것이다.

▪ 암사동식 주거지

주로 중부 내륙지역의 충적지대에 입지하며 평면 원형과 방형의 두 종류로 나뉜다. 수혈주거지 중앙에는 원형이나 방형의 위석식 노가 설치되고 네 모서리 부근에 4주식의 중심기둥 배치가 특징이다. 한쪽 벽면에서 돌출된 경사시설이나 계단시설이 확인되기도 한다. 서울 암사동, 연천 삼거리, 북한의 평안남도 온천군 궁산 유적 등이 대표적이다.

▪ 오산리식 주거지

중부 동해안지역의 사구지대에 입지하며 주로 평면 원형을 띤다. 주거지 중앙에는 원형이나 방형의 위석식 노 1~2기가 설치되며, 바닥은 점토다짐을 하거나 불처리를 하는 것이 특징이다. 양양 오산리 유적, 고성 문암리 유적이 대표적이다.

▪ 운서동식 주거지

중부 서해안지역의 가장 이른 시기를 대표하며 구릉지대에 입지한다. 규모는 4~6m이며 평면은 방형이고 돌출된 출입구시설과 단시설을 갖춘 것이 특징이다. 내부에는 원형의 수혈식 노와 모서리 부근에 4주식의 주기둥을 배치한다. 인천 운서동 유적과 안산 대부북동 유적이 대표적이다.

▪ 신길동식 주거지

중부 서해안지역의 구릉지대에 입지한다. 대부분 방형을 띠며 길이 3~5m로 중·소형이다. 내부에는 원형의 수혈식 노와 4주식의 중심기둥을 배치하며 중심기둥 주변에는 보조기둥이 많이 확인된다. 안산 신길동, 시흥 능곡동, 용인 농서리, 서산 기지리, 아산 성내리, 화성 석교리 유적 등이 대표적이다.

- **대천리식 주거지**

충청 내륙지역의 구릉지대 정상부에 입지하며 대개 1~2기만 존재하는 특징이 있다. 평면은 장방형(장단비 1.2:1 이상)이며 규모는 길이 7~10m, 너비 5~7m이다. 장축방향은 등고선과 나란한 것이 특징이다. 내부는 생활공간과 부속공간으로 구분된 것도 많다. 내부시설은 원형과 방형의 수혈식 노 1~2기, 분리된 생활공간에 4주식의 중심기둥과 출입구시설, 단시설, 외부기둥도 특징적이다. 유적은 주로 충청 내륙지역인 옥천 대천리, 청원 쌍청리·영하리, 보령 관창리, 대전 관평동, 홍성 상정리 등과 경기도의 용인 농서리, 김포 운양동, 화성 봉담2지구 유적 등이 대표적이다.

- **송죽리식 주거지**

남부지역의 하안 충적대지에 입지한다. 평면은 장방형이고 장축이 남-북방향인 것이 특징이다. 중앙에 수혈식 노 1기가 설치되고 기둥은 벽가배열이 특징이며 출입구시설을 갖춘 것도 있다. 김천 송죽리, 진주 상촌리와 평거동 유적이 대표적이다.

- **범의구석식 주거지**

북한지역에서 가장 늦은 단계의 주거지이며 구릉 말단부에 입지한다. 규모는 4m 내외로 소형에 가깝고 평면은 방형이다. 내부시설은 원형의 위석식 노와 4열의 일정한 기둥배치가 가장 큰 특징이다. 동북지역의 무산 범의구석(호곡동)과 서북지역의 요령성遼寧省 동구현東溝縣 후와后洼 상층 유적 등이 대표적이다.

표 7 신석기시대 주거지 형식별 분류표(구자진 2010 인용·수정)

유형	대표유적	입지	평면모식도	조사사례
암사동식	암사동, 삼거리	충적지	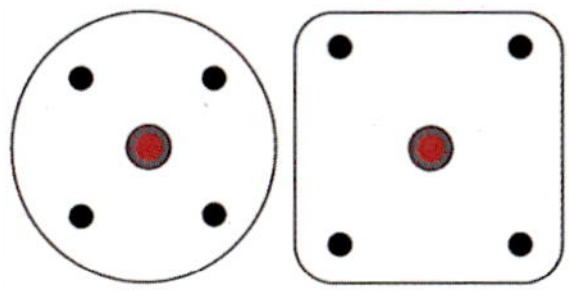	
오산리식	오산리, 문암리	사구	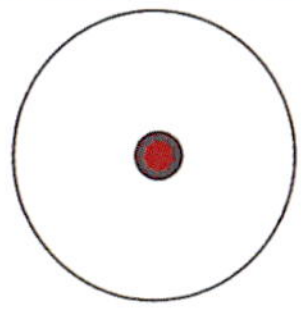	
운서동식	운서동, 대부북동	구릉지	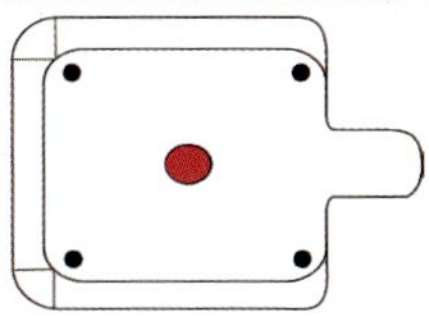	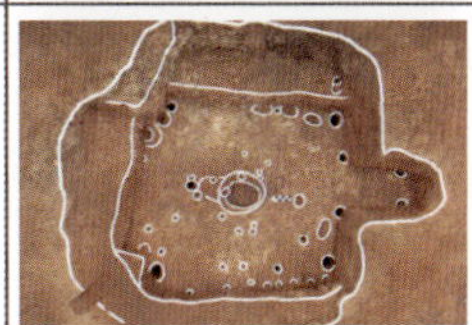
신길동식	신길동, 능곡동, 농서리, 성내리, 기지리, 석교리, 대능리	구릉지	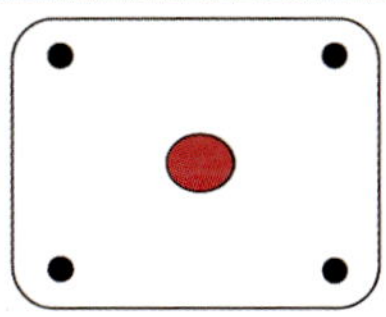	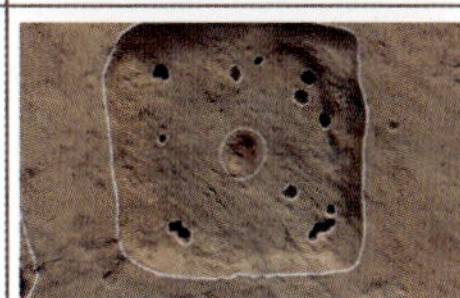
대천리식	대천리, 관평동, 신관동, 영하리, 용동리, 봉담2지구	구릉지	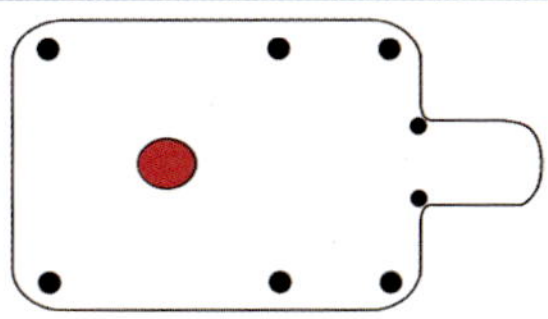	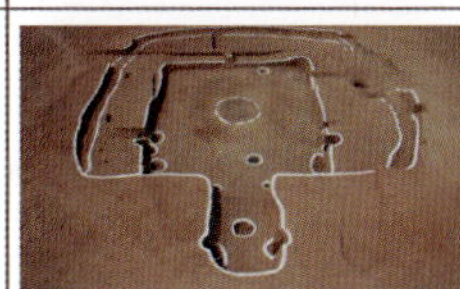
송죽리식	송죽리, 상촌리, 평거동	충적지	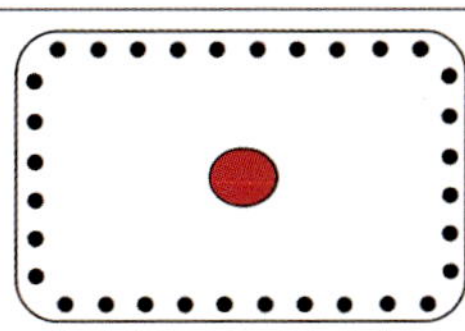	
범의구석식	범의구석, 후와(상층)	구릉 말단부		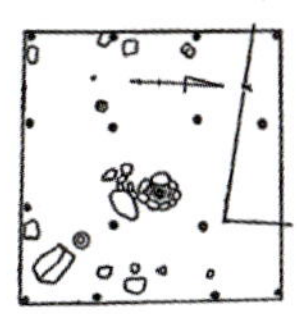

2) 청동기시대

국내에서 확인된 청동기시대 수혈주거지는 각각의 규모, 형태, 내부시설 등으로 구분이 가능하며 유형에 따라 미사리식, 역삼동식, 둔산식, 송국리식, 천전리식, 조동리식, 검단리식(울산식), 수석리식 등으로 대별할 수 있다.(표 8~10 참조)

▪ **미사리식 주거지**

주로 북한강과 남한강을 포함한 한강유역과 남강유역, 금강유역 등의 하안 충적지에서 확인된다. 규모는 길이 10m 이상인 대형이 많고 20m이상의 초대형도 있다. 평면은 방형과 장방형이며 장축방향은 일반적으로 강의 흐름과 직교하는 것이 많다. 내부시설은 1~2기의 편재된 위석식 노와 내측 2열의 초석이 핵심시설이다. 하남 미사리를 비롯하여 정선 아우라지, 춘천 중도, 홍천 철정리, 진주 평거동 등이 대표 유적이다. 돌대문토기가 출토되며 청동기시대 조기에서 전기 전반으로 편년된다.

▪ **역삼동식 주거지**

전국적인 분포를 보이며 구릉지와 충적지 모두 입지하지만 구릉지가 일반적이다. 대형의 세장방형이 중심을 이루고 중·소형의 장방형과 방형도 있다. 대형은 일반적으로 길이가 10m 이상이며 30m 이상인 것도 있다. 내부에는 수혈식과 지면식의 노가 다수 설치되는 것이 특징이며 주로 중앙 1열의 중심주혈과 다수의 저장공이 설치된다. 천안 백석동, 평택 소사동, 화성 쌍송리, 화천 용암리, 오산 내삼미동 등이 대표적인 유적이다. 공렬문토기와 구순각목문토기, 흔암리식토기가 주로 출토되며 전기에서 중기로 편년된다.

▪ 둔산식 주거지

대전, 충주를 중심으로 하는 금강 중상류가 주 분포지이며 입지는 구릉지이다. 일반적으로 중·대형의 규모이며 평면 장방형과 방형에서 세장방형으로 변화한다. 내부시설은 위석식 노와 초석이 핵심시설인데 편재된 노는 1~2기에서 최대 4기까지 확인되고, 초석은 내측 2열에서 중앙 1열로 변화된다. 이중구연단사선문의 가락동식토기가 출토되며 전기로 편년된다.

▪ 송국리식 주거지

남한 서부와 남부지역을 중심으로 넓게 분포하고 있으며 얕은 구릉지나 충적지에 입지한다. 평면은 원형과 타원형, (말각)방형 등이며, 내부시설로 가장 중요한 것은 타원형 수혈과 중심주혈이다. 일반적으로 노는 설치되지 않고 2주식이 기본인 중심주혈은 타원형 수혈 가장자리와 주변에 근접하여 설치되어 구심구조를 이루는 것이 특징이다. 이외에도 내벽기둥, 외벽기둥, 벽구, 출입구, 유인수로, 단시설, 배수시설 등도 확인된다. 송국리식토기가 출토되며 중기와 후기로 편년된다.

▪ 천전리식 주거지

강원 영서지역의 북한강유역이 주 분포지역이며 충적지에 입지하는 것이 일반적이다. 대형의 세장방형도 있지만 중·소형의 장방형과 방형이 대부분이다. 내부시설로는 수혈식 노 1~2기가 설치되는 것이 일반적이며 이색점토구역과 작업공, 2열의 내측주혈도 특징적인 시설이다. 화천의 용암리와 거례리, 춘천의 천전리와 중도, 우두동이 대표유적이다. 공렬문토기와 구순각목문토기가 출토되며 중기와 후기로 편년된다.

▪ 검단리식 주거지(울산식 주거지)

울산, 경주, 포항 일대의 동남부지역에 분포하며 구릉에 입지한다. 중소형의 장방형이 기본적인 형태이며 편재된 수혈식 노와 2열의 내측주혈을 갖춘 구조이다. 벽구가 많이 확인되고 돌출구도 특징적이며, 주구를 두른 것(연암동식 주거지)이 있다. 공렬문토기와 낟알문의 검단리식(울산식)토기가 출토되며 전기 후반에서 중기로 편년된다.

▪ 조동리식 주거지

강원 영서지역의 남한강유역에 분포하며 주로 하안 충적지에 입지한다. 중·대형의 장방형과 방형이 기본적인 형태이다. 내부시설로는 내측 2열이나 중앙 1열의 주기둥과 1~2기의 편재된 위석식 노가 설치되는 것이 일반적이다. 공렬문토기와 구순각목문토기, 흔암리식토기가 출토되며, 전기에서 중기로 편년된다.

▪ 수석리식 주거지

전국적 분포를 보이며 구릉지에 입지하는 것이 일반적이지만 강원 영서지역에서는 충적지에 입지하기도 한다. 규모는 주로 소형이며, 평면은 방형이나 장방형을 띤다. 내부시설은 수혈식 노 1기가 설치되는 것이 일반적이며 벽부노가 설치되는 경우도 있다. 남양주 수석리, 안성 반제리, 강릉 방동리가 대표적인 유적이다. 주로 점토대토기가 출토되며 청동기시대 후기와 초기철기시대로 편년된다.

표 8 청동기시대 유형별 수혈주거지 주요 속성표

	입지	평면 형태	규모	내부시설	주분포지역	출토유물	시기
미사리식	충적지	방형, 장방형	(초)대형	위석식 노, 초석	한강유역, 금강유역, 남강유역	돌대문토기	조기(전기)
역삼동식	구릉지, 충적지	장방형, 세장방형	소형~대형	수혈식 노, 주혈	전국	공렬문토기, 구순각목문토기	전기(후반) ~ 중기
둔산식	구릉지	방형 ~세장방형	중형~대형	위석식 노, 초석	금강유역	이중구연 단사선문토기	전기
송국리식	구릉지, 충적지	원형, 방형	소형~중형	타원형 수혈, 주혈(중앙2)	서남부지역	송국리식토기	중기~후기
천전리식	충적지	방형, 장방형	소형~중형	이색점토구역, 작업공, 내측주혈	북한강유역	공렬문토기, 구순각목문토기	중기~후기
조동리식	충적지	방형, 장방형	중형~대형	위석식 노, 주혈	남한강유역	공렬문토기, 구순각목문토기	전기(후반) ~ 중기
검단리식 (울산식)	구릉지	방형, 장방형	소형~중형	수혈식 노, 주혈 (2×2~8열)	동남부지역	공렬문토기, 낟알문토기	전기(후반) ~ 중기
수석리식	구릉지, 충적지	(장)방형	(중)소형	수혈식 노 (벽부노), 주혈	전국	점토대토기	후기~초기 철기

표 9 청동기시대 주거지 형식별 분류표 ①

유형	미사리식	역삼동식
대표 유적	미사리, 아우라지, 중도, 철정리, 외삼포리, 대성리, 평거동	백석동, 소사동, 쌍송리, 용암리, 내삼미동, 천천리
입지	충적지	충적지, 구릉지
평면도	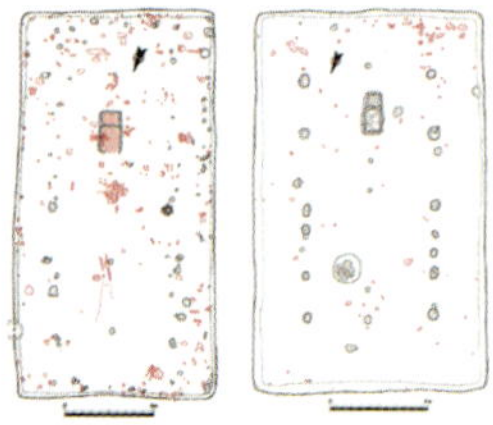	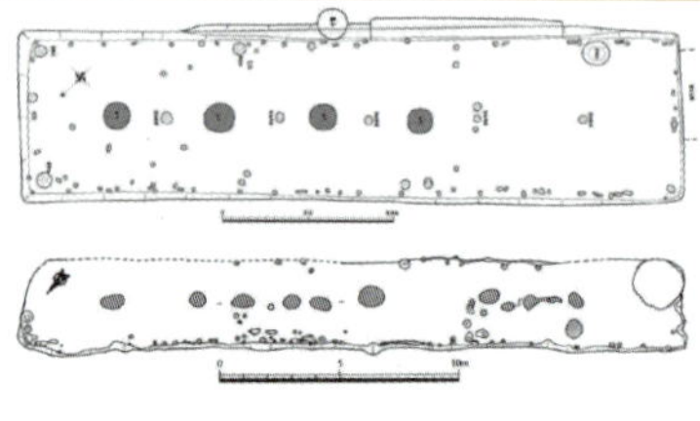
조사 사례	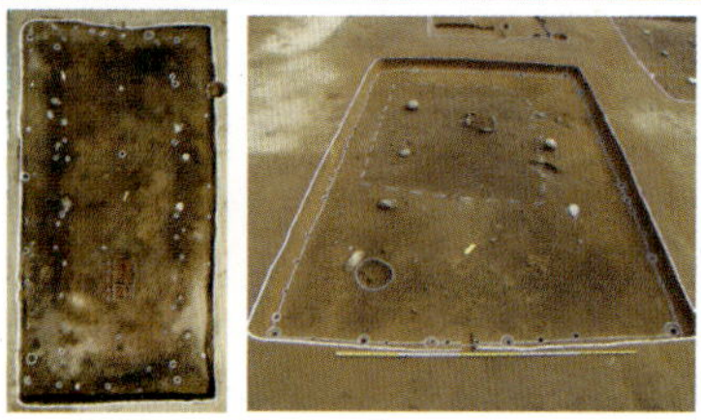	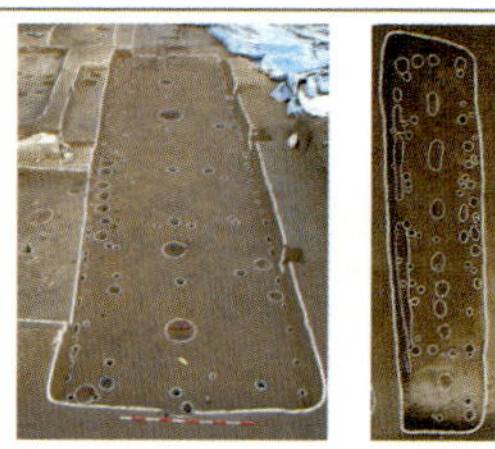
유형	둔산식	천전리식
대표 유적	둔산, 용암, 궁동, 용산동, 가오동	천전리, 용암리, 철정리, 우두동, 외삼포리
입지	구릉지	충적지
평면도	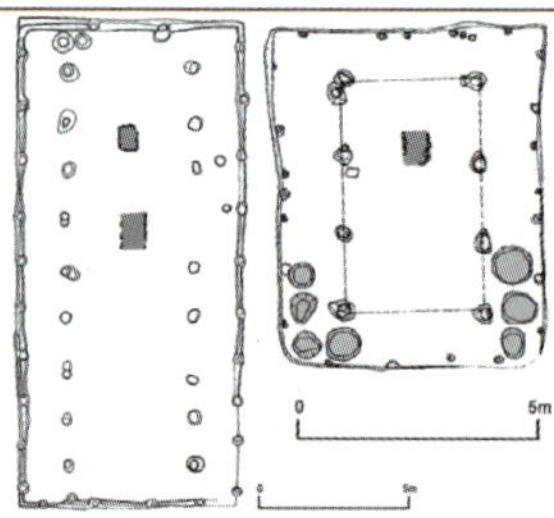	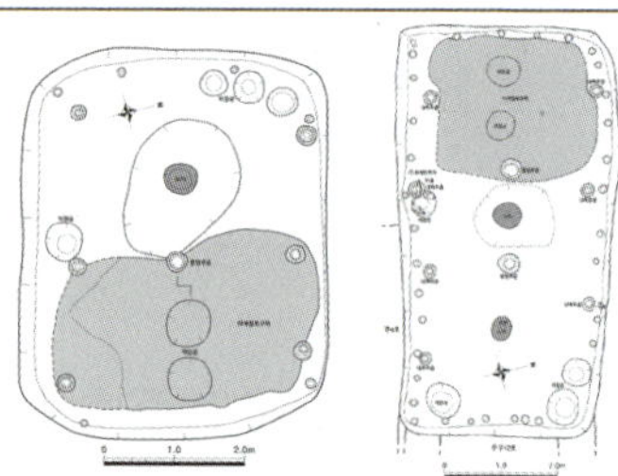
조사 사례	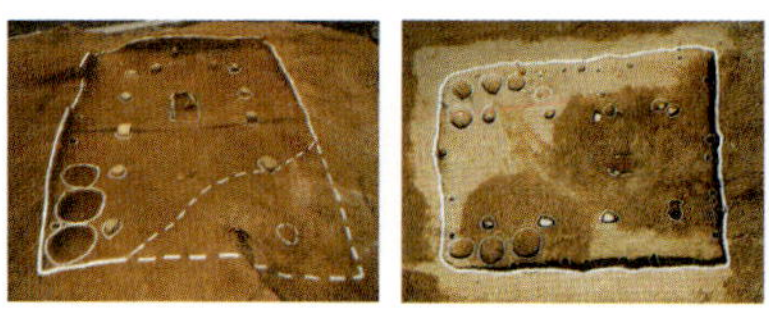	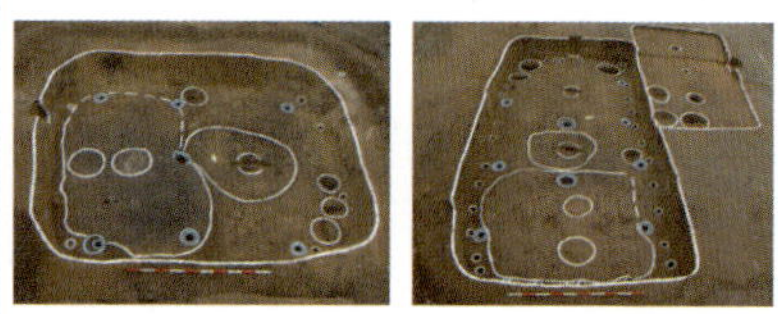

표 10 청동기시대 주거지 형식별 분류표 ②

유형	송국리식	조동리식
대표 유적	송국리, 관창리, 여의곡, 대곡리, 대평리, 동촌동	조동리, 아우라지, 약수리, 가현동, 태장동, 문막리, 천동리, 주천리
입지	구릉지, 충적지	충적지
평면도	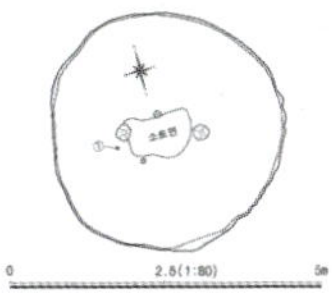 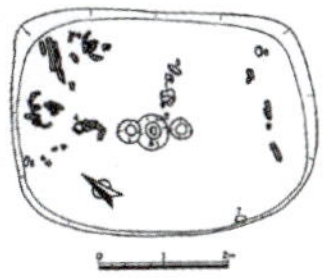	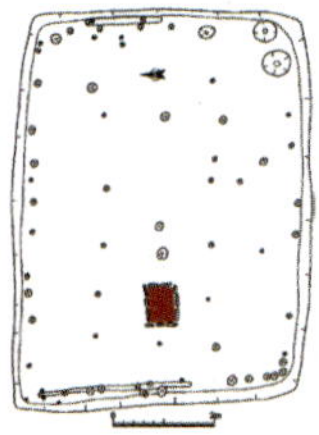 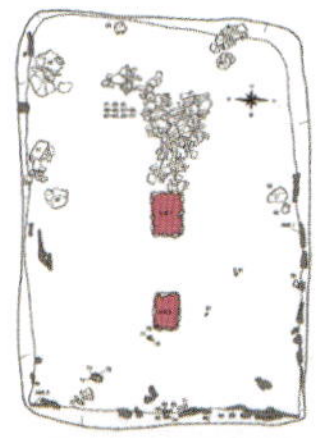
조사 사례	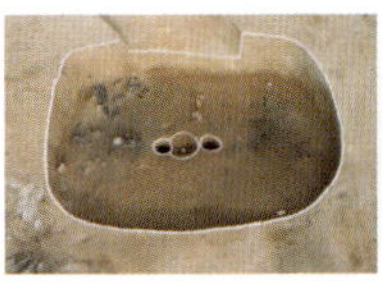 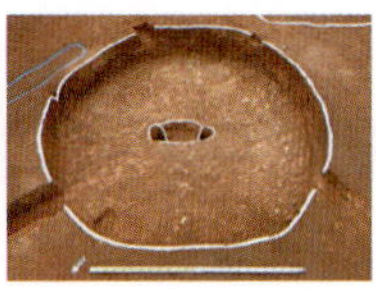	 
유형	수석리식	검단리식(울산식)
대표 유적	수석리, 반제리, 방동리	연암동, 교동리456, 천곡동, 중산동, 매곡동, 창평동
입지	구릉지	구릉지
평면도	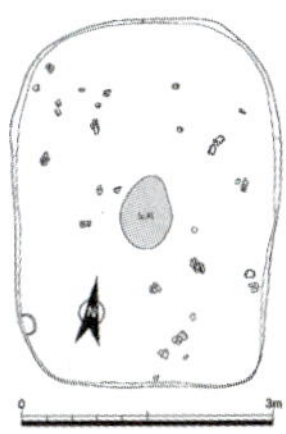 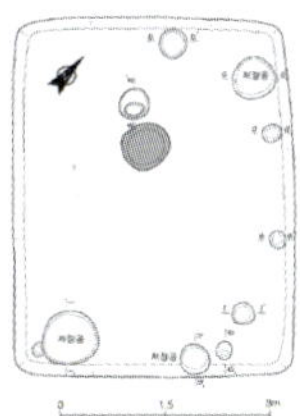	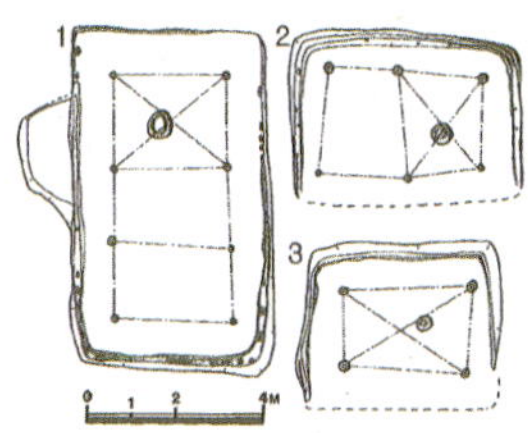
조사 사례	 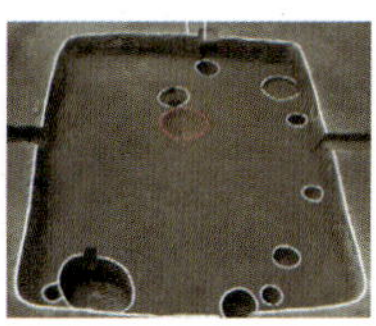	 

02

원삼국~삼국시대

1) 중부지역

중부지역 여·철자형 주거는 평면형태와 구조에 따라 여러 명칭으로 불린다. 먼저 평면형태에 따라서는 한자의 '呂·凸'자에 가깝다는 의미에서 '여·철자형 주거'로 부르는 것이 일반적이다. 여기에 주거부의 평면형태가 기존의 방형이나 원형에서 벗어나 육각형으로 변화하는 점을 강조하여 '육각형 주거'로도 부른다. 다음으로 구조적인 측면에 있어서 출입구가 별도로 시설된 주거라는 점에서 '출입구 부가 주거'로 부르거나, 기존의 출입방식이 수직방향인데 비해 수평방향으로 이루어지고 있는 점을 강조하여 '횡방향출입 주거'(권오영 2009)로 부르기도 한다. 그러나 기존의 주거 명칭은 모두 평면형태를 기준으로 설정하였으므로 '여·철자형' 또는 '육각형'으로 통칭하는 것이 바람직하다. 여기서 원삼국시대 여·철자형 주거는 주거부의 형태가 방형에서 육각형으로 변화하는 형식적 시간차가 존재한다(송만영 1999). 주로 육각형은 한성백제기에 등장하기 때문에 '육각형 주거'라는 개념은 원삼국시대 주거까지 포괄하는 개념으로는 사용하기 어렵다. 또한 영동지역의 경우 늦은 시기까지 주거부의 평면형태가 방형에 가깝다(박경신 2009). 따라서 전체적인 평면형태를 표현하는 방식으로 여·철자형으로 부르는 것이 가장 합리적인 것으로 판단된다.

'여·철자형 주거'라는 명칭에서 '여'자형과 '철'자형을 각각 분리하여 개별 형식으로 이해하는 경우가 많다. 그리고 명칭이 사용된 시기도 상이하다. 우선 '철'자형이란 명칭은 무산 호곡동 6호 주거지를 설명하는 가운데 '철형凸形'이라는 명칭(金正基 1974: 33)을 처음으로 사용하였다. 이후 안인리 유적을 조사하면서 본격적으로 '철자형凸字形'이란 명칭이 사용된다(池賢柄 2012: 16). 그리고 '여'자형이란 명칭도 안인리 유적(白弘基 1991)을 발굴조사 하면서부터 사용된다. 그런데 최근 발굴조사 과정에서 출입부의 결실 및 삭평 결과 '여'자형이 '철'자형으로 보고되는 경우가 많다. 그리고 양자의 구분이 큰 의미가 없음을 지적하기도 한다(湖巖美術館 1995: 67). 그러나 얕은 삭평의 경우 주혈 등의 위치를 통해 '여', '철'자형을 구분할 수 있다. 다만 양자는 큰 구조적인 차이를 발견하기 어렵고, 시간적인 선후관계로 이해하기도 어렵다. 따라서 '여·철자형 주거'로 병칭하는 것이 바람직하다.

철자형 주거가 처음 조사된 것은 1979년 수원 서둔동 유적 1호 주거지(숭실대학교 한국기독교박물관 2010)이다.(도면 13 참조) 조사 당시에는 상면이 삭평되어 한쪽 벽면이 결실되었고, 출입구가 돌출된 주거의 존재를 알 수 없었던 관계로 철자형으로 보지 못했다. 이후 1980년 춘천 중도(國立中央博物館 1980), 1984년 횡성 둔내 강원-3호 주거지(江原大學校博物館 1984)를 조사하였으나 출입구 부분이 확실하게 조사되지 못했다. 분명한 형태의 철자형 주거의 조사 및 보고 사례는 충주 하천리 D지구 1호, 3호(金秉模·崔虎林 1984) 및 F지구 2

호 주거지(尹容鎭 1984)가 처음이다. 여자형 주거는 충주 하천리 F-1호 주거지가 처음인데 당시에는 장방형 계통의 주거에 출입구가 부가된 정도로 설명하였다.

여·철자형 주거의 구조는 크게 출입부, 통로부, 주거부로 나뉜다. 철자형 주거는 출입부와 통로부가 구분되지 않고 출입부와 주거부로 구성되어 있다. 출입부는 벽면과 주혈로 구성되어 있으며 통로부는 벽면과 주혈 및 문지방으로 구성되어 있다. 주거부는 벽면과 내부시설로 구성되어 있다.(도면 14~15 참조)

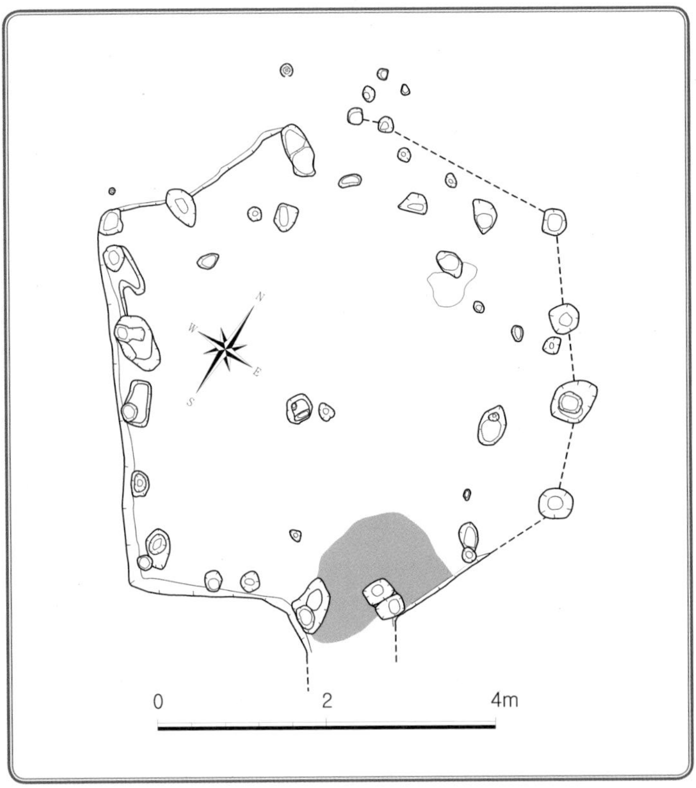

도면 13 수원 서둔동 1호 주거지

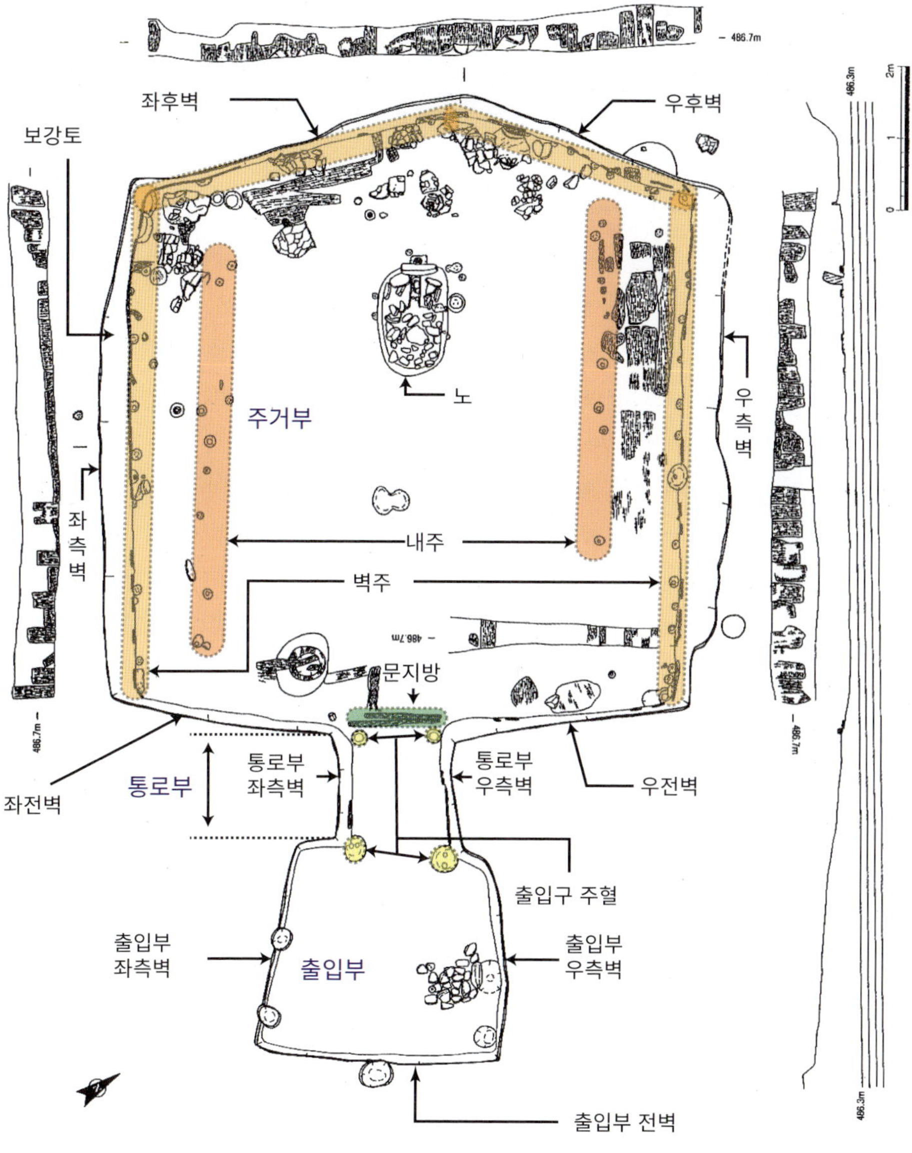

횡성 둔내 강문소-1호 주거지(江原文化財硏究所 2008)

도면 14 여자형 주거지 구조 및 부분 명칭

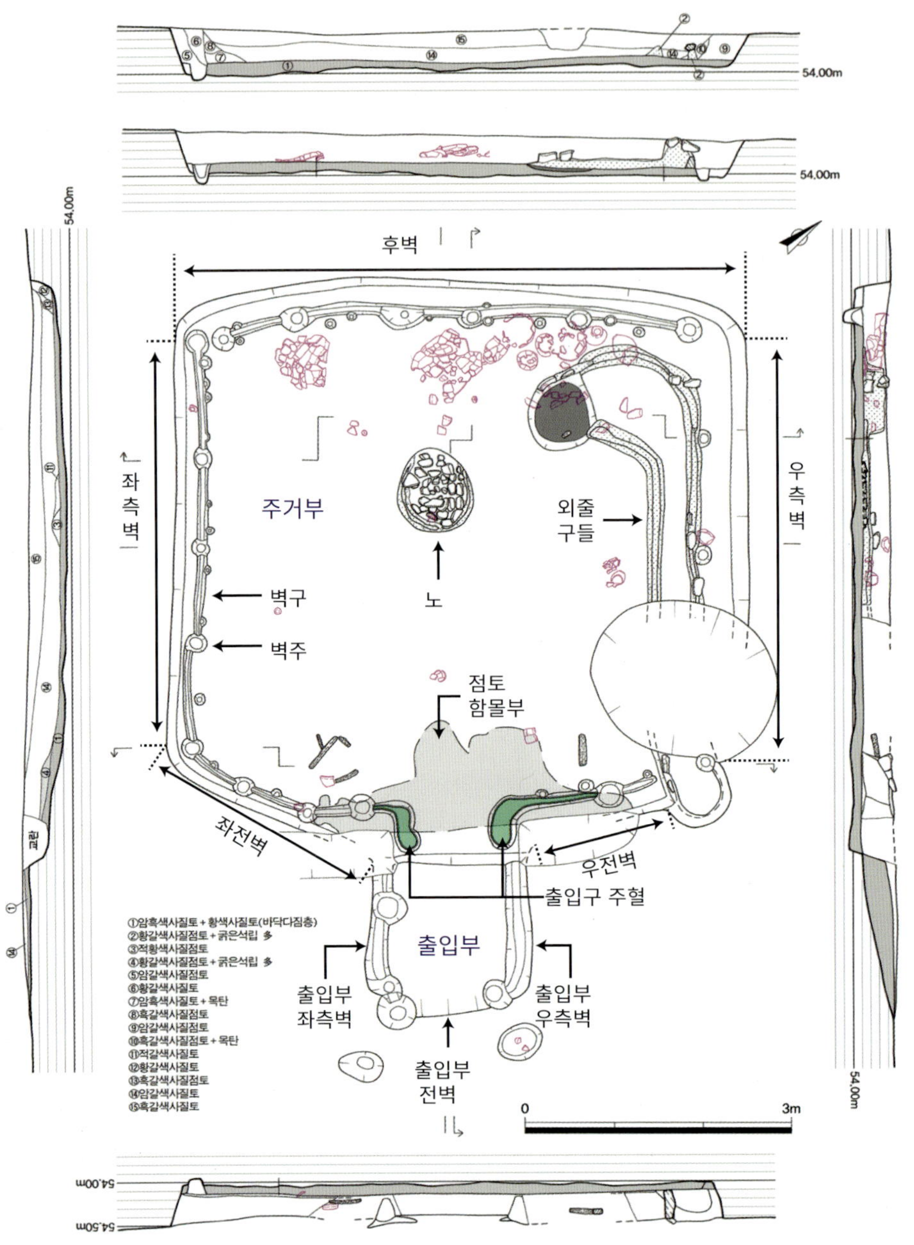

남양주 장현리 6호 주거지(中央文化財研究院 2010)

도면 15 철자형 주거지 구조 및 부분 명칭

2) 영남지역

영남지역의 수혈 주거는 대체로 원삼국시대까지만 하더라도 세부지역에 따라 큰 차이를 보이지 않고 동일한 유형이 유행하였다면, 이후 진·변한 사회에서 신라와 가야로 분화하면서 권역별로 일정한 구조 차이를 보인다.

- **원삼국시대(도면 16 참조)**

기원전 1세기를 전후한 무렵, 영남 일원의 주거는 이전 방형 계통의 주거를 더는 사용하지 않고 원형 주거를 사용하게 된다. 이때의 원형 주거는 일부 벽기둥이 설치된 것을 제외하면 대부분 무질서한 기둥 배치를 보이며, 돌로 만든 구들과 부뚜막이 처음으로 나타난다.

이후 약간의 구조 변화를 거쳐 기원후 3세기 후반 무렵까지 평면 원형과 함께 타원형 주거가 유행하였는데, 일부 유적에서는 원삼국시대 후반까지 방형 주거를 사용하였다. 주거 내부에는 벽을 따라 기둥이나 얕은 구를 설치하여 벽체를 조성하며, 구들 또는 부뚜막을 설치하였다. 기둥 배치는 여전히 불규칙한 것이 많은 편이고, 구들은 축조 재료가 점토로 바뀌면서 초기의 석재 구들과 비교할 때 구조면에서 상당히 발전된 모습을 보인다. 사천 늑도 유적, 대구 평촌리 유적, 대구 봉무동 유적, 포항 호동 유적, 사천 방지리 유적, 양산 평산리 유적, 김해 부원동 유적, 진주 내촌리 유적, 부산 노포동 91-6번지 유적 등이 이 시기에 해당한다.

한편 고대 주거문화의 획기적 변화를 가져온 것 중 하나로 구들과 부뚜막을 들 수 있다. 구들은 초기철기시대 초기에 서북한과 중국 동북지역, 연해주 지역에서 이미 사용하고 있으나, 영남 일원에서는 원삼국시대 초기에 처음 나타나고 이후 삼국시대가 되면 대부분 주거에서 사용하였다.

구들은 난방과 취사를 겸하는 시설로, 불을 때는 아궁이, 화기가 지나가는 통

시기	영남 동부지역	영남 서부지역
B.C. 1C	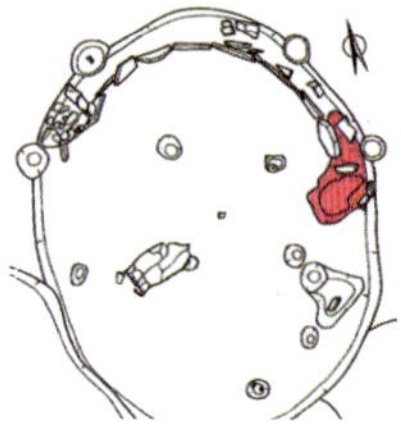 달성 평촌리 1호	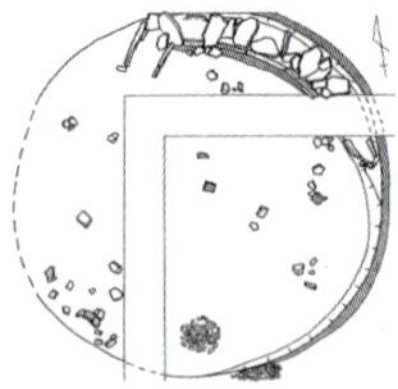 사천 늑도 C-13호 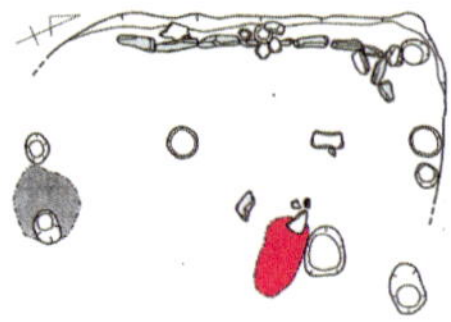 사천 방지리 7호
A.D. 3C 후	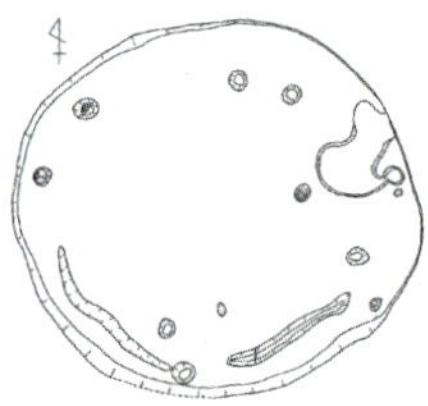 경주 황성동 Ⅰ-다-9호 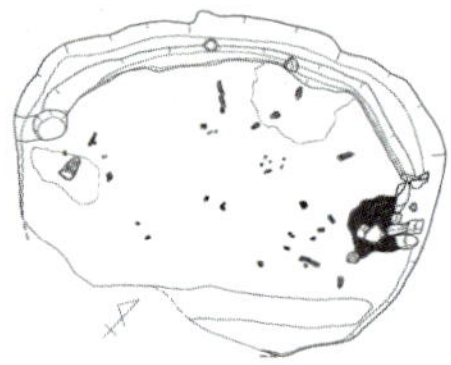 울산 사연리 늠네 5호 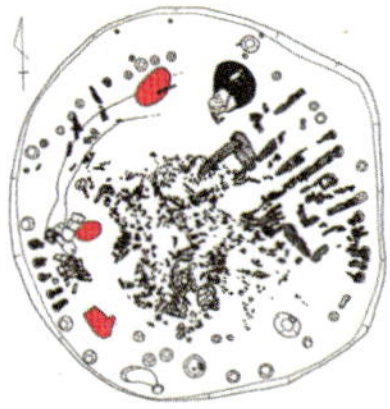 양산 평산리 12호	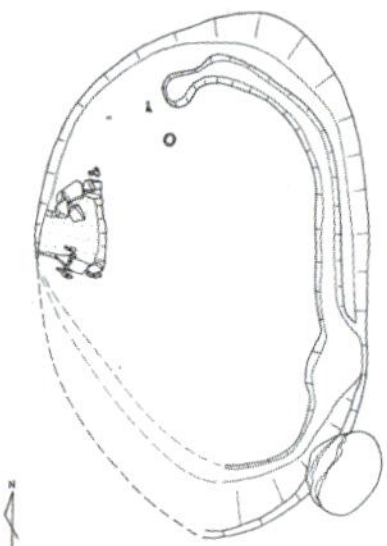 김해 부원동 C-2호 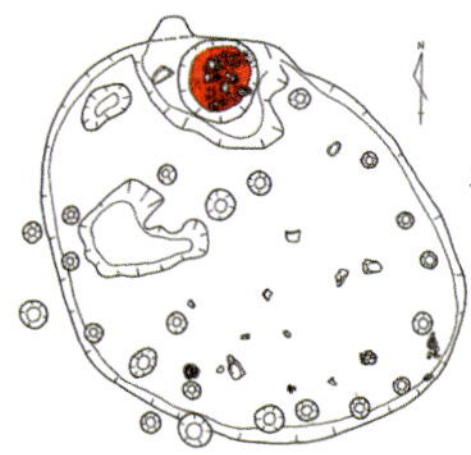 진해 용원 12-1

도면 16 영남지역 원삼국시대 주거 양상(공봉석 2013 수정)

로인 고래, 연기를 밖으로 배출하는 굴뚝으로 구성되며, 보통 아궁이 위에 솥을 걸어 음식물을 조리하는 부뚜막이 조성된다. 고대 구들은, 방 밑에 설치된 고래에 화기가 통과하여 바닥을 데워 그 위를 생활면으로 하는 전면 구들과 달리, 주거 내부 가장자리를 따라 만든 외줄 고래에서 나오는 복사열을 통해 실내를 따뜻하게 하는 구조이다. 부뚜막에는 솥을 걸 수 있는 솥걸이부를 만들었고, 그 아래에 솥받침을 놓아 솥의 무게를 지탱하였다. 부뚜막 좌우에는 조리기나 땔감 등을 보관하였다.

고대 구들의 도입은 불의 사용과 효율성 측면에도 큰 변화를 가져왔지만, 고대인의 의식 전환에 중요한 기제機制로 작동하였을 가능성이 크다. 이를테면 주거 중앙에 위치하여 가족 구성원 모두가 취할 수 있는 선사시대 노 시설에서, 초기철기시대에 처음 등장한 구들은 벽 쪽에 설치되면서 내부 공간의 재편을 가져오게 하고, 그곳이 특정 주거 구성원 즉 여성 전용 공간이라는 의식 전환에도 크게 이바지하였을 것이다. 더욱이 삼국시대가 되면 대부분 주거에서 구들을 사용하였으며, 이때 구들은 이전과 달리 매우 일정한 곳에 설치되고 세부 구조 또한 정형성을 띠고 있는 점으로 비추어 볼 때 그러한 변화가 더욱 가속화되었을 것이다.

▪ 삼국시대

도면 17 경주 월성 북서편 1호 주거지

3세기 후반 무렵 낙동강을 경계로 영남 동부지역과 서부지역, 영남 서부지역은 낙동강 하류역과 서부 내륙 및 남해안 일대 등 비교적 광역 단위별로 주거 구조가 분화된다. 이는 신라와 가야권역, 가야권역은 금관가야 권역과 그 외의 지역 등 일정한 정치집단별로 주거가 구분된다.

영남 동부지역의 주거는 평면 형태가 방형·장방형으로 얕게 구덩이를 파서 만들었다. 주거 안쪽 네 모서리에는 중심 기둥을 세우고, 벽 주위 또는 벽에서

40~80㎝ 정도 들여 일정 간격으로 벽기둥을 세웠다. 벽기둥을 포함하여 기둥 주위에 흙을 채워 벽체 기저부를 조성하고, 그 내측 벽면에 점토를 3~5㎝ 정도 두께로 발라 미장하였다. 물론 이 지역의 많은 주거가 이상과 같은 방법으로 조성하였지만, 구조가 다른 것도 종종 관찰된다.

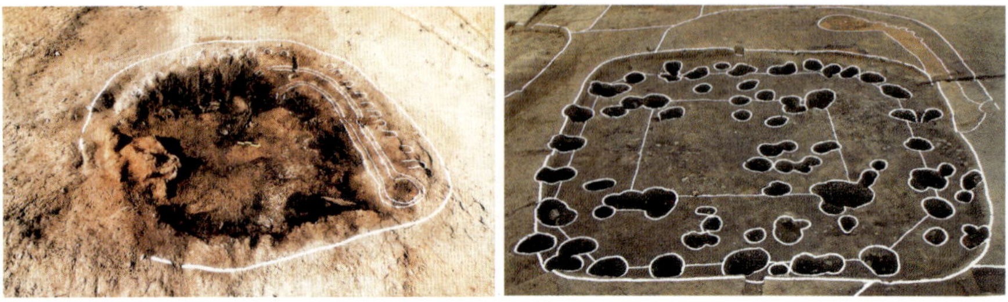

사진 8 포항 호동 180호(左)와 기장 가동 36호(右) 주거지

노시설은 부뚜막보다 구들을 선호하였으며, 구들은 점토를 이용하여 평면 ㄱ자형으로 벽에 접하여 설치하였다. 특히 구들은 주거 내 일정한 위치에 설치하는 경우가 많은데, 주로 주거지의 북서 모서리 또는 북동 모서리에 남쪽을 향하는 아궁이가 위치하고 북벽을 따라 고래가 진행된다. 구들 배치의 정형은 비단 영남 동부지역 주거에 한정되어 나타나는 것이 아니라, 비록 구조 차이는 있지만, 영남 서부지역에서도 유사한 지점에 설치되는 예가 많다. 이상의 주거 형태는 5세기 후엽까지 지속된다(공봉석 2014).

영남 서부지역은 낙동강 하류역과 서부 내륙·남해안 일대를 구분하여 살펴볼 필요가 있다. 먼저 낙동강 하류역은 원삼국시대에 평면 타원형 주거가 4세기 초엽까지 일부 관찰되기도 하지만, 대체로 3세기 후반경에 등장한 방형 주거가 4세기 후엽까지 지속한다. 방형 주거는 ㄱ자형 점토 구들을 설치하고 벽구 시설이 확인되는 예가 많으며, 벽기둥 또는 무질서한 기둥 배치 양상을 보이는 등 같은 시기 영남 동부지역 주거 구조와 많이 닮았다. 한편 3세기 중반 무렵 김해만이 점차 하강함에 따라 저지대로 생활영역이 확대되면서 이에 적합한 건물로 고상건물高床建物이 주거용으로 적극적으로 채용되었던 것으로 보인다. 특히 습지 환경에 장기간 주거를 영위하기 위해 김해 봉황대와 창원 신방리 유적 등지에서는 주거지역 주변에 목책 또는 석렬을 두르거나 주거 바닥을 두껍게 흙을 까는 등 불리한 환경을 극복하기 위한 다양한 노력을 기울였다. 이같이 낙동강 하류역에서는 환경적 요인으로 인해 일찍부터 주거 건물의 다양화를 꾀하는 것과 별개로 영남 서부지역은 4세기 후엽, 영남 동부지역은 6세기 이후부터 점차 고상건물을 주거 건물로 많이 사용하였다.

김해 봉황대 46호 주거지 / 창원 신방리 1호 주거지

사진 9 낙동강 하류역 4세기代 주거지

영남 서부내륙지역 및 남해안 일대는 원삼국시대부터 줄곧 유행하였던 원형계 주거의 전통이 4세기 후엽까지 지속하는데, 원삼국시대와 비교하면 구조 면에서 상당한 정형을 갖추었다. 주거지는 평면 타원형이며, 기둥은 벽에 절반가량 걸쳐 일정한 간격으로 세웠을 뿐 중심 기둥이 전혀 확인되지 않는다. 구들은 주거 벽을 따라 점토를 이용하여 조성하되, 주거지 둘레의 1/3 이상을 넘지 않

는 것이 많다. 이후 4세기 후엽을 전후한 시기부터 타원형 주거지는 더는 사용되지 않고, 방형계 주거지가 등장하여 6세기 전반경까지 이어진다. 방형계 주거지는 전반적으로 규모가 타원형에 비교해 작은 편이고, 구들보다 부뚜막이 많이 설치되며, 네 모서리 쪽에 중심 기둥 4개와 벽구가 확인되기도 한다(공봉석 2016).

4세기(함양 화산리 21호 주거지)

5세기(거창 송정리 A-233호 주거지)

사진 10 영남 서부내륙 및 남해안 일대 주거지

대체로 5세기 후엽 이후부터 신라의 영토 확장과 관련하여 가야지역도 점차 신라의 영향력 아래 놓이면서, 신라 주거가 가야지역에서도 나타나게 된다. 이때부터 다시 영남 일원이 같은 주거 형태를 띠게 된다. 평면 형태는 일부 원형도 있지만, 대부분 방형이 많고, 내부에는 일부 벽기둥이 설치된 경우를 제외하면 대부분 기둥 자리가 확인되지 않거나 확인되더라도 매우 불규칙하게 나타난다. 노시설은 일자형 외줄 고래, ㄱ자형 고래, T자형 고래 등 다양한 형태를 띠는 석재 구들이 사용된다(공봉석 2014·2016).

요컨대 영남지역은 삼국시대가 되면 평면 원형계로 대표되는 원삼국시대 주거에서 신라와 가야 주거로 형태가 분화되어 5세기대까지 권역별로 다르게 전개되며, 6세기 이후 신라의 영향력이 커지면서 가야지역에서도 신라에서 유행하였던 주거가 사용된다.

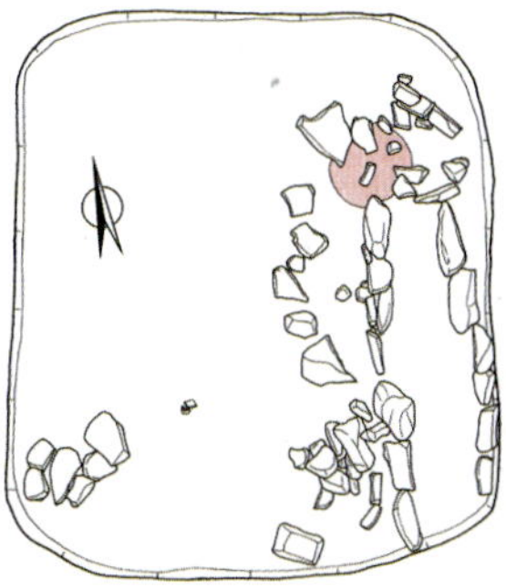
대구 상동 13호 주거지

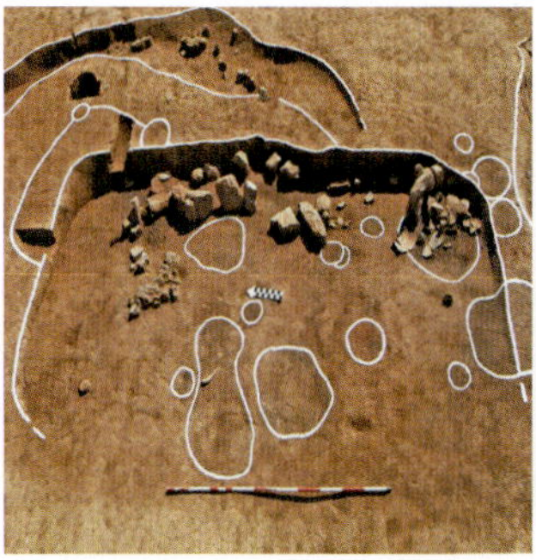
창원 봉림동 B2-5호 주거지

고령 지산동 2호 주거지

사진 11 영남지역 5세기 후반~6세기 주거지

3) 서남부지역

호서와 호남의 서남부지역은 다양한 형태의 주거 구조가 확인되지만 방형계의 4주식 주거지가 대표적이다. 이 지역에서 다수를 차지하는 방형계 주거지는 마한·백제의 주거로 인식되어 왔다. 마한·백제 수혈주거지의 평면형태는 크게 방형계, 원형계와 소수의 呂·凸字形과 육각형으로 구분할 수 있다. 이중 방형계가 서남부지역 전역에 걸쳐 다수를 차지하고 원형계도 상당수가 확인되며, 평면형태나 내부시설에서 지역적 편차가 큰 편이다. 이 가운데 호서지역의 원형계는 경질무문토기를 공반하기 때문에 방형계 수혈주거지에 비하여 이른 시기에 조성된 것으로 이해되어 왔다. 또한, 방형계 수혈주거지는 주혈배치양상에 따라 4주식과 非4주식으로 구분되는데, 4주식을 마한계로, 非4주식을 백제계로 인식한 기존의 연구가 있었다(김승옥 2007).

서남부지역에서 가장 특징적인 사주식 주거지는 3~5세기대 충청과 전라 서부지역에 집중되며, 최근 조사 성과가 축적되면서 지역적 범위가 넓어져 경기 서부지역뿐만 아니라 영남지역에서도 사례가 늘어나고 있다. 서남부지역(마한·백제)에서도 시기나 지역에 따라 분포의 차이가 있으며(서현주 2013) 지역성을 반영하기도 한다. 내부시설은 주로 다양한 구조의 주혈과 부뚜막, 구들, 벽구, 출입구시설과 이 외에 장타원형구덩이, 주구 등도 소수 확인된다.

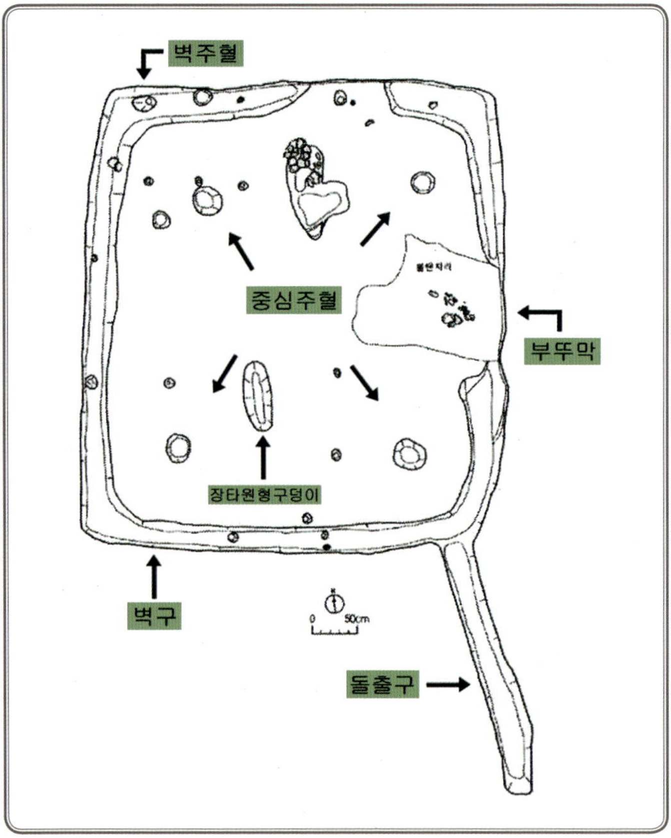

도면 18 사주식 주거지의 주요시설

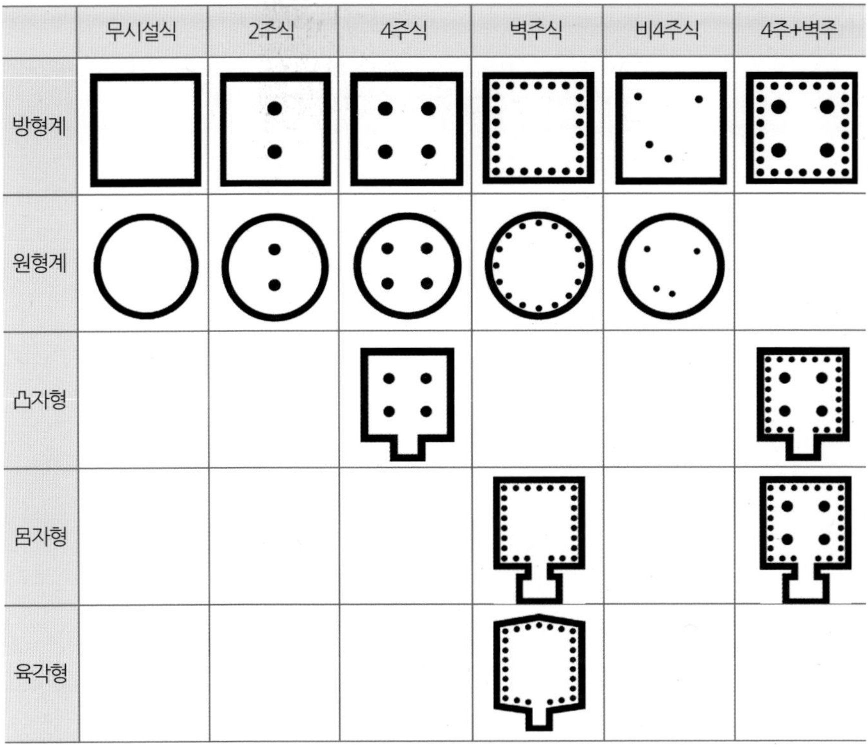

도면 19 호서지역 마한·백제 수혈주거지의 평면형태와 주혈배치 모식도(신연식 2012 부분 수정)

03

통일신라~조선시대

통일신라~조선시대 수혈주거지의 구조는 선사~삼국시대 주거지의 구조보다 평면형태, 내부시설에 있어서 전체적으로 단순화하는 경향을 보이지만, 시대별 주거지의 구조 즉, 노시설의 형태와 벽석렬의 설치 등 내부시설에서 뚜렷한 특징을 보이고 있다.

통일신라~조선시대 수혈주거지의 평면형태는 다양한 형태로 확인되며, 통일신라시대는 원형, 방형, 장방형, 고려시대는 원형, 타원형, 방형, 말각방형, 장방형, 조선시대는 원형, 타원형, 방형, 장방형, 세장방형, 呂자형이 확인된다. 시대가 지날수록 다양한 형태로 나타나는 것을 확인할 수 있다.

▪ 통일신라시대

통일신라시대 수혈주거지의 평면형태는 원형, 방형, 장방형 등으로 분류된다.

원형	방형	장방형
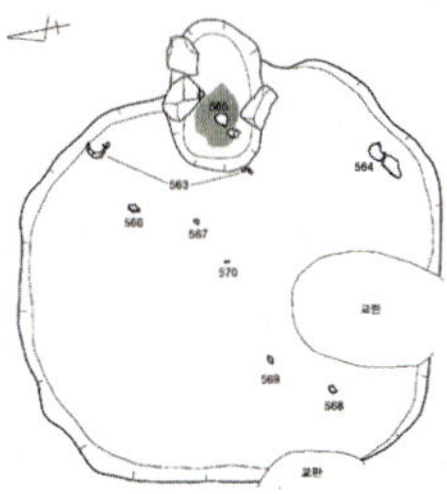 울산 명산리 1호	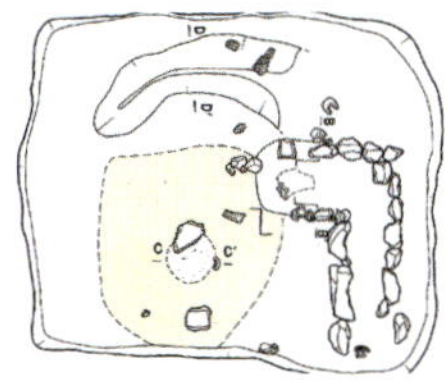 상주 복룡동 230-3 1G 5호	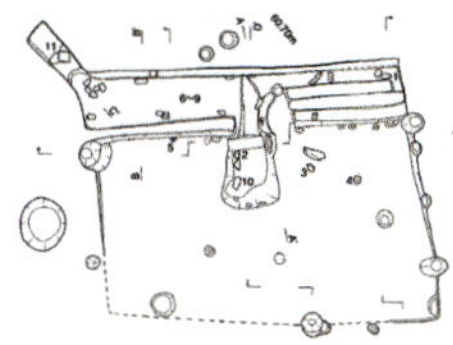 이천 갈산동 12호
	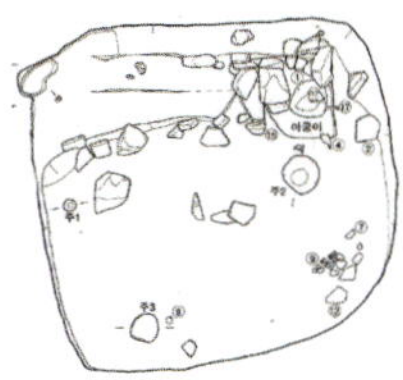 화성 화산동 9-3	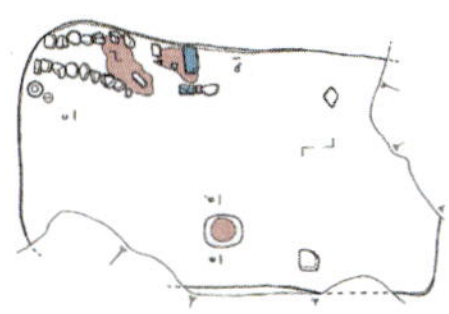 경주 동천동 793 1호

도면 20 통일신라시대 수혈주거지 평면형태 분류

현재까지 원형주거지는 울산 명산리유적에서 유일하게 확인되었고, 세장방형주거지는 확인되지 않았다. 원형주거지도 약간 말각의 형태를 띠고 있으며, 전체적으로 방형과 장방형 주거지가 다수를 차지하고 있다. 규모는 10~20㎡ 미만의 소규모에 해당하는 주거지가 취락 내에서도 우위를 점하고 있다.

▪ **고려시대**

고려시대 수혈주거지의 평면형태는 원형, 타원형, 방형, 말각방형, 장방형 등으로 분류되며, 조선시대 수혈주거지에 나타나는 세장방형, 呂자형주거지는 현재까지 확인되지 않는다.

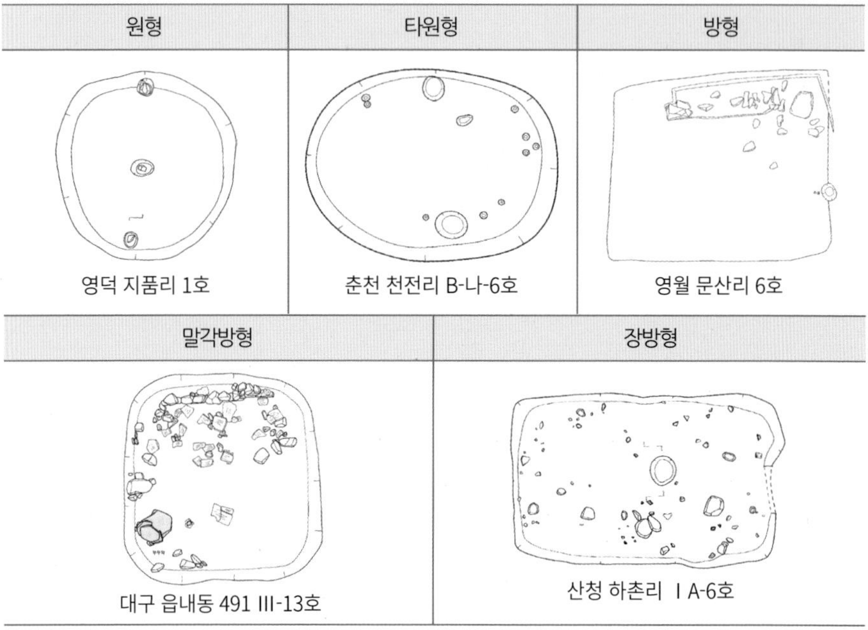

도면 21 고려시대 수혈주거지 평면형태 분류

전체적으로 방형과 말각방형, 장방형 등 방형계주거지의 비율이 90%를 차지하며, 유적 내에서 평면형태 하나의 유형이 다수를 차지하는 취락이 대부분이다. 그러나 대구 읍내동 491 I 유적과 창원 봉림동유적은 원형계주거지와 방형계주거지의 비율이 5:5 정도로 확인되는 취락의 모습을 보인다. 또 주거지의 평면형태는 입지와의 관계에서 구릉에 입지한 취락보다 충적지에 입지한 취락에서 원형, 방형, 주거지의 선호도가 높다.

- **조선시대**

조선시대 수혈주거지의 평면형태는 원형, 타원형, 방형, 장방형, 세장방형, 呂자형 등으로 분류되며, 통일신라~조선시대 수혈주거지 중에서 가장 다양한 형태로 확인된다.

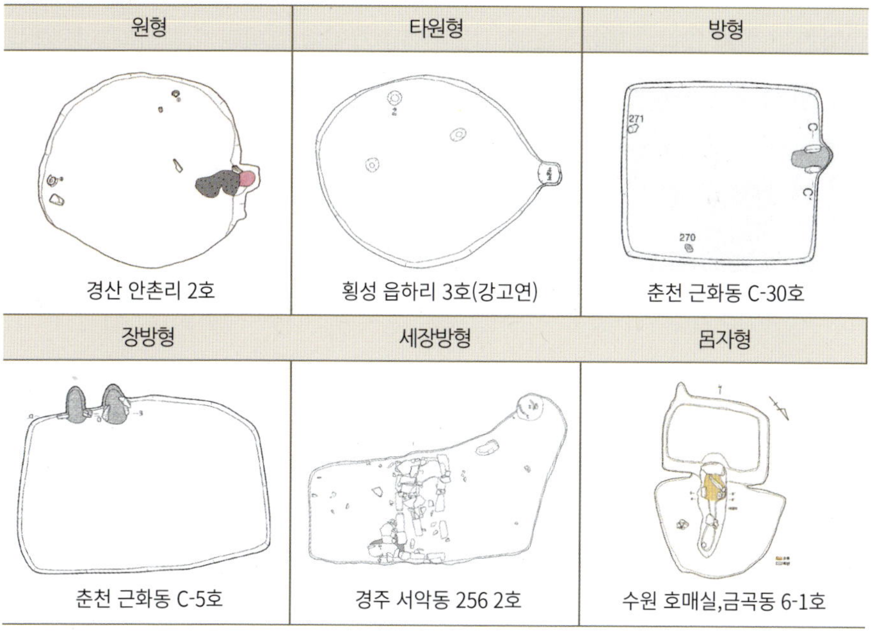

도면 22 조선시대 수혈주거지 평면형태 분류

전체적으로 통일신라~고려시대까지 이어져 온 방형, 장방형, 세장방형 등 방형계주거지의 비율이 80%를 차지한다. 그러나 취락 내에서 하나의 평면형태를 선택하여 축조한 유적이 나타나며, 呂자형주거지는 조선시대 중부지역 취락에서만 확인되는 특징이 있다. 주거지 규모는 약 10~20㎡ 정도의 소규모에 해

당하는 주거지가 취락 내에서 대부분을 차지한다.[23)]

조선시대 수혈주거지의 경우 노시설의 위치가 대부분 구릉 상단에서 확인되지만, 주변 주거지와의 배치로 노시설의 위치가 구릉 하단에서 확인되는 사례, 평면형태 呂자형 주거지를 중복된 주거지로 오판할 가능성 등 선축된 주거지가 폐기된 이후 후축된 주거지가 축조됨으로 선축 주거지의 내부퇴적토에 축조된 후축 주거지의 굴광선을 평면에서 확인할 수 있어야 한다.

또 발굴현장에서 주거지 규모, 내부퇴적토만으로 고려·조선시대 주거지를 구별하기는 쉽지 않다. 그러나 조선시대 수혈주거지에 퇴적된 내부퇴적토는 대부분 흑갈색에 가까워 고려시대 주거지와 미세한 차이가 있고, 유적 내에서 동시대 유구의 내부퇴적토를 세밀하게 관찰하여 고려·조선시대를 구분하여 판단할 수 있다. 내부시설 중 벽 노시설의 위치, 구들 연도부가 주거지 측면에 위치하는 부분 등을 통하여 구분할 수 있다.

---

23) 『조선부(朝鮮賦)』는 조선 명종 때 중국에서 간행되었으며, 조선에서는 숙종 23년(1697)에 간행하였다. 기록에 의하면 "가난한 집의 벽은 대를 엮되 새끼줄로 엮어 튼튼하게 하고, 그 위에는 띠풀로 엮었으며, 그 구멍은 진흙덩이로 막았다[그 벽은 잡목 따위를 가져다 바로 세운 뒤 엮지 않고 새끼를 맨다. 새끼로 맨 곳은 마치 그물의 눈과 같은데, 한 개의 눈마다 하나의 진흙덩이로 막았다. 서울의 작은 골목은 이와 같고, 길가에서 본 것은 완전히 진흙으로 발랐다]. 가시나무가 처마 끝까지 나온 집도 있고 건물이 겨우 둥근 상(圓盤)만한 집도 있다"라고 하여, 일반 서민들이 생활하였던 집이 매우 작았음을 말해준다.

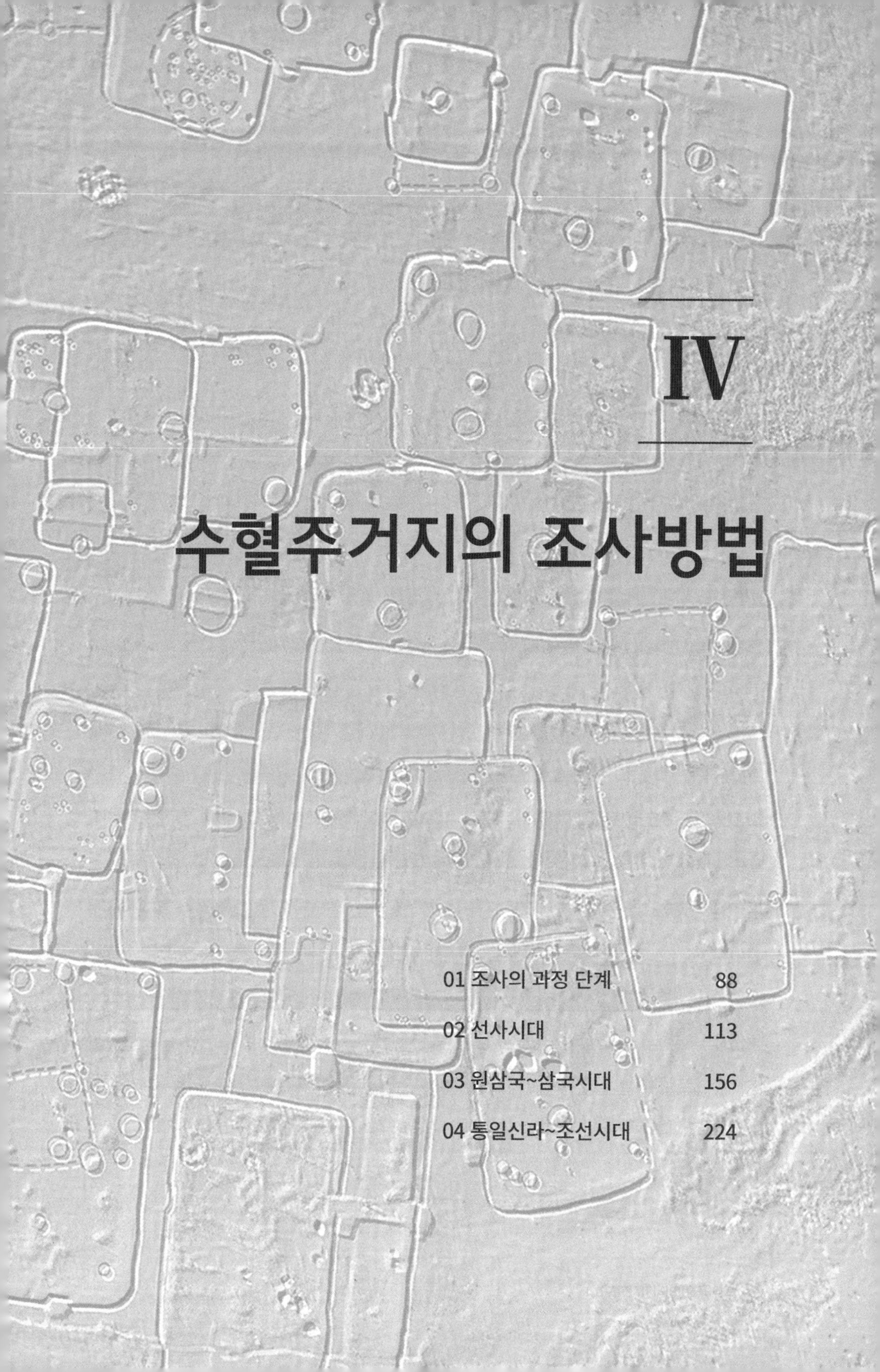

IV

수혈주거지의 조사방법

01

조사의 과정과 단계

수혈주거지의 조사과정은 크게 계획수립 및 사전조사 → 조사착수 → 평면조사 → 탐색트렌치와 둑의 설치 → 토층조사 → 하강조사 → 정리 및 수습조사 → 바닥조사 → 절개 및 해체조사 등의 순서로 구분할 수 있다.

1) 계획수립 및 사전조사

본격적인 발굴조사에 앞서 계획을 수립하고 사전조사를 실시하는 단계이다. 조사를 준비하기 위한 계획수립 시 다음 사항을 고려한다.

❶ 조사지역 주변의 기 조사 보고서 및 조사 정보 확보(문화재청 홈페이지 행정정보)
❷ 조사지역의 역사적, 자연·지리적 환경 파악
❸ 주거지 생애주기 인지(굴착, 축조, 개·보수, 폐기, 매몰)
❹ 발굴조사 공정률 확인을 위한 '종합조사 현황표' 제작 및 조사단 공유
❺ 발굴 전략과 전술 논의 및 마련
❻ 조사구역 고 사진 확보 및 현 시점 사진 촬영
❼ 현황 측량 및 수준점(BM) 확보(복수의 수준점을 미 이동 기물에 표기)

표 11 종합조사 현황표 샘플

(범례 ● : 완료, ▲: 진행중)

유구명	제원 (가×세)	장축 방향	실측				사진					내부조사	출토유물	담당자
			최초	중	후	해체	최초	중	후	해체	토층			
1호 주거지	630*450	N32W	●	●	▲		●	●	●	▲		▲	중도식무문토기, 철겸	홍길동
2호 주거지	320*200	N15E	●	▲			●						타날문토기, 철촉	

2) 조사착수

본격적인 발굴조사의 첫 단계는 유적의 제토와 층위의 확인 작업이다. 구릉의 경우 삭평이 심하여 조사지역의 기준토층은 층위적 의미가 상대적으로 적다. 그러나 하천변의 충적대지는 누적된 퇴적층이 많고 하천의 침식 및 범람에 의한 재퇴적 운동에 따른 지형상의 변화가 매우 심한 편이다. 최근 조사는 조사지역에 대한 전면 제토방식으로 진행되면서 토층의 중요성이 상대적으로 낮아졌다. 토층을 남기더라도 조사경계구역의 토층만을 기록하여 조사구역 내부의 다양한 퇴적 양상을 파악하지 못하는 경우가 많다.

전체 유적의 층위를 정확하게 파악하기 위한 가장 좋은 방법은 피트 조사법이다. 그러나 시간과 인력, 조사비용이 과다하게 투입되는 단점이 있어 구석기 유적을 제외하고는 사용되지 않는다. 이를 보완한 것이 그리드별로 토층둑을 설정하고 내부를 전면 제토하는 방식이다. 이 때 토층둑은 복수로 설정해야 한다. 그리고 구간에 따라 유구의 흔적이 발견되지 않는 지점을 선택하여 콘트롤 피트Control Pit를 굴착한다.(**사진 12** 참조) 이를 통해 지형을 분석하고 평면으로 보이는 유적의 입체적 고지형을 파악한다. 콘트롤 피트는 문화층[24]의 확인에도 사용된다. 한편 콘트롤 피트는 주로 교란된 지점을 확장 굴착하여 파악하는 것이 효율적이다. 그리고 여러 지점에 복수로 굴착하여 표준층서를 파악하여 퇴적양상을 입체적으로 파악해야 한다.(도면 23 참조)

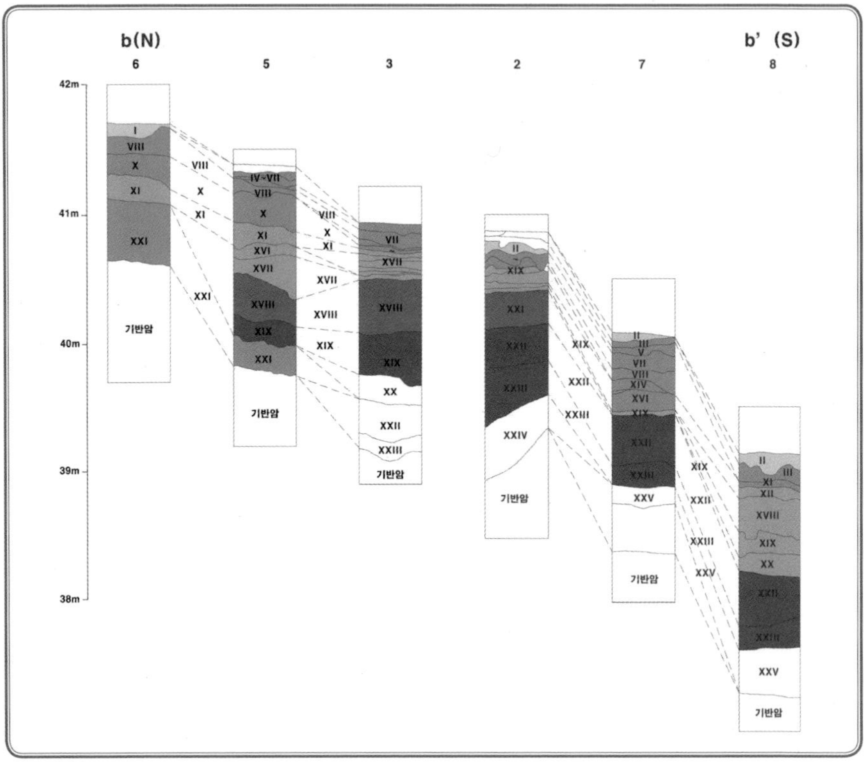

도면 23 층위의 입체적 복원(畿甸文化財研究院 2007b: 분석자료그림 8 전재)

24) 일반적으로 유구가 확인되는 층의 가장 상단을 의미한다. 그러나 당시인들이 생활했던 생활면인 '구지표'와는 구분하여 사용해야 한다.

이렇게 파악된 각 지점별 층위 양상을 기록하였다면 토층둑을 제거하고 하강조사를 실시한다. 문화층 상단까지 제토한 후에는 복수의 '측량 수준점'을 추출하여 유적 내에 설정한다. 그리고 이 수준점은 조사가 진행되면서 수시로 보정하여 안정된 수치값을 유지하도록 한다.

사진 12 콘트롤 피트(崇實大學敎博物館 1994: 사진 3 전재)

3) 평면조사

유적의 층위를 확인하고 제토 작업이 완료되면 주거지 굴광선을 확인하는 평면조사(윤곽 찾기)는 주거지 조사에서 가장 기본적이고 중요한 단계이다. 발굴현장에서 주거지의 굴광선을 찾는데 있어서 아래와 같은 사항을 참고하면 도움이 된다.

❶ 시대별 취락의 분포양상
❷ 주거지가 확인된 지점 또는 유적의 기반토 색상과 성질 등을 인식
❸ 유적의 기반토 색상과 내부퇴적토의 색상 비교
❹ 역광으로 굴광선이 잘 보이지 않을 때 그늘을 인위적으로 만들어 굴광선 확인
❺ 탐색 트렌치를 이용하여 굴광선 확인
❻ 각 시대별 수혈주거지 평면형태 유형 인지

조사 착수에서 문화층까지 상부퇴적토의 제토가 이루어지면 평면조사를 통해 유구의 윤곽을 확인한다. 정확한 형태의 유구 평면이 확인되는 경우도 있지만 충적대지의 취락 유적에서는 상면의 윤곽이 불명확하게 확인되는 경우가 대부분이다. 다만 배수가 빠른 모래지역에서는 수분이 증발하는 속도의 차이에 의

해 유구가 있었던 지역은 분명하게 색을 달리한다. 대체적으로 유구가 있었던 곳은 굴착 행위에 따른 부식화로 주변 토양보다 색상이 어둡게 확인된다. 그러나 저습지 등에서는 오히려 주변 토양보다 밝은 색으로 확인되어 반대의 양상을 보이기도 하므로 주의를 요한다.

유구 윤곽이 부정형으로 확인되는 경우에는 두 가지 원인이 있다.(사진 13 참조)

❶ 제토가 충분하지 못하여 유구의 상부에 퇴적된 부식토층이 노출된 경우
❷ 여러 개의 유구가 중복되어 있는 경우

화성 발안리 21호 주거지 윤곽 확인 후 전경
(畿甸文化財研究院 2007: 사진 80-2)

포천 자작리 3·4·5호 주거지 윤곽 확인 후 전경
(경기도박물관 2004)

사진 13 유구 윤곽 조사 후 사례

상면이 부정형으로 발견되는 경우 유구의 잔존상태가 매우 양호하게 남아 있을 가능성이 높다. 따라서 주변 주거지의 장축방향을 참고하여 탐색트렌치 조사 등을 통해 주거지의 윤곽을 확인할 필요가 있다. 평면조사를 통해 유구의 대략적인 장·단축을 파악한 후에는 탐색트렌치를 설치하여 정확한 유구의 윤곽을 확인하는 것이 좋다.

특히 조선시대 주거지의 경우 평면 조사에서 아래와 같은 특이사항을 인지하

고 조사를 진행하면 윤곽을 찾을 때 실수를 줄일 수 있다.

❶ 노시설(배연부) 위치가 구릉 하단에 확인되는 사례
❷ 평면형태 몸자형 주거지를 중복된 주거지로 오판할 가능성
❸ 주거지 간 선후관계 확인

통일신라~조선시대 주거지의 규모는 10~20㎡ 미만의 소규모[25)]가 대부분이기 때문에 주거지가 아닌 수혈유구와 혼동할 수 있으므로 윤곽선을 찾을 때 노시설의 유무를 면밀히 살펴야 한다.

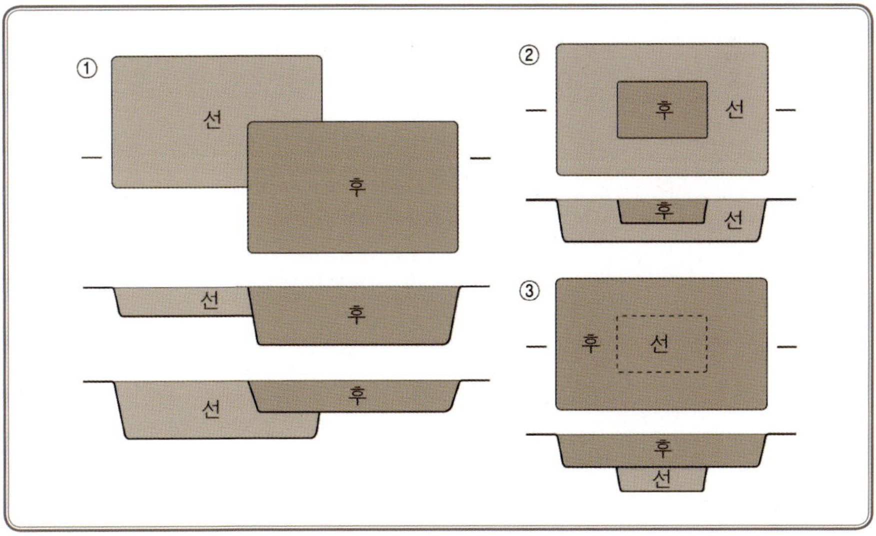

도면 24 중복관계 모식도 확인

25) 『朝鮮賦』 기록에 의하면 "가난한 집의 벽은 대를 엮되 새끼줄로 엮어 튼튼하게 하고, 그 위에는 띠풀로 엮었으며, 그 구멍은 진흙덩이로 막았다. (중략) 가시나무가 처마 끝까지 나온 집도 있고 건물이 겨우 둥근 상(圓盤)만한 집도 있다"라고 하여, 일반 서민들이 생활하였던 집은 매우 작았음을 말해준다.

평면조사는 수혈주거지의 형태, 장축방향, 규모, 출입구시설, 중복관계, 잔존상태 등의 파악을 위한 작업으로 탐색트렌치와 토층둑의 적절한 설치와 조사의 방법을 결정하기 위한 기초작업이다. 평면조사에서는 유구의 훼손 정도, 교란층의 유무 등도 파악하여야 한다. 특히 중복관계의 파악은 매우 중요한데, 중복관계는 다양하게 확인되며 **도면 24** 의 ①과 같이 일반적인 경우가 많지만 ②, ③과 같은 특수한 상황도 있다. ②의 경우는 평면조사와 탐색트렌치의 토층조사에서 확인하는 것이 중요하며, ③의 경우는 주거지 바닥조사 후 절개나 해체조사에서 확인되는 경우가 종종 있기 때문에 주의를 기울여야 한다.

중부지역 여·철자형주거지의 경우 원형의 수혈유구가 중복된 경우 주거지의 바닥면까지 하강한 후에 발견되는 사례가 있다. 대표적으로 횡성 둔내 강대-1호 주거지(江原大學校博物館 1984)가 있다.(**도면 25** 참조) 당시에는 이를 '광'으로 보고하였으나 중복 유구의 사례이다.

한편, 흔하지 않지만 주거지간 중복의 사례도 있다. 특히 대형의 주거지 내부

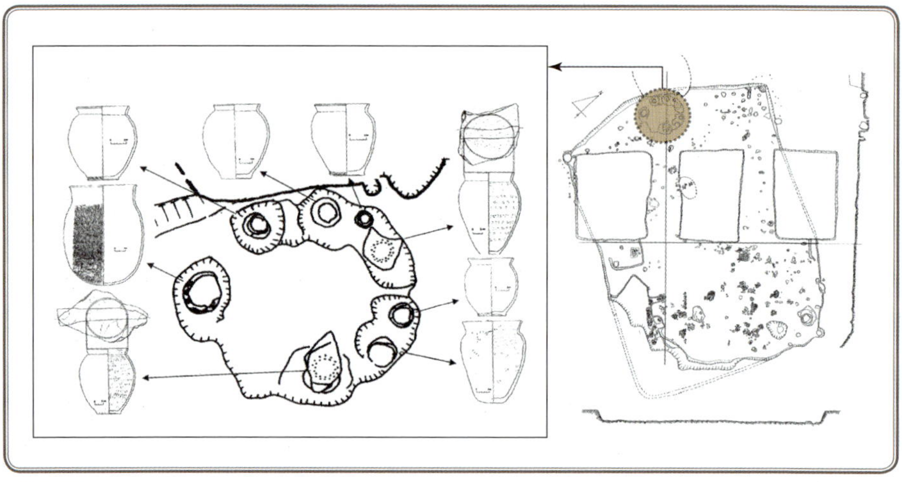

도면 25 주거지내 수혈유구 중복 상태(횡성 둔내 강원-1호 주거지)

에 소형의 주거지가 중복되는 경우가 있다.(사진 14 참조) 이 경우 바닥면까지 조사가 진행된 이후에야 중복 사실이 확인되는 실수를 범하기도 한다. 최소한 단면 토층 조사 과정에서 중복양상이 발견된다면 오류를 최소화 할 수 있으나 바닥면까지 하강한 이후에 발견되는 경우에는 출토유물의 수습이 일단락 된 이후에 확인이 되는 만큼 유물의 출토맥락을 전혀 파악할 수 없는 곤란한 상황이 발생한다. 중복된 유구들은 모두 부식토가 퇴적되어 있어 구별이 쉽지 않지만 질감과 색깔 및 경도硬度에서 미세한 차이를 보인다. 따라서 평면 윤곽을 확인한 후에는 내부에 복수의 유구가 존재할 가능성을 염두에 두고 세밀하게 살펴본다.

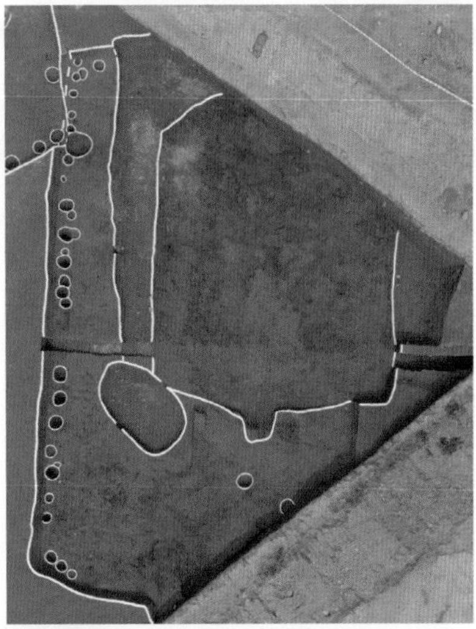

사진 14 주거지 중복 사례(광주 곤지암리 고려-29·30·31호 주거지)

평면조사에서 유구는 최대한 상층에서 확인하여야 하며 충적지나 구릉지와 같은 지형을 고려하여 조사하여야 한다. 특히 충적지는 구릉지에 비해 중복이 심한 편이고 복수의 문화층이 확인되는 경우가 많기 때문에 층위의 구분이 매우 중요하며 세심한 주의가 필요하다.(사진 15 참조) 일반적으로 장축방향은 구릉지의 경우 등고선과 나란하고, 충적지의 경우는 강의 흐름과 나란한 것이 많지만 직교하는 경우도 있기 때문에 이러한 점을 고려하여야 한다. 특히 출입구시설을 갖춘 신석기시대 수혈주거지가 구릉지에 입지한 경우 인천 운서동 I 유적과 같이 주축방향이 등고선과 나란한 경우도 있지만, 파주 대능리 유적(도면 26 참조)과 같이 주축방향이 등고선과 직교하는 경우에는 경사면 하단에서 출입구시설이 확인되기 때문에 후대의 삭평 정도를 고려하여 평면조사 시 주의하여야 한다.

사진 15 충적지 유적의 수혈주거지 중복양상(화천 용암리 유적)

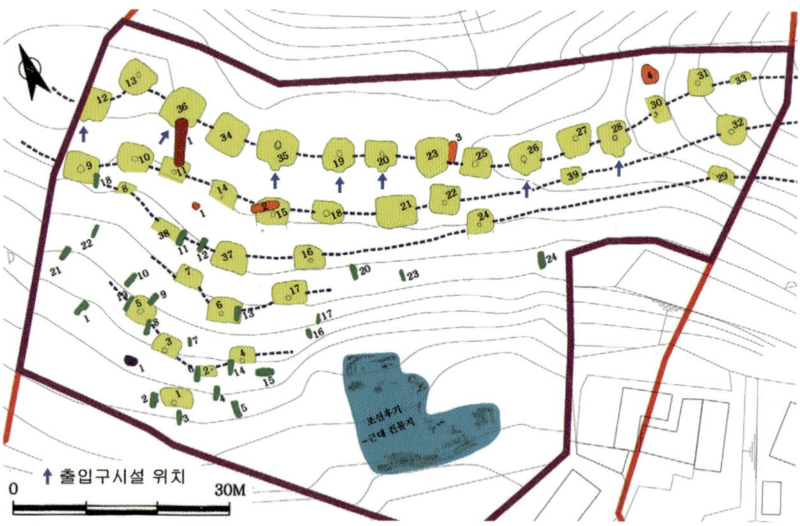

도면 26 파주 대능리 유적 수혈주거지의 출입구 위치

4) 탐색트렌치와 토층둑의 설치

탐색트렌치 설치는 수혈주거지 내부의 상황을 판단하기 위하여 실시하는 내부조사의 최초 작업으로 토층의 양상을 파악하고 다음 단계인 하강조사의 방법을 결정하는 단계이다. 탐색트렌치가 과다하게 설치되면 유구 파괴의 우려는 물론 유구의 해석에 혼란을 가중시킬 수도 있기 때문에 '최소한의 설치로 최대한의 정보를 파악'해야 한다. 그러므로 유구의 특성을 가장 잘 파악할 수 있는 최적의 장소에 설치하는 것이 중요하다. 가급적 생활면인 상면(바닥)과 수혈벽(굴광벽)을 훼손하지 않는 범위에서 설치하는 것이 좋지만 가능한 최소화하여야 한다. 탐색트렌치의 설치를 통한 토층조사는 내부 퇴적토의 퇴적양상과 퇴적과정은 물론 유구의 단면형태, 구조, 깊이 등을 파악하는 것이며, 특히 유구의 폐기와 사용, 조성 과정도 알 수 있으므로 매우 중요한 작업이다.

탐색트렌치의 설치는 유구의 특성과 입지를 고려하는 것이 중요하다. 우선적으로 장축과 단축의 방향, 노와 중심주혈 또는 출입구시설, 타원형수혈, 작업공, 단시설 등 주요 시설이 예상되는 위치를 고려하여 설치하는 것이 좋다. 구릉지에서는 등고선과 직교하는 방향으로 설치하는 것이 내부 퇴적과정을 이해하는데 적절하지만, 원형계의 경우는 내부 시설의 위치도 고려해야 한다. 특히 송국리식주거지의 경우 중심주혈과 타원형 수혈이 등고선과 평행한 경우가 많기 때문에 이를 고려하여야 한다.

탐색트렌치와 토층둑[26]의 설치 방식은 방형계와 원형계, 돌출형계 등 주거지

26) 탐색트렌치에서 토층상태가 완전하게 파악되었다면 굳이 토층둑을 남길 필요는 없다. 다만 토층해석의 오류를 범할 수 있기 때문에 하강과정에서는 이미 파악된 토층양상을 통해 검증과 확인을 위하여 남겨두는 것이 좋다. 이 경우에도 사진촬영과 실측은 우선적으로 완료되어야 하며, 조사의 과정이 토층둑을 남기기 위한 것으로 오해를 하는 경우가 많지만 목적이 되어서는 안 된다.

의 평면형태에 따라 다를 수 있겠지만 큰 차이는 없고, 돌출형계는 돌출부를 기준으로 하는 것이 적절하다. 탐색트렌치 설치와 둑을 남기는 방식은 일자식(이분법), 교차식(사분법), 십자식(사분법) 등으로 구분할 수 있다. 조사과정에서 확인되는 다양한 상황에 따라 적절하게 변용하는 것도 필요하다.(도면 27 참조)

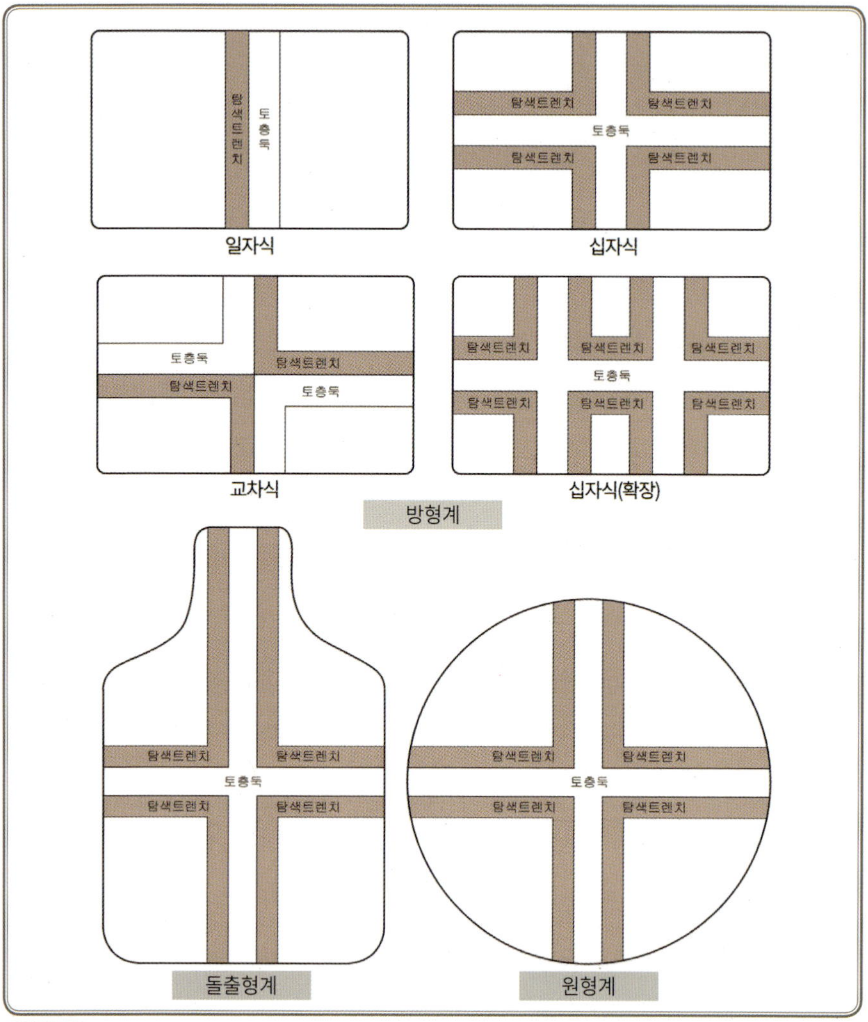

도면 27 탐색트렌치 설치방식

▶**일자식** : 소규모 조사에 적절하며, 부분적인 사실의 파악은 가능하지만 유구 내부의 다양한 사실을 놓칠 수 있다.

▶**십자식** : 일반적인 유구 조사에 가장 적절한 방식이다. 유구의 특성을 고려하지 않는다면 획일적인 조사방식이 될 수 있고, 유구의 훼손도 커질 우려가 있다. 장축이 긴 유구에는 확장방식을 취하기 용이하다.

▶**교차식** : 십자식에 비해 유구의 훼손이 적고 효과적인 방식이다. 다만 연속적인 토층상태의 파악이 어렵고, 도면의 작성시 역전시켜야 하는 번거로움도 있다. 수혈주거지 조사에는 그리 적절하지 못한 방식으로 판단된다.

십자식의 경우 토층 단면도 작성시 장축과 단축이 교차하는 지점의 한쪽 부분은 토층을 포기해야 하는데, 중요성을 감안하여 우선순위가 낮은 쪽을 먼저 제거한다. 또한 토층둑은 단축과 장축의 퇴적 양상이 큰 차이가 없는 경우에는 하나의 토층둑만 남겨도 좋다.

한편, 발굴조사에서는 수혈주거지가 중복된 경우를 자주 접한다. 중복관계가 잘 파악되지 않는 경우에는 탐색트렌치를 중복된 부분에 설치하는 것이 바람직하지만 중복된 유구의 선후 관계가 명확하게 파악된 경우에는 굳이 설치할 필요가 없다. 다만 중복관계의 검증을 위하여 탐색트렌치를 설치하는 경우에도 최소화 하는 것이 좋다. 유구는 깊이가 다른 경우가 많기 때문에 중복관계의 파악에 앞서 개별 유구의 깊이와 구조 파악

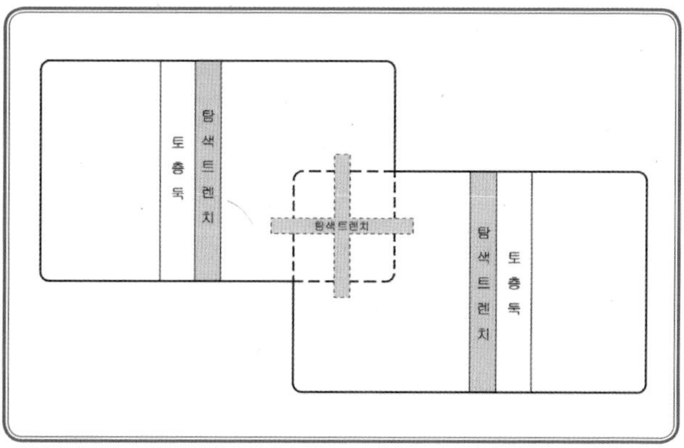

도면 28 중복된 유구의 탐색트렌치 설치방식

을 위한 탐색트렌치 설치가 선행되는 것도 좋다. 개별 유구의 구조와 깊이가 파악되지 않으면 유구의 훼손 우려가 있기 때문이다.(도면 28 참조)

5) 토층조사

탐색트렌치 내부의 토층상태를 통하여 층위를 파악하고 주거지의 구조와 퇴적·폐기 양상, 깊이, 바닥상태 등을 살펴보기 위한 단계이다. 주거지의 토층양상은 대부분 벽체로 갈수록 퇴적의 깊이가 깊어지면서 전체적인 토층의 형태가 중앙이 오목한 형태를 띤다. 물론 비화재 주거지는 바닥면까지 특별한 변화 없이 부식토만이 확인된다. 한편 벽면쪽은 최초 굴착면 안쪽으로 비교적 밝은 점토로 구성된 벽체보강토가 발견된다. 주거지 규모는 벽체보강토 안쪽의 공간에 한정된다. 따라서 벽체보강토 구간을 확인하여 정확한 주거 규모를 판단하는 것이 필요하다. 이 과정에서 주거지의 폐기 정보와 후퇴적 양상, 구조적 특징이 파악된다.(사진 16 참조) 토층조사 시 확인해야 하는 사항은 다음과 같다.

❶ 주거지 외형적인 구조와 규모 파악
❷ 정확한 바닥면 확인
❸ 주거지의 퇴적 양상 파악
❹ 주거지 폐기 정보

토층에 대한 정보가 확인된 후에는 토층둑의 단면도를 작도하고 단면 사진을 촬영한다. 토층둑 단면도 작도시에는 하강조사를 감안하여 중심토층둑이 지나가는 지점에 대한 기준점의 기록을 정확하게 남긴다. 토층둑 단면도 작성 시에는 퇴적토층과 포켓을 구분하여 유의미한 토층을 기록하는 것이 중요하다. 이

때 상식적으로 이해할 수 있는 퇴적 프로세스에 대한 이해가 필요하다. 간혹 지나치게 주관적으로 토층을 구분하여 퇴적 프로세스와 폐기맥락을 전혀 알 수 없는 단면도를 작성하는 경우가 있으므로 주의가 필요하다.

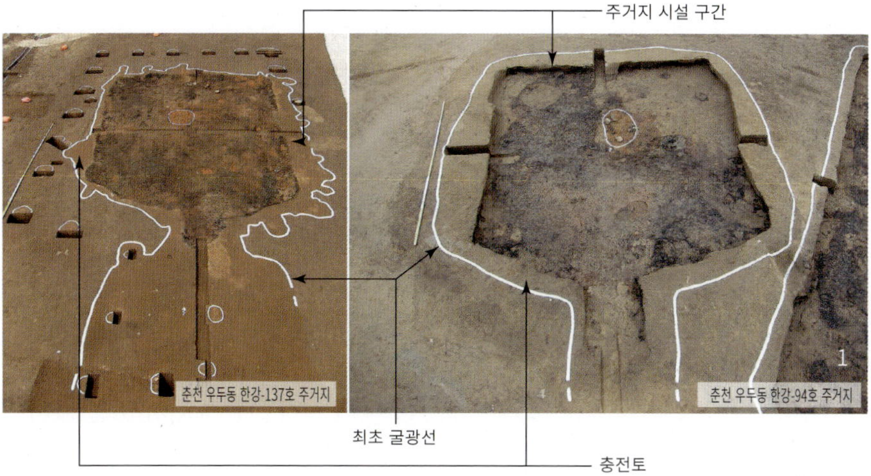

사진 16 토층 조사를 통해 확인할 수 있는 양상(1:가구 구조, 2:폐기 양상)

토층은 색조와 질감, 퇴적양상에 따른 구분이 이루어져야 하는데 우선 벽(벽체)과 상면(바닥)의 확인이 선결되어야 하며, 다음은 생활 당시의 형성층과 폐기 후의 붕괴층, 퇴적층 등을 대별한 뒤 각각의 층을 세분하는 것이 토층조사의 효과적인 방식이다. 단면 토층의 색조 구분은 직관적으로 하는 경우가 많은데 표준토색첩(Standard Soil Color Charts)[27]을 활용하는 것이 좋다. 토층 단면도 작성 시 주의할 점은 표준토색첩의 칼라 차트를 보고서에 게재할 때 인쇄 시 원색을 맞출 수 있도록 보정하는 후 작업이 반드시 필요하다. 즉 토색첩에서 제시한 색과 실제 인쇄된 색 사이에 차이가 발생하는 경우가 종종 있다. 결국 토색첩 자체를 게재하는 경우에는 보고서 인쇄에 주의해야 한다.

한편 토층 단면도 작성 시 장축과 단축이 교차하는 지점은 중복되는 구간에 대한 토층을 작도할 수 없는 경우가 발생한다. 이때는 단축을 선택하고 장축을 포기하는 것이 유리하다. 특히 여·철자형 주거지의 단축 토층둑 구간에는 노시설이 위치하는 경우가 많으므로 장축보다는 단축을 선택하는 것이 바람직하다. 물론 단축에 대한 토층 단면 작성이 완료된 후에는 반드시 끊어진 장축 단면도 구간에 대한 실측도 보완이 뒤따라야 한다.

사진은 대상물과 수평이 되도록 촬영하는 것이 원칙이다. 따라서 토층둑은 가장 낮은 각도에서 촬영하는 것이 중요하다. 또한 촬영 시 유의사항으로 주변의 노출 변화와 토층둑의 노출을 유기적으로 조절해야 한다. 즉 촬영 시 주변이 밝은 경우 측정치보다 몇 단계 밝게 촬영(과다 노출)하는 것이 중요하다. 왜냐하면 카메라는 외부의 노출량을 자동으로 계산하여 실제 촬영 시 토층둑이 어둡게 촬영되는 경우가 많기 때문이다.(사진 17 참조) 겨울철이나 일몰후의 촬영 시에는 셔터 속도가 느릴 수밖에 없기 때문에 촬영 시 반드시 보조 받침대(삼각대 등)를 사용하여 촬영한다. 그림자가 지는 방향에서 촬영할 경우 토층둑 전체

27) 표준토색첩은 日本色彩硏究所에서 2001년에 發刊한『新版標準土色帖』을 사용한다.

를 그늘지게 만들어 촬영하는 것도 하나의 방법이다. 사진 촬영이 가장 용이한 날은 흐린 날로 그림자와 광선의 영향을 덜 받는다. 그러나 사진의 감도가 떨어져 세밀한 질감을 기대하기 어렵다.

정상 노출에서 촬영한 사진(나쁜 예) 과다 노출에서 촬영한 사진(좋은 예)

사진 17 토층둑 사진의 촬영 사례(춘천 우두동 한강-29호 주거지)

한편 여·철자형주거지의 출입부에서는 바닥 퇴적토와 점토 함몰부가 함께 발견되기 때문에 이에 대한 구분이 반드시 필요하다.(**사진 18** 참조) 점토 함몰부는 대부분 바닥 퇴적토에 비해 밝은 소토로 구성되어 있기 때문에 구별이 용이하다.

토층조사에서는 평면조사에서 최초로 확인한 주거지 굴광선의 검증이 반드시 필요한데, 주거지 규모가 확대 또는 축소될 가능성이 있기 때문에 벽을 정확하게 확인하는 것이 중요하다. 바닥면을 찾기 위해서 탐색트렌치 깊이는 내부퇴적토의 퇴적이 끝나는 깊이까지 진행하며, 적석이나 화재 등의 흔적이 확인되지 않는 경우에는 주거지 바닥면까지 하강하여 조사가 이루어지는데 이 과정에서 점토다짐 또는 불다짐 처리한 바닥면이 손상되지 않도록 주의해야 한다. 또 토층조사가 이루어지는 면이 역광逆光에 해당되지 않도록 시간과 방향을 발굴 현장에서 적절하게 조절하는 것이 필요하다.

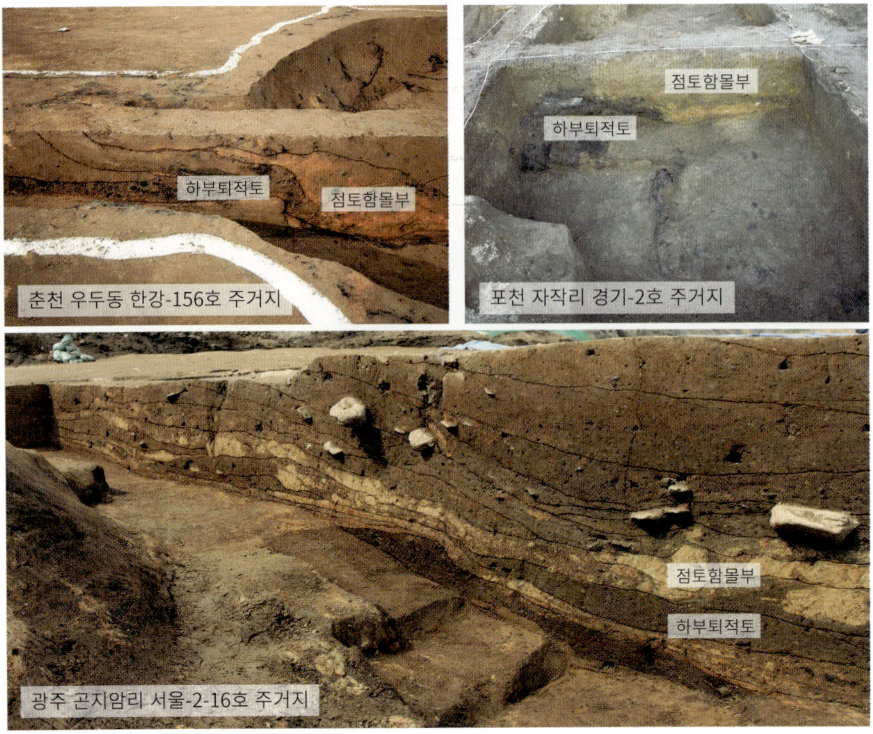

사진 18 여·철자형주거지 출입부에서 확인되는 점토함몰부와 바닥 퇴적토 양상

특히 벽을 찾는 과정에서 통일신라~고려시대 주거지 중 벽석렬이 확인되는 경우 굴광선과 벽석렬 사이의 충전토 유무를 확인한 다음 조사를 진행해야 한다. 또 중심토층에서 노시설 토층을 같이 해석하는 것이 퇴적이나 형성과정에 대해 정확히 파악할 수 있다.(**사진 19~20** 참조)

사진 19 벽석렬 주거지 토층 대구 연경동 IV-2 4호 주거지

사진 20 중심 토층과 노시설 토층 대구 연경동 IV-2 6호 주거지

- **사진촬영**

❶ 토층둑과 수평이 되도록 촬영
❷ 토층둑 전체 촬영 후 세부토층 촬영
❸ 토층 깊이가 있어 수평 촬영이 어려운 경우 내부퇴적토 일부 제거 후 촬영
❹ 토층 방향과 햇빛 노출상태를 판단하여 가장 좋은 시간대를 선택하여 촬영

- **단면도 작성**

❶ 토층면에 레벨기를 이용하여 양쪽에 기준점 설치 후, O·L(Zero Line)선 설치
❷ 50㎝ 간격으로 O·L선과 직교하는 선을 격자모양으로 만듦
❸ 소규모 주거지는 1/10 크기, 대형주거지는 1/20 크기로 작성
❹ 4분법 조사 시 장단축이 교차하여 끊어진 한쪽 단면도에 대한 보완 실측

- **토층주기 방법**

❶ 통일된 표준토색첩을 이용하여 층위를 구분
❷ 위에서 아래로 구분하며, 색상과 성질, 퇴적양상 등을 고려
❸ 명확한 층을 먼저 구분하고 간층은 차후에 구분
❹ 토층 번호는 매몰 역순이 일반적이지만, 매몰 순서대로 기재해도 무방
❺ 토층 내용은 색조, 성질, 목탄 및 유물 포함, 유구가 형성된 층 등을 기재

6) 하강조사

하강조사는 주거지의 폐기 후 내부로 유입된 퇴적토를 제거하는 작업이다. 일반적으로 토층둑의 단면을 기준으로 제토하는 것이 바람직하다. 전면제토와 구역제토 또는 분할제토의 방법들이 있겠지만, 유구의 규모나 구조, 형태 등의 상황을 고려하여 알맞게 적용한다. 토층조사에서 성격이 파악된 각각의 층을 대별하여 동시기성과 의미를 부여하고 순차적으로 제토하는 것이 바람직하다. 이때 최대한 단계를 구분하고 최소한의 단위로 제토하는 것이 가장 이상적이지만 현실에서는 시간적 제약이 뒤따른다. 그러므로 몇 단위의 의미를 부여한 층으로 구별하여 제토하는 것도 좋다. 제토과정에서 토층의 구분에 따라 유물의 선별이 명확하게 이루어져야 한다. 특히, 후대의 매몰과정에서 유입된 유물과 주거지에서 사용 후 폐기되어 잔존한 유물의 구분은 매우 중요하다. 각각의 유물은 층위를 명확하게 구분하여야 하며 이것이 어려울 때에는 해발고도나 바닥에서의 높이를 표기하는 것도 방법이다.

한편 원삼국~삼국시대 여·철자형주거지는 대부분 주거부-통로부-출입부 순으로 레벨이 높아진다. 같은 레벨로 조사를 진행할 경우 주거지 바닥면을 훼손할 가능성이 있으므로 층위를 참고하여 조사원이 조사 레벨을 결정한다. 또한 점토함몰부와 문지방 시설이 확인되는 경우가 많기 때문에 출입부 부근의 중심토층은 가장 늦은 시기까지 잔존시켜 퇴적양상을 세밀하게 파악하는 것이 중요하다.(도면 29 참조)

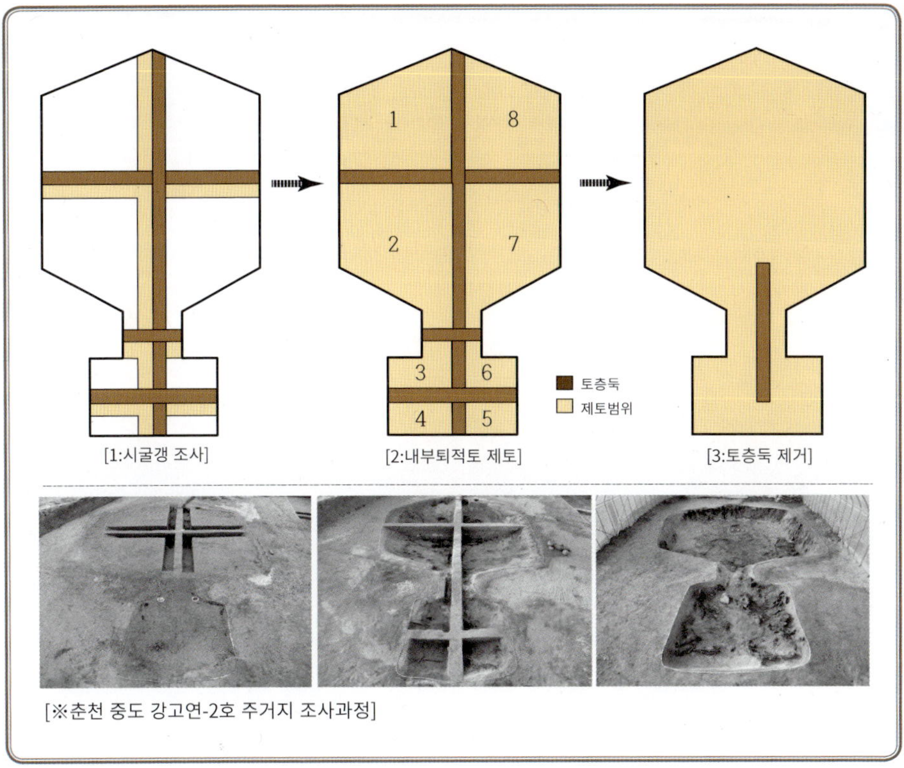

도면 29 여자형주거지 내부퇴적토층 제토 과정

통일신라~조선시대 수혈주거지의 하강조사는 다음과 같은 사례를 참고하면 도움이 된다.(**사진 21~24** 참조)

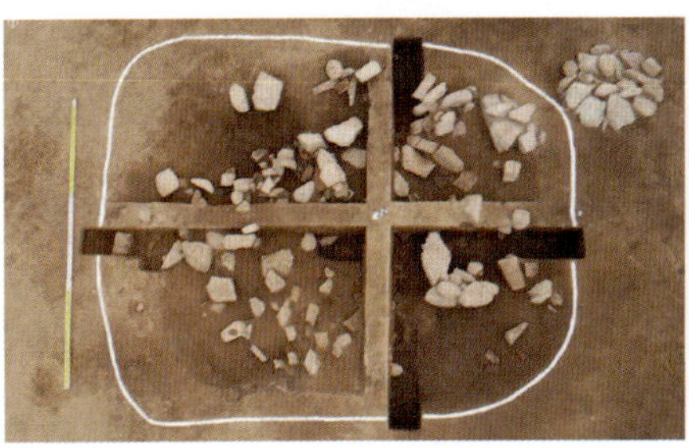

통일신라시대(대구 연경동 IV-2 23호 주거지)

조선시대(화성 남양동 4-24호 주거지)

사진 21 평면 하강조사 사례

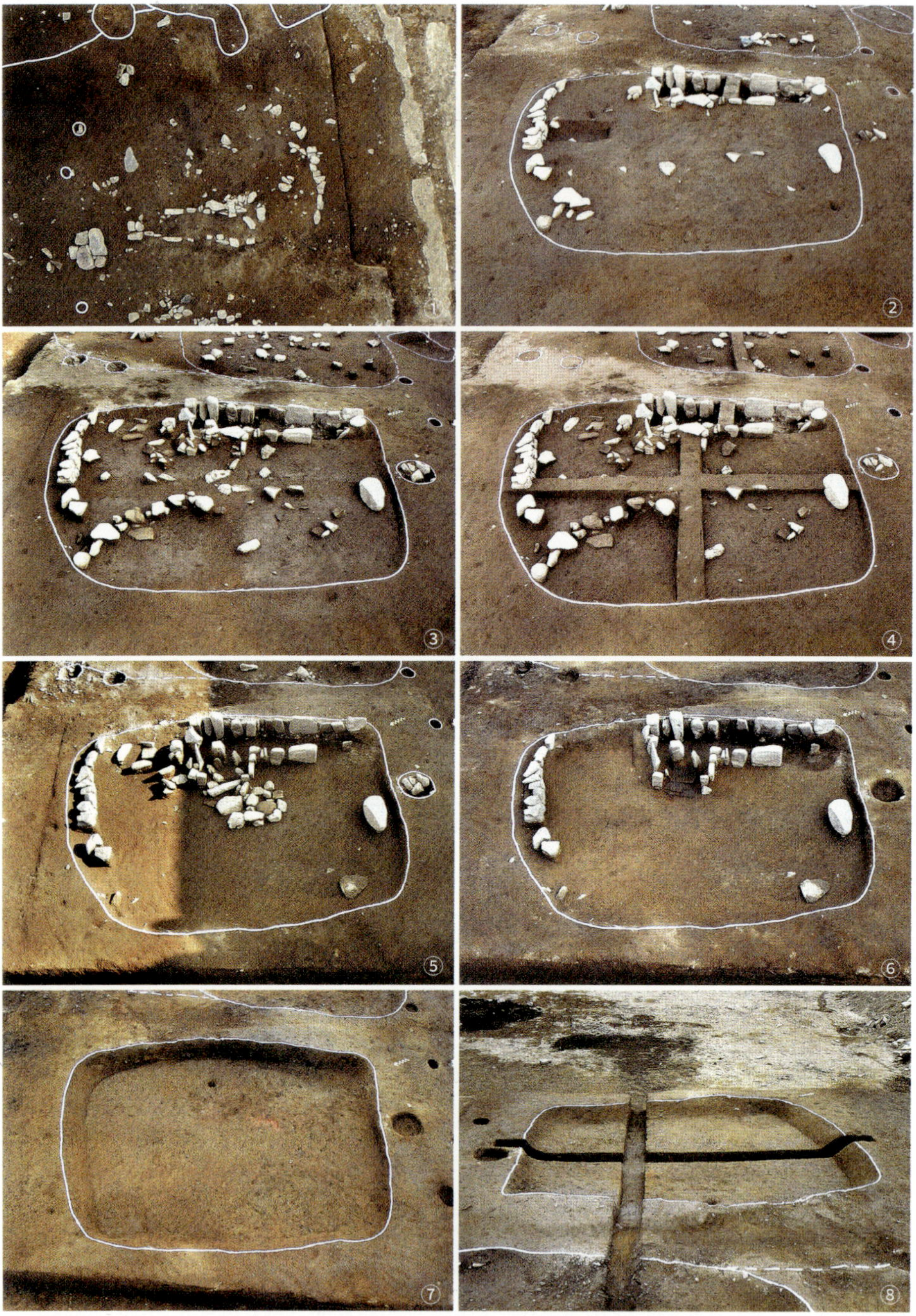

사진 22 통일신라시대 수혈주거지 단계별 조사과정(大東文化財硏究院 2009 전재)

사진 23 고려시대 수혈주거지 단계별 조사과정(大東文化財研究院 2016 전재)

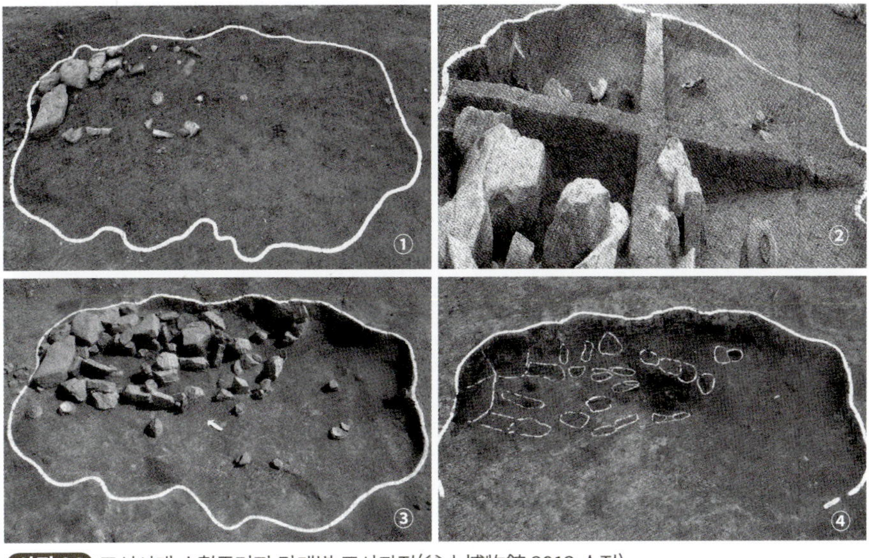

사진 24 조선시대 수혈주거지 단계별 조사과정(釜山博物館 2013 수정)

7) 정리와 수습조사

하강조사에 따른 퇴적토의 제토과정이 끝나면 정리작업이 진행되는데 폐기시에 잔존한 것, 즉 유물을 포함하여 가구구조를 이루는 목탄은 물론 벽체토나 벽체보강토, 지붕토, 바닥재〔床材〕, 소토, 각종 유기물질 등을 확인하고 정리하는 과정이다. 유물은 유구의 성격은 물론, 편년이나 생활상 복원 연구에 중요한 자료가 되며, 출토위치를 통하여 내부공간의 활용방식도 알 수 있다. 또한 목탄이나 지붕과 벽의 구축토 등의 잔존상태를 통하여 가구구조-지붕구조와 벽구조 등을 판단할 수 있으므로 세밀하게 정리하여야 한다. 잔존물은 성격별로 구분하고 정리 순서를 정하는 것이 좋다. 기본적으로는 유물과 각종 구조물의 잔해 구분이 중요하고, 잔존물의 구분이 가능하면 여러 차례의 수습과정을 거쳐 단계별로 정리하는 것이 좋다.

정리과정을 거친 후 사진촬영과 실측이 완료되면 잔존물을 수습하는 과정이 이루어진다. 수습시에는 이들을 상부구조물과 벽구조물, 바닥시설물 등 성격별로 구분하는 것이 바람직하다. 이 단계에 목탄이나 토양, 유기물 등 각종 분석시료의 채취도 함께 이루어진다. 가급적 시료의 채취도 분석 기관에 의뢰하는 것이 좋지만 여의치 않을 때에는 오염이나 변질을 막기 위하여 분석시료의 성격에 따라 적절한 보관방법을 선택하는 것이 바람직하다.

8) 바닥조사

바닥조사는 유물을 포함하여 벽체나 지붕의 붕괴된 구조물(목탄, 점토) 등의 잔존물 제거 후 상면(생활면)의 기초구조를 비롯하여 노시설, 주혈, 저장공, 작업공, 벽구, 출입구시설, 붕상棚狀시설, 단시설 등의 각종 시설물과 경화면, 바닥재 등을 파악하는 것이다. 각종 시설물의 파악은 생활공간의 이용방식을 복원하는 기초자료가 된다. 수혈주거지의 특성을 고려하여 시설물이 설치되는 패턴을 미리 파악하는 것이 중요하고, 무엇보다 이러한 시설물 구조에 대한 인식은 오랜 경험을 통해 습득된다.

바닥은 구릉지의 경우 생토면을 그대로 사용하는 경우도 많이 있지만 충적지에서는 기본적으로 점토를 다지는 것이 일반적이다. 바닥 조사시에 각종 시설물은 물론 바닥의 조성이 완료된 시점 이후에 깐 각종 바닥재와 사용시 유입된 퇴적물, 경화면, 사용흔 등이 함께 확인되기 때문에 이들의 구분도 중요하다. 바닥조사에서는 각종 시설물의 조사단계를 구분하여 우선 확인하여야 할 것과 다음 과정인 절개와 해체 과정에서 확인하여야 할 것을 명확하게 구분하여야 한다. 가령 노, 주혈 등은 조성 이후 사용되고 폐기되기까지의 상황을 먼저 조사하고, 조성된 시점의 구조는 절개나 해체 단계에 조사가 이루어지는 것이 좋다. 저장공과 같은 시설은 평면형태가 확인되면 단면 절개를 통해 내부 전체를 확인하여야 하지만, 주혈은 평면조사에서 절개의 과정을 거치는 경우가 많은데 평면조사만 실시하고 다음 단계에서 절개나 해체를 실시하는 것이 바람직하다.

바닥조사에서 확인된 개별 시설물도 수혈주거지의 조사 방법을 적용하는 것이 바람직하다. 개별 시설물의 특성과 조사방법에 대해서는 다음 장에서 별도로 다루고자 한다.

9) 절개 및 해체조사

수혈주거지의 기초 구조와 조성 과정 파악을 위해 필요한 작업이다. 수혈주거지의 절개와 해체를 통해 파악되는 것은 아래와 같다.

❶ 최초 굴착면의 굴착 양상과 방법
❷ 굴착면의 다짐 방법과 횟수, 재료, 굴착도구
❸ 상면(생활면)의 다짐 양상과 재료, 개·보수 등
❹ 노를 비롯한 각종 시설물의 설치 방법과 구조
❺ 축조와 폐기 의례 등
❻ 확장의 유무와 하부 유구의 존재 유무 등

사진 25 홍천 철정리 II A-54호 주거지 절개조사 상태

절개조사는 수혈주거지의 탐색 트렌치 설치와 동일하게 적용하는 것이 좋고 부분해체 내지 완전해체는 유구의 상황이나 조사의 성격에 따라 결정한다. 해체시에는 조성시의 역순을 고려하여 실시하고, 절개조사는 노시설, 중심주혈, 작업공, 타원형 수혈 등 내부시설 전체를 연결하는 장축의 중앙을 절개하는 것이 적절하다.(사진 25 참조)

절개와 해체조사는 시대별 조사방법에서 내부 시설물 각각의 특성에 맞는 방법을 별도로 제시하였다.

02

선사시대

선사시대 수혈주거지 내부에서 확인되는 중요시설로는 바닥과 벽을 비롯하여 노, 주혈, 저장공, 작업공, 타원형 수혈, 출입구시설, 붕상시설, 단시설, 이색점토구역, 벽구 및 돌출구, 집수정, 각종 구시설(주구) 등이 있다. 내부시설의 조사는 앞서 설명한 수혈주거지 조사와 동일한 과정과 방법을 기준으로 하되 내부시설의 구조와 특징을 감안하여 적절하게 적용하는 것이 중요하다. 또한 필요시 단계별로 실측과 사진촬영을 실시하고 기록을 남겨두는 것도 중요하다. 아래에서는 내부시설 각각의 구조와 특징을 살펴보고자 한다.

1) 바닥(床面)과 벽

수혈주거지 내부에서 바닥(床面, 생활면)과 벽의 인식이 무엇보다 중요하다. 바닥은 수혈벽면이나 벽체에 둘러쌓인 수평면, 또는 수혈 내 생활면을 가리키고, 선반시설(또는 棚狀施設), 출입구(또는 계단시설), 수혈 외부의 옥내공간 등을 포함한다(취락연구회 2004). 특별한 처리가 없이 정지(整地)만 행한 무시설의 경우도 있지만 일반적으로 다짐면의 상태로 확인되고 다양한 바닥재(床材)를 부설한다. 다짐의 종류는 일반적으로 흙(점토)을 사용하며 유기물의 바닥재(피혁, 목재, 초본류)를 깔거나 불다짐을 하는 경우[28]도 있다.(사진 26 참조)

경화면 형성(71호 주거지)

바닥재-탄화유기물(79호 주거지)

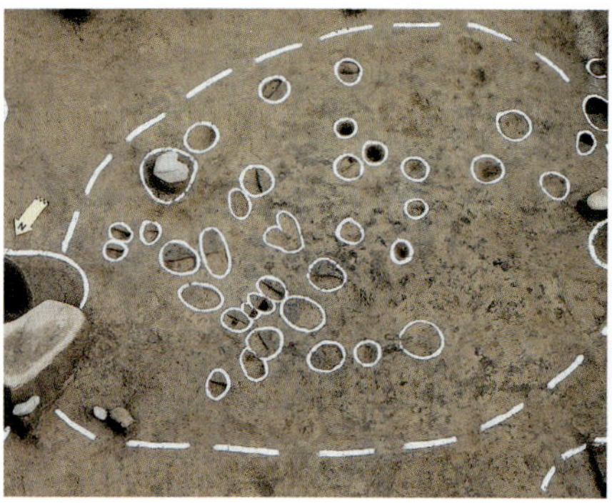

바닥의 작업흔적(87호 주거지)

화재 피열층 형성(121호 주거지)

사진 26 화천 용암리 유적의 수혈주거지 바닥 상태

28) 불다짐은 매우 드물기 때문에 신중하게 판단하여야 한다. 조성 당시에 불을 내어 경화시킨 경우가 있지만 매우 드물고, 화재주거지의 경우는 화재시 경화되는 경우가 대부분이기 때문이다.

바닥의 조사는 내부시설은 물론 경화면,[29] 보수의 흔적, 바닥재의 추정 등 여러 측면에서 중요하다. 또한 족적의 관찰을 통하여 가족구성원의 파악(수, 성별, 연령 등)도 가능하다. 또한 바닥의 조사에서 탄화곡물이나 뼈, 옥이나 석기 제작과 관련된 흔적 등도 있을 수 있기 때문에 가능하면 내부를 구획하여 물채질하는 것도 필요하다. 바닥(기능면)은 주로 구릉지와 일부 충적지에서도 생토면(가공면)을 정지하여 그대로 사용하는 경우가 있지만 굴착다짐면이나 바닥다짐면을 사용하는 경우도 많다. 바닥을 판단하는 기준은 아래(취락연구회 2004)와 같이 정리된다.

❶ 대개 수평을 이룸(단, 평탄하지 않은 경우도 있음)
❷ 바닥면이 양파껍질처럼 벗겨짐
❸ 상부의 흙층에 비해 단단함
❹ 산화철, 망간이 특히 많이 집적되는 부분
❺ 불다짐면이 확인됨
❻ 노나 주혈 어깨선(굴광선) 등 바닥에 설치된 시설이 확인됨
❼ 소토, 탄화재, 유물 등이 출토되는 면

벽은 현대적 개념에서는 건물 또는 방의 주위에 수직으로 둘러막은 실체를 벽체라 하며, 수혈건물지에서는 상면을 둘러싼 수직의 굴광면 또는 구조체를 뜻한다(취락연구회 2004).

선사시대 수혈주거지 벽의 종류로는 토벽土壁, 판벽板壁, 초벽草壁 등이 있겠지만 명확하게 확인되는 경우는 매우 드물고, 화재주거지의 경우 불에 구워진 점토벽이나 잔존한 기둥의 목탄이 확인되는 정도이다. 실제 발굴조사에서 확인되

29) 경화면(硬化面)은 바닥에 남아 있는 주거지의 사용흔으로 단단함, 광택, 점성의 높음 등을 통해 파악할 수 있고 출입구, 작업장, 부뚜막 주변, 주 통행로 등에 잘 나타난다.

는 벽은 대부분 주거지 조성시 굴착된 수혈벽(면)이고 생활 당시 조성된 벽체의 벽(면)은 붕괴되거나 부식되어 거의 확인되지 않는다. 그러므로 실제 구분하는 것이 어렵지만 굴착벽(면)과 생활벽(면)은 구분하는 것이 필요한데, 이것은 내부 생활공간의 규모를 결정하는 기준이 되기도 하기 때문이다. 또한 주거지 폐기 후 벽이 붕괴되는 현상이 종종 관찰되는데 구릉지에서 확인되는 경우가 많다.(도면 30 참조)

수혈주거지 조사에서는 굴착벽(수혈벽)과 생활벽 사이에 채워진 벽체보강토(뒷채움토)가 확인된다. 벽체보강토는 붕괴되어 벽가를 따라 단면 삼각상을 띠는 것이 일반적이지만, 건물이 폐기된 후 신속하게 매몰된 경우 원형을 유지하여 온전하게 남는 경우도 종종 있다. 벽체보강토는 토층의 단면조사 후 내부 퇴적토의 하강작업단계에서 함께 제거되는 경우가 많은데, 가능하면 전체의 잔존 상태를 확인하고 붕괴된 부분과 원형이 잔존한 부분으로 구분하여 사진촬영과 도면실측을 한 뒤 제거하는 것이 바람직하다.(사진 27 참조)

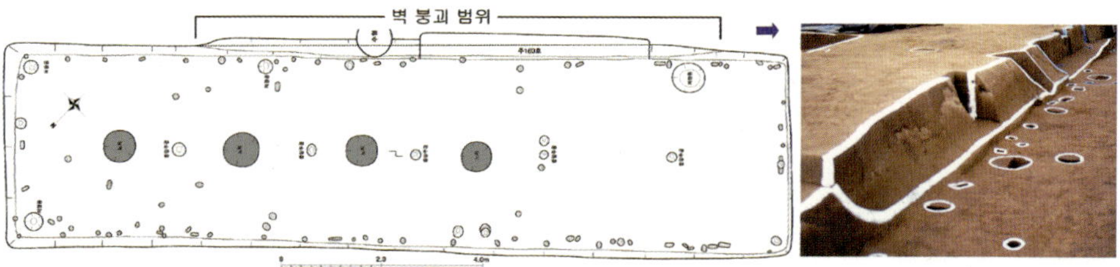

도면 30 벽의 붕괴(용암리 93호 주거지)

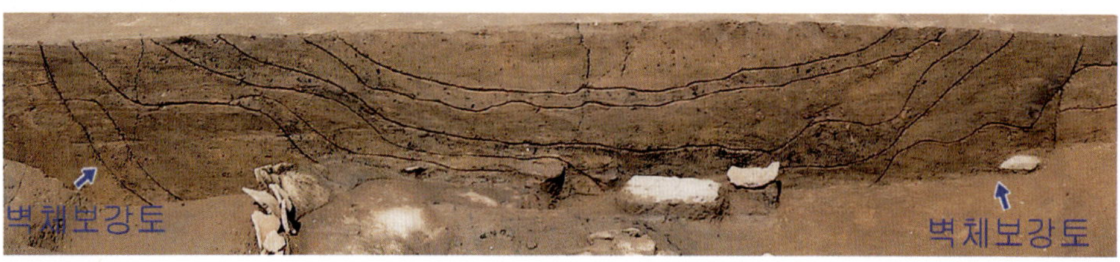

사진 27 벽체보강토의 양상(용암리 130호 주거지)

2) 노[30]

(1) 노의 개념과 종류

노[31]는 난방, 취사, 조명, 제습 등을 목적으로 만든 것인데 주기능은 역시 난방과 취사이다. 또한 석재의 파쇄나 목기의 가공 등 다양한 목적으로 사용되기도 한다. 노의 조사를 통하여 탄화물(목탄, 재, 뼈 등)의 분석을 통한 땔감과 식재료의 파악도 가능하고, 특히 평면과 단면의 조사를 통하여 소결층[32]의 범위나 사용 기간, 화력의 강도 등도 판단할 수 있다.

평면형태에 따라 원형, 방형, 장방형, 타원형 등으로 구분이 가능하고 구조에 따라 위석식과 수혈식(토광식),[33] 지면식(상면식)으로 나뉜다. 위석식의 경우 바닥의 처리에 따라 3가지 정도로 세분할 수 있는데 돌을 깐 것(石床), 점토를 깐 것(粘土床), 특별한 시설이 없는 것(土床)[34]이 확인된다. 수혈식은 노 가장자리 일부분만 돌을 돌린 불막음식(부분위석식)도 존재한다.(사진 28 참조)

---

30) 노 조사방법은 김권중(2012) 논고의 내용을 수정 보완한 것임을 밝혀둔다.

31) 일반적으로 선사시대 노(爐)는 흔히 노지(爐址)라는 용어로 사용하지만 노지는 '터'의 의미가 강하기 때문에 시설 자체를 의미할 때는 노라고 사용하는 것이 좋다.

32) 피열층(被熱層), 소토층(燒土層) 등 다양한 용어로 사용되지만 소토층은 화재주거지와 같이 노와는 관계없이 점토가 소결되어 확인되는 예가 많으므로 혼동을 피하기 위하여 가급적 사용하지 않는 것이 좋다.

33) 수혈식(토광식)의 경우 종종 무시설식과 혼동하고 있는데, 무시설식은 위석식의 상대적인 의미에서 사용한 것이지만 수혈식 자체가 시설이므로 옳은 명칭은 아니다. 수혈을 파지 않은 지면식(상면식)이 무시설식이라고 할 수 있으므로 반드시 단면상태를 확인하여 구조를 파악하여야 한다.

34) 바닥을 별다른 처리 없이 사용하는 경우나 점토가 아닌 흙을 깔아 다진 면을 그대로 사용하는 경우 모두를 일컫는다.

지면식
(용암리 129호 주거지)

수혈식
(용암리 88호 주거지)

불막음식(부분위석식)
(철정리 II A-청20호 주거지)

위석식(석상)
(철정리 II A-청56호 주거지)

위석식(점토상)
(아우라지 1호 주거지)

위석식(토상)
(대능리 28호 주거지)

사진 28 노의 형식

노의 주거지 내 설치 위치는 신석기시대에는 대체로 중앙이지만 청동기시대의 방형계는 중앙형, 편재형, 대칭형, 비대칭형으로 구분이 가능하다.(**도면 31** 참조) 또한 주거지 내외의 위치에 따라 옥내노와 옥외노로 구분되며 옥외노의 대표적인 것으로 신석기시대 야외노가 있다.

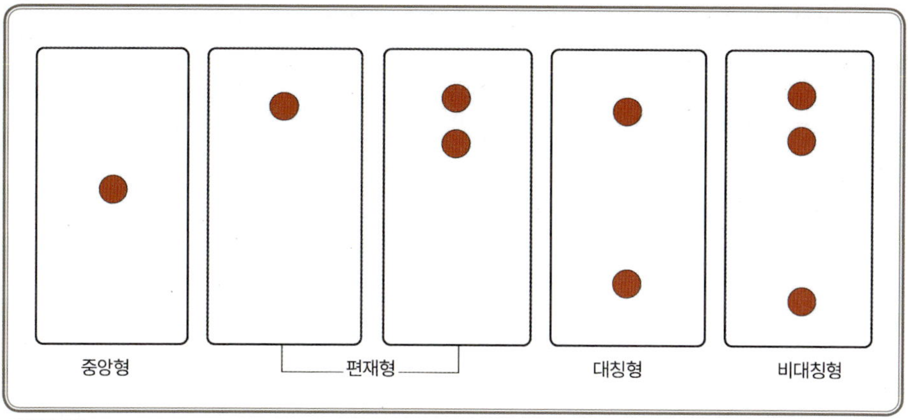

도면 31 청동기시대 방형계 주거지의 노 배치 모식도

(2) 노의 구조

선사시대 노의 구조는 형태에 따라 다소 차이가 있지만 전체적으로 보면 굴착면, 굴착다짐층, 기반다짐층, 바닥(床 - 粘土, 石, 土), 벽석, 뒷채움토, 소결층(피열층), 재층, 퇴적층으로 구성되며 이외에 불막음돌 등이 부가되기도 한다.(도면 32~33 및 사진 29~30 참조)

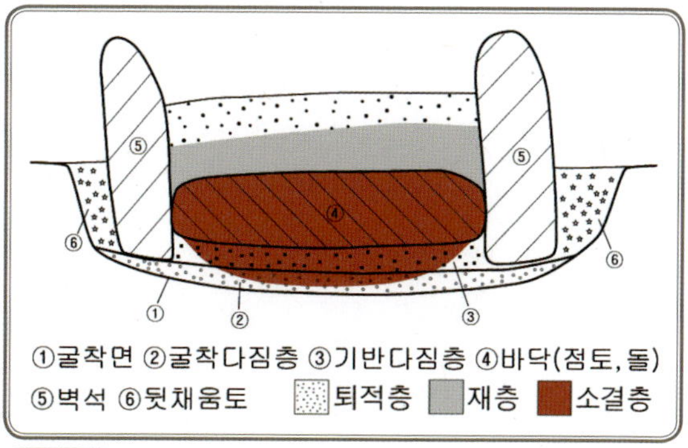

도면 32 위석식 노의 단면 모식도

- **굴착면** : 노의 조성을 위하여 주거지 바닥을 굴착하여 형성된 凹면에 해당된다.

- **굴착다짐층** : 굴착면을 정지하고 최초로 다짐하는 층이다.
- **기반다짐층** : 굴착 후 노의 바닥(床)을 조성하기 직전에 다짐하는 층으로 굴착다짐층과 기반다짐층이 구분되지 않는 경우가 많다.
- **바닥** : 불을 피우는 곳으로 점토나 천석, 할석(판석) 등의 돌을 깔기도 한다. 별다른 시설 없이 기반다짐층이나 굴착다짐층을 바닥으로 이용하는 경우도 많다.
- **뒷채움토** : 벽석 외면과 굴착 벽면 사이에 채운 흙이다. 주로 굴착다짐이나 기반다짐한 흙이 채워진다.
- **소결층** : 불을 피워 붉게 소결된 층이며 바닥은 물론 기반다짐층, 굴착다짐층, 기반층까지 소결되기도 한다. 불을 피운 횟수나 화력의 강도에 따라 소결층의 색조와 두께가 달라진다.

사진 29 노의 단면 사진(홍천 철정리 II A-청21호 주거지)

- **재층** : 불을 피운 결과로 바닥 상부에 목탄과 재 등의 잔해물이 형성된 층이다. 동물뼈나 소토, 돌가루〔石片〕 등이 확인되기도 한다. 퇴적층과 구분이 어렵거나 동일한 경우가 많다.

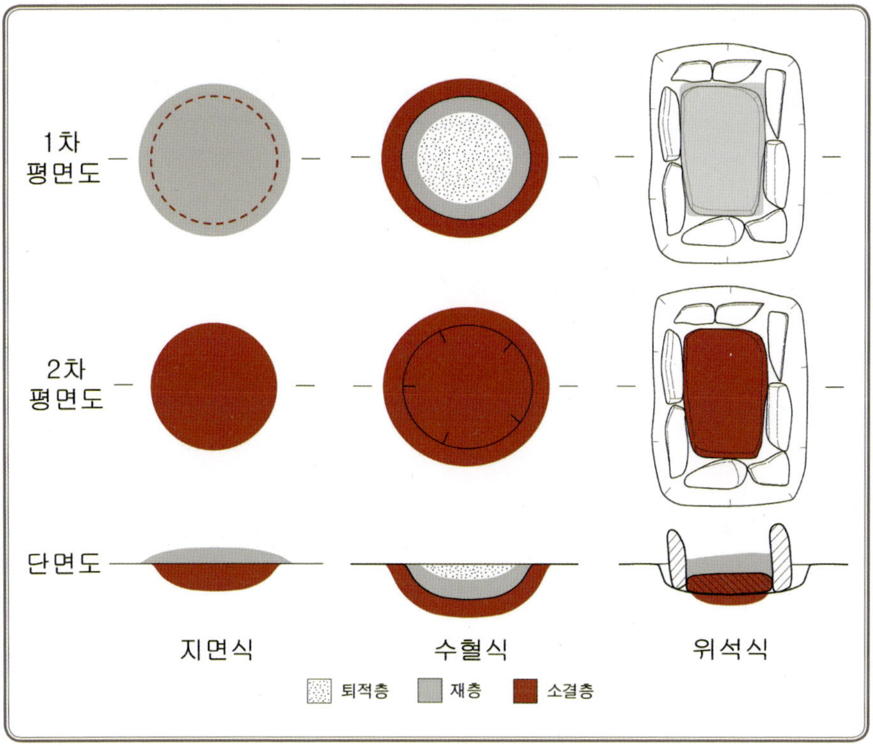

도면 33 노의 종류별 평·단면 모식도

- **퇴적층 :** 재층이나 바닥 상부에 형성된 층으로 주로 주거지 폐기 후에 형성되지만 노의 사용 중지에 의해 형성되기도 한다.

(3) 노의 조성 과정

노의 조성 과정을 대략적으로 살펴보면 굴착→굴착면다짐→기반면다짐→벽석조립→바닥조성의 순서로 추정된다.

① **굴착** – 노의 위치 선정 이후 굴착지(凹地)를 조성하는 과정으로 정연하게 정지되기도 하지만 다소 불규칙한 굴곡면을 형성하기도 한다.

지면식

수혈식

위석식(석상)

위석식(점토상)

사진 30 노의 형식별 단면상태

② **굴착면다짐** – 굴곡면을 고르게 하기 위하여 다지는 것으로 이질토를 사용하기도 하지만 굴착토를 그대로 사용하는 경우가 많고, 주거지의 바닥다짐토나 생토인 기반토가 혼입되기도 하며 블록Block상을 보이는 경우가 많다.

③ **기반면다짐** – 바닥(床)을 조성할 기반을 다지는 것으로 굴착면다짐과 양상이 유사하여 구분이 어려운 경우가 많고 생략된 경우도 많다.

④ **벽석조립** - 벽석을 조성(조립)하며 뒷채움을 한다. 바닥 조성 전에 하는 것이 일반적이지만 바닥 조성 후에 하는 경우도 있다.

⑤ **바닥조성** - 점토를 다지거나, 할석이나 천석, 판석 등을 깐다. 아무런 시설을 하지 않는 경우도 있다.

(4) 노의 조사과정

① 조사과정

일반적인 노의 조사과정을 요약하면 다음과 같다.

❶ 노가 최초로 확인되면 노의 형태, 규모, 구조, 장축방향 등을 예상하여 조사방법을 결정한다.
❷ 노의 윤곽선이나 굴광선을 확인하고 사진 촬영을 실시한다.
❸ 노의 종류와 형태와 규모 등을 고려하여 수혈주거지 조사방법과 동일하게 탐색트렌치와 토층둑 설치를 위해 구획한다.
❹ 토층둑의 단면조사를 위하여 탐색트렌치 조사를 실시하며, 이때 노의 폐기 당시의 바닥까지만 하강한다.
❺ 토층상태와 구조가 파악되면 순차적으로 평면 하강제토를 실시하면서 노 내부에 있는 잔해물-재(목탄), 소토, 동식물의 유체 등을 확인하고 정리한다. 이때 토층둑은 노 하부 구축시의 단면 조사를 위하여 남겨두는 것도 좋다.
❻ 잔해물을 정리한 후 사진촬영과 실측을 실시한다.
❼ 노 내부의 잔존물을 제거하고 바닥을 정리하고 사진촬영과 실측을 실시한다.
❽ 노 하부의 구조를 파악하기 위하여 최초 확인 후 설치한 탐색트렌치와 동일한 위치에 연결하여 단면 구조를 확인한다.
❾ 해체조사를 실시할 경우 노 축조의 역순으로 축조방법을 확인한다.

② 조사방법과 유의 사항

노는 주거지의 특성을 고려하여 설치되는 패턴을 파악하는 것이 중요하고, 무엇보다 이러한 시설물의 인식은 오랜 경험을 통해 습득된다. 해당 유적이나 주변 유적에서 조사된 주거지의 경향을 파악하여 노의 위치 파악이 중요한 관건이며, 예상되는 노의 위치에 따라 탐색트렌치와 토층둑을 적절하게 설치한다. 일반적으로 노가 주거지 장축 중앙선상에 위치하므로 장축의 정중앙에 탐색트렌치와 토층둑의 경계를 두는 것이 중요하다. 노 조사 시 유의하여야 할 사항에 대해 요약하면 다음과 같다.

▪ 평면조사

주거지 하강작업과 둑 제거작업 후 실시하는 평면조사는 노의 위치, 형태, 규모, 수, 중복(중첩)관계의 파악을 위한 작업으로 탐색트렌치와 토층둑을 설정하기 위한 기초작업이다. 최대한 상층에서 확인하여야 한다. 조리용거치공과 같은 노와 관련된 시설도 파악하여야 한다

▪ 탐색트렌치trench**와 토층둑**baulk**의 설치**

탐색트렌치의 설치는 노 내부의 상황을 판단하기 위하여 실시하는 작업이다. 원칙적으로 탐색트렌치는 '최소한의 설치로 최대한의 정보를 파악'해야 하므로 노의 특성을 가장 잘 파악할 수 있는 최적의 장소에 설치하는 것이 중요하다. 일자식과 십자식의 설치방식이 있지만 규모가 작기 때문에 훼손을 최소화하기 위하여 일자식만 적용하여도 좋다. 장축방향과 동일하게 설치하는데 탐색트렌치의 설치를 통한 단면 조사는 퇴적토와 재층의 상태, 단면형태와 구조, 깊이 등을 파악하는 것이다. 탐색트렌치는 최초 굴착면까지 확인하는 것도 원활한 조사를 위해 필요한데 사진촬영과 도면작성시 효과적이다.

▪ 하강과 정리

퇴적층과 재층을 순서대로 제거하여 최종적으로 바닥을 확인한다. 이 과정에서 퇴적층과 재층의 구성 물질을 파악하여야 한다. 토층둑은 퇴적층과 재층을 완전히 제거할 때까지 남겨 두는 것도 좋다.

▪ 바닥조사

절개와 해체 작업 이전에 완전한 바닥 형태를 노출시키는 단계로 바닥 재료는 물론 잔존 상태, 소결 정도(강도), 보수 여부 등도 파악한다.

▪ 절개와 해체

노의 구조와 조성 방식을 알아내는데 중요한 과정으로, 절개와 해체를 통해 파악되는 것은 바닥 단면, 소결층, 굴착면, 다짐층 등의 양상, 이 외에도 재사용(조성) 유무, 복토 유무, 축조 의례 등과 하부 유구의 존재 유무 등 다양한 정보를 얻을 수 있다. 무엇보다 가장 중요한 것은 피열층과 다짐층, 굴착선의 구분이 중요한데 일반적으로 이를 구분하지 못하는 경우가 많다.

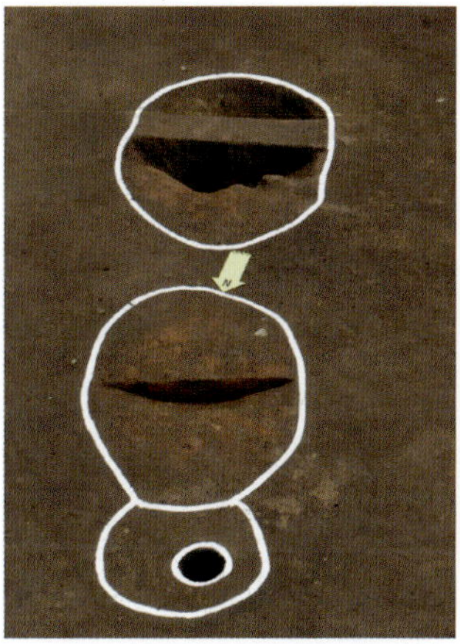

폐기 후 이동
(철정리 II A-13호 주거지)

변형 재사용
(대능리 35호 주거지)

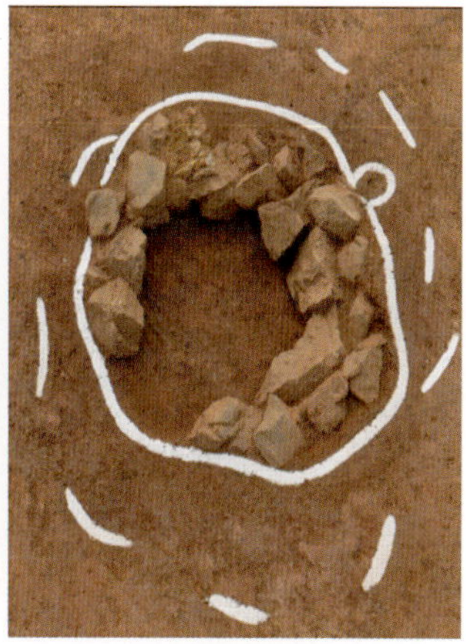

변형 재사용
(석교리 23호 주거지)

변형 재사용
(철정리 II A-47호 주거지)

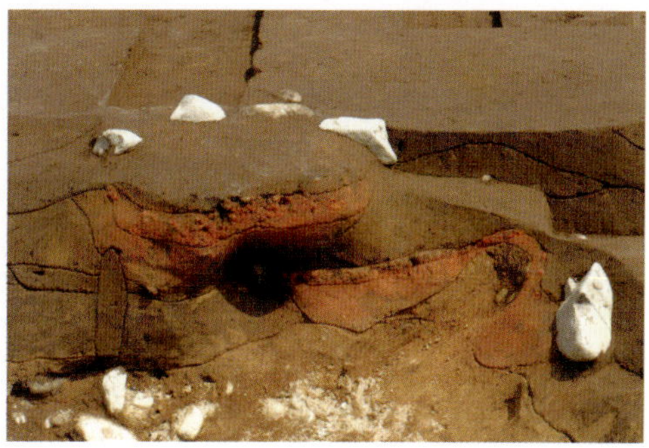

재조성
(철정리 II A-청1·2호 주거지)

사진 31 노의 이동·변형 재사용·재조성 사례

이상과 같이 노의 조사과정을 살펴보았는데 이 과정에서 특수한 상황이 파악되기도 한다. 노는 사용시 여러 가지 요인에 따라 이동, 변형 재사용, 재조성하는 경우가 있다. 철정리 A-13호 원삼국시대 주거지와 같이 주거지 확장에 따라 폐기 후 이동시키기도 하며, 파주 대능리 35호, 화성 석교리 23호, 홍천 철정리 A-47호 주거지와 같이 원래의 형태인 수혈식에서 위석식으로 변형시켜 재사용하기도 한다. 철정리Ⅱ A-1·2호 주거지와 같이 확장을 위하여 전체를 복토하여 폐기한 후 재조성하기도 한다.(사진 31 참조)

3) 주혈과 초석

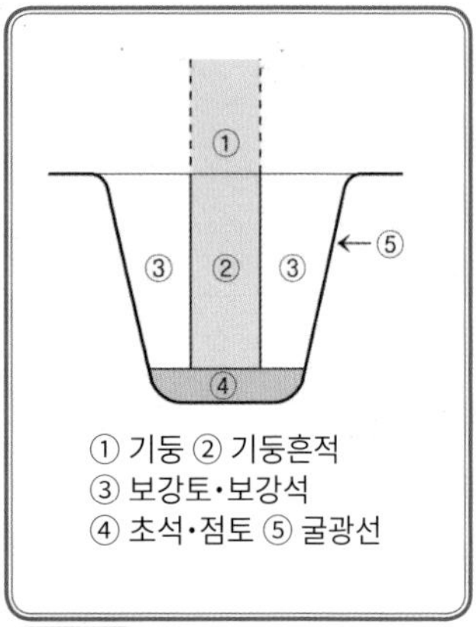

도면 34 주혈의 구조

주혈과 초석은 기둥을 박기 위해 판 구덩이나 세우기 위해 받친 돌로, 성격과 설치되는 위치에 따라 건물의 형태와 구조 등을 파악할 수 있는 중요한 시설이다. 특히 가옥의 상부(지붕) 구조[35]를 결정하는 요소이기 때문에 중요하다. 기둥은 설치방식에 따라 주혈식과 초석식으로 구분되고 복합된 것과, 무시설인 지면식(상면식)으로도 구분할 수 있으며 주혈 내 기둥의 위치는 중앙형과 편재형으로 구분된다. 주혈의 단면형태는 매우 다양하게 확인되는데 주혈을 파고 설치하는 것과 파지 않고 박는 것으로 구분할 수 있고, 파고 설치하는 것은 상단 일부분만 판 것, 보강토를 채운 것, 점토나 초석을 바닥에 깐 것 등 다양하다.(도면 34~37 및 사진 32 참조)

35) 지붕의 종류는 외쪽지붕, 맞배지붕, 우진각지붕, 모임지붕(무주·중심주), 팔각지붕 등이다.

초석은 신석기시대에는 확인되지 않고 청동기시대의 미사리식주거지와 둔산식주거지에서 일반적으로 확인된다.

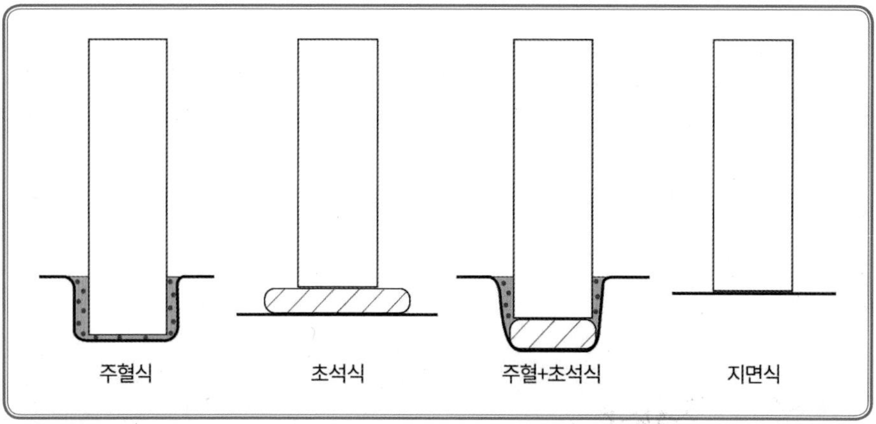

도면 35 기둥 설치방식 모식도

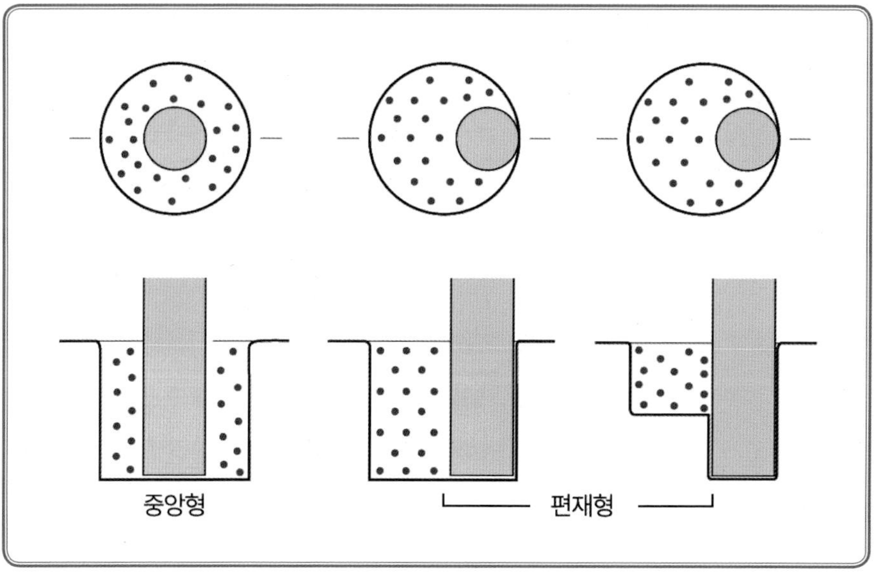

도면 36 기둥의 주혈 내 위치 모식도

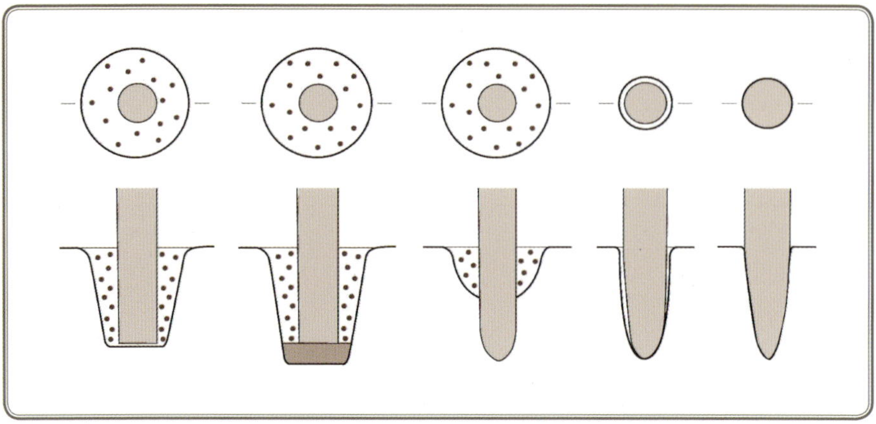

도면 37 주혈의 단면상태 모식도

철정리 II A-철5호 주거지 철정리 II C-청2호 주거지 용암리 9호 주거지 굴립주 천전리 A-17호 주거지

사진 32 주혈의 단면 조사상태

주혈은 성격에 따라 중심주혈〔主柱穴〕과 보조주혈〔支柱穴〕, 시설주혈로 구분할 수 있다. 그 내용을 살펴보면 다음과 같다.

(1) 중심주혈

중심주혈은 건물의 상부 하중을 대부분 지탱하는 가장 중요한 기둥의 구멍으로 설치 위치에 따라 중앙中央주혈, 내측內側주혈, 4주혈, 벽면壁面주혈로 세분될 수 있으며 주주혈主柱穴이라고도 한다.

- **중앙주혈** - 주축의 중앙선상에 배치되는 중심 기둥구멍이다. 신석기시대에는 일반적으로 노가 중앙에 위치하기 때문에 중앙주혈이 확인되지 않는다.(도면 38 참조) 청동기시대에는 방형계와 원형계로 구분되며 다소 차이가 있다. 먼저 방형계는 중앙식과 중앙1~3열식이 기본적이며 중앙1+내측2열식도 있다.(도면 39 참조) 원형계인 송국리식주거지는 중앙 2주식이 기본이고 이와 복합된 다양한 배치방식이 확인된다.(도면 40 참조)
- **내측주혈** - 중앙주혈과 벽주혈의 사이나 중앙주혈의 주변에 배치되는 중심 기둥의 구멍으로 주변주혈이라고도 한다. 청동기시대의 둔산식주거지 2×3~9열, 송국리식주거지 2×2~3열, 천전리식주거지 2×3~5열, 검단리식주거지 2×2~6열 등이 일반적으로 확인된다.(도면 39 참조)
- **4주혈** - 청동기시대의 내측주혈로도 볼 수 있지만 신석기시대의 암사동식, 운서동식, 신길동식에서 일반적으로 확인되는 배치 방식이다.(도면 38 참조)

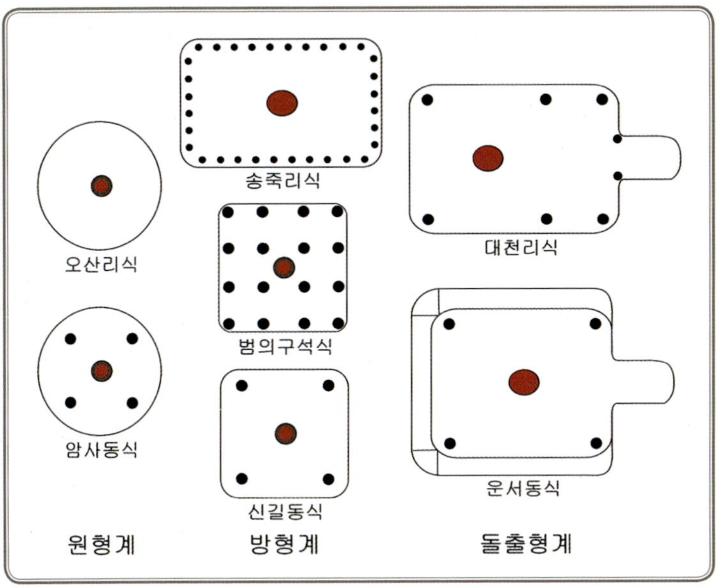

도면 38 신석기시대 수혈주거지의 중심주혈 배치 모식도

이 가운데 신길동식은 중심주혈 주변에 다수의 주혈이 확인되는 현상을 보이는데 보조주혈이라고 하기에는 중심주혈만큼 규모가 큰 것이 다수 있다. 아마도 중심기둥의 부식이나 훼손 등으로 새로이 박은 것으로 판단된다.

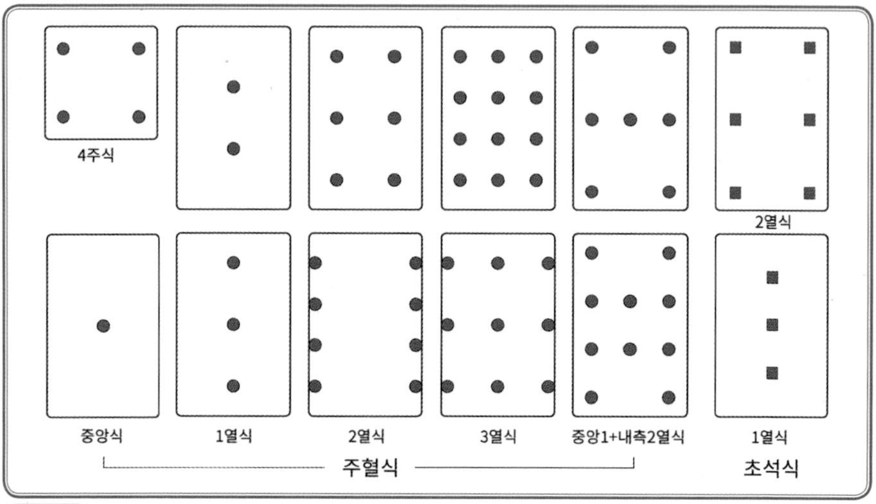

도면 39 청동기시대 방형계 주거지의 중심주혈 배치 모식도

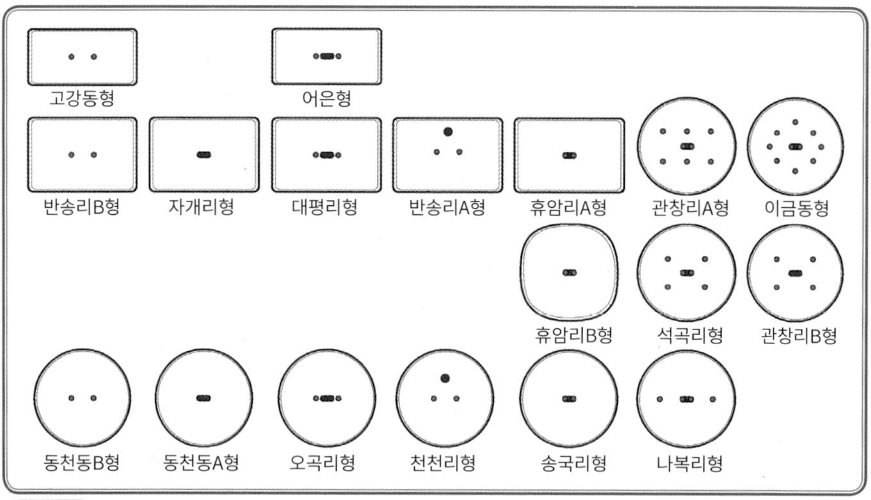

도면 40 청동기시대 송국리계 주거지의 중심주혈 배치 모식도(안재호 2010 편집·인용)

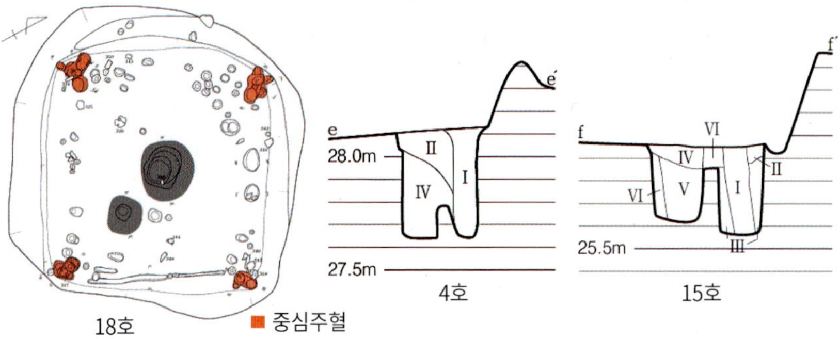

도면 41 석교리 18호 주거지 중심주혈 및 4호 주거지와 15호 주거지 중심주혈 단면

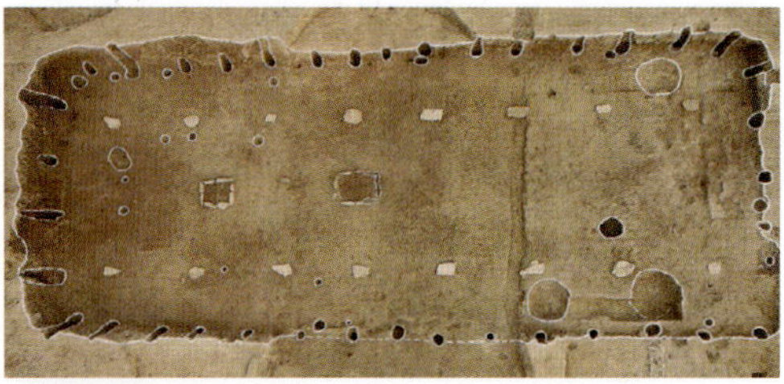

사진 33 대전 용계동 12호 주거지 벽주혈

▪ **벽면주혈** - 주거지 굴광선을 따라 배치되는 주기둥의 주혈로 주로 청동기시대 주거지에서 확인되지만 벽체를 구성하는 보조적 성격의 벽주혈과 명확하게 구분하지 못하거나 찾지 못하는 경우가 많다. 특히 구릉에 입지한 둔산식이나 역삼동식 주거지의 벽면주혈은 대전 용계동 12호 주거지(사진 33 참조)에서와 같이 규모도 크고 다수가 설치된 것이 많아 중심주혈과 구분이 모호한 경우가 많다.

(2) 보조주혈

중심주혈 외에 보조적 기능을 하는 주혈로 지름이 중심주혈에 비해 작고 깊이도 얕은 것이다. 배치되는 위치에 따라 중심주 보조주혈, 벽주혈, 가로주혈, 외주혈 등으로 세분할 수 있다.

▪ **중심주 보조주혈** - 중심주혈의 주변에 배치되어 중심기둥의 보조적인 기능으로 판단된다. 신석기시대에는 4주식의 중심주혈을 설치한 주거지에서 다수 확인되며, 청동기시대에는 일반적이지 않지만 중앙주혈 양측에 2개씩 배치되는 경우가 있다.(사진 34~35 참조)

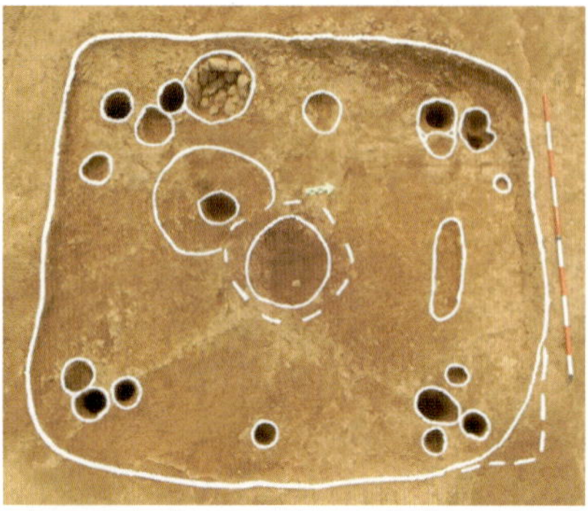

사진 34 신석기시대 중심주혈과 보조주혈 (석교리 13호 주거지)

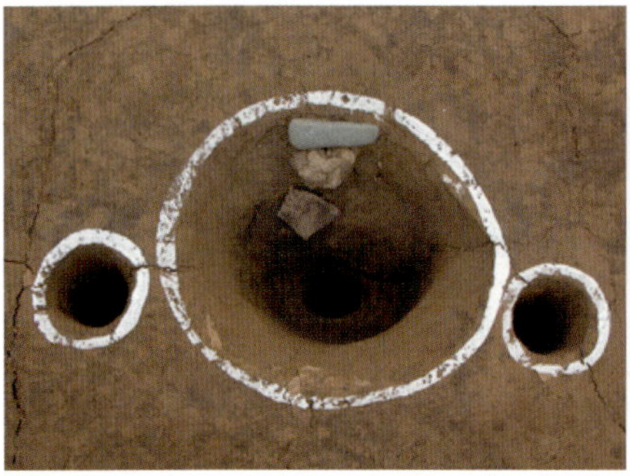

용암리 13호 주거지

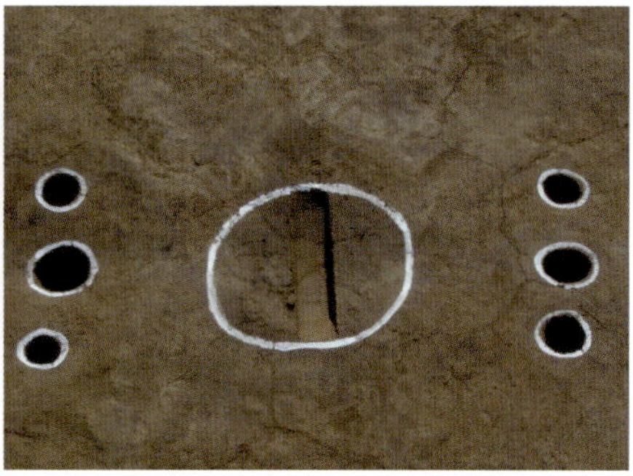

용암리 49호 주거지

사진 35 청동기시대 중심주혈과 보조주혈

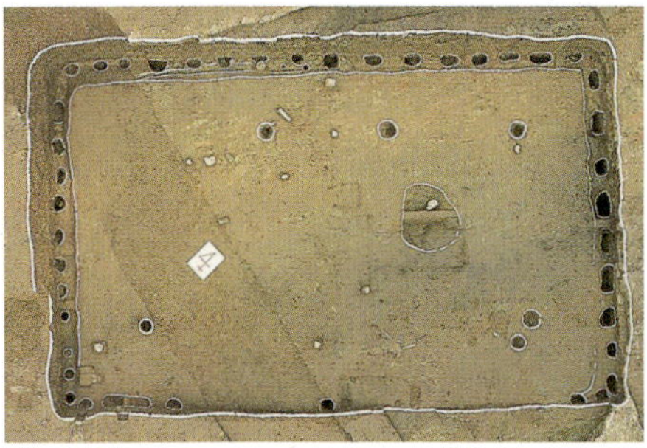

사진 36 검단리식주거지의 벽구 내 벽주혈 (울산 천상리 22호 주거지)

▪ **벽주혈** - 주거지 벽체를 구성하는 주혈로 벽면을 따라 일정간격으로 설치되고 지름 5~10㎝ 정도의 크기로 확인된다. 벽주혈의 깊이는 다소 깊은 것도 있지만 10㎝ 미만인 것이 대부분이며, 충적지

에서는 구멍을 파서 박는 것도 있지만 구릉지에서는 단순히 세운 것처럼 보이는 것이 많다. 평면은 대체로 원형의 형태로 확인되지만 청동기시대인 춘천 거두2지구 유적에서는 판상으로 가공된 기둥을 촘촘하게 박은 상태가 확인되기도 한다.(도면 42 참조) 역삼동식주거지에서는 벽을 파고 설치되는 경우가 많고 검단리식주거지에서는 벽구 내부에 설치되는 것도 있다.(사진 36 참조)

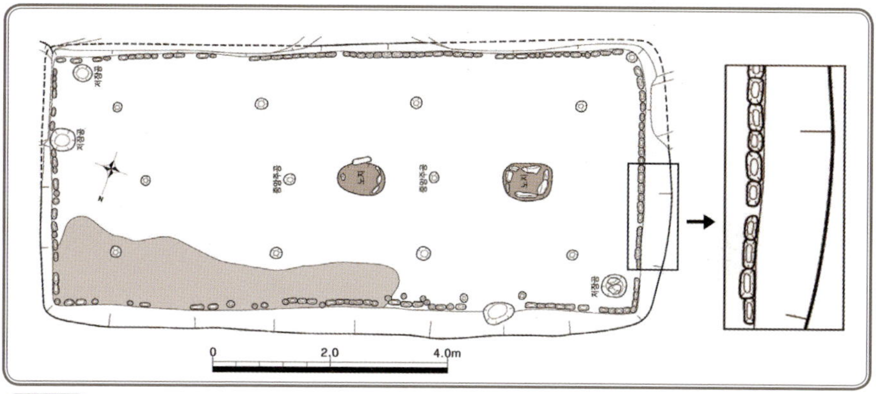

도면 42 판상으로 가공된 벽주혈(춘천 거두2지구 13호 주거지)

- **가로(橫)주혈** - 주혈은 수직으로 설치되는 것이 일반적이지만 간혹 주거지 벽에 가로(橫)나 비스듬하게 박는 주혈이 확인되기도 한다. 이것은 기둥의 견고함을 더하기 위하여 기둥을 박아 벽기둥과 결구하는 것으로 추정되는데 충적지에 조성된 주거지에서 소수(춘천 천전리 A-18호, 진주 옥방 1지구 1호 등) 확인된다.(사진 37, 도면 43 참조)

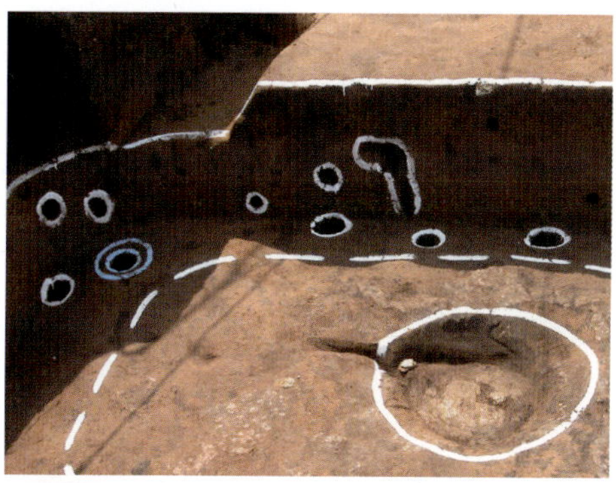

사진 37 가로주혈(춘천 천전리 A-18호 주거지)

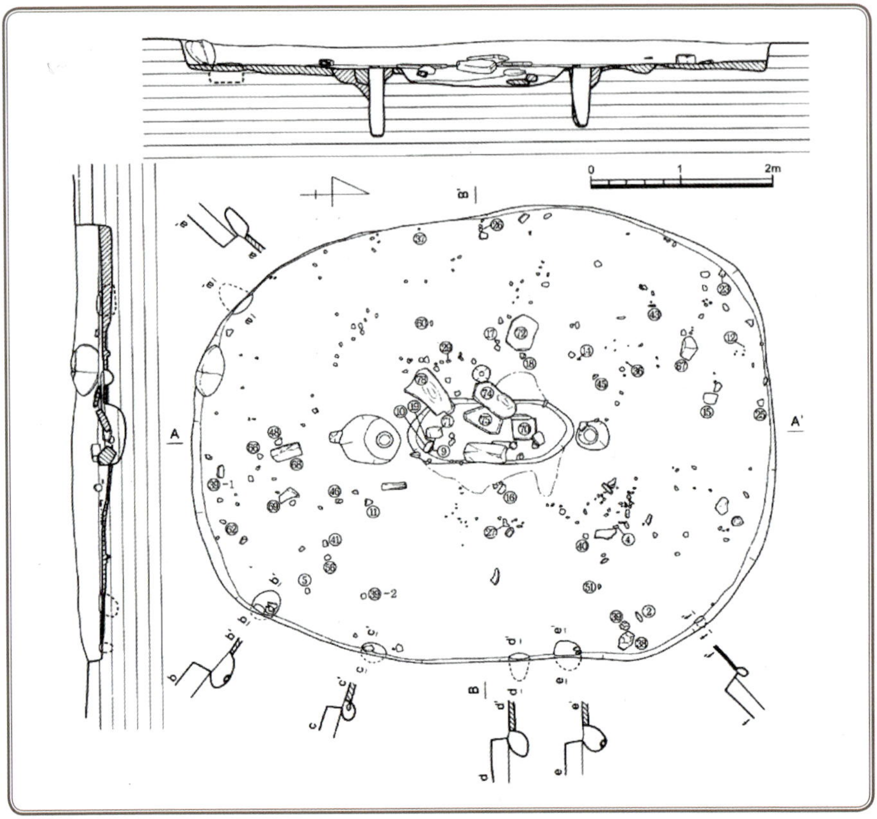

도면 43 비스듬하게 박은 주혈(진주 옥방 1지구 1호 주거지)

▪ **외주혈(外柱穴)** - 수혈주거지의 외곽에 배치되는 주혈로 흔한 것은 아니다. 청동기시대 주거지에서는 확인되지 않고 신석기시대의 대천리식 주거지에서 확인되는 경우가 종종 있다. 계룡 용동리, 홍성 송월리, 아산 장재리 유적이 대표적이다.(**사진 38** 참조)

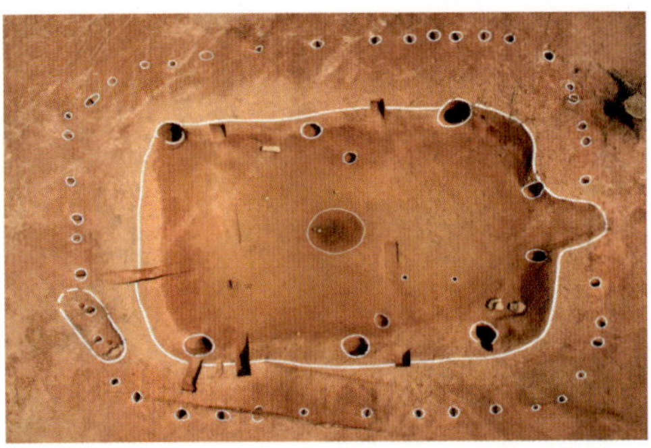

사진 38 계룡 용동리 1호 주거지의 외주혈

(3) 시설주혈

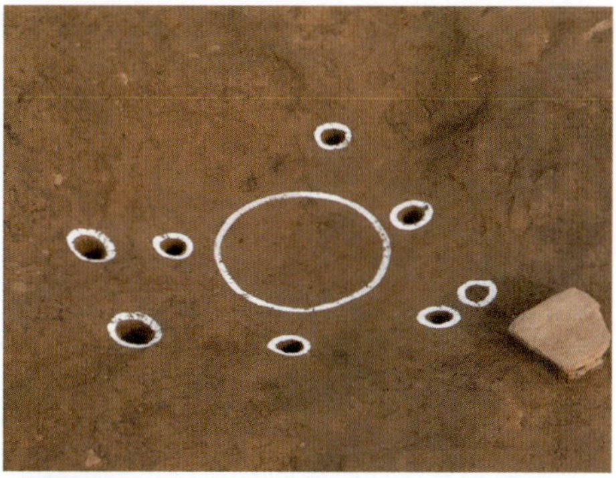

사진 39 조리용 거치주혈(용암리 19호 주거지)

건물 내부의 각종 시설, 예를 들면 선반, 침상이나 벤치상 구조물, 조리용 거치대 등의 기둥구멍으로 구체적으로 파악하기가 어려운 것이 많다. 벤치상 구조물은 용암리 19호 주거지에서 확인된 바가 있고,[36] 조리용 거치대로 보이는 주혈은 용암리 19호와 86호 주거지 등에서 확인되었다.(사진 39 참조)

(4) 주혈의 조사

주혈은 지역이나 시대(시기)에 따라 배치를 달리하는 특성이 있기 때문에 그러한 정보를 미리 파악하여 두는 것이 조사에 도움이 된다. 또한 주혈의 확인 이전에 기둥목탄의 단면형태와 크기, 길이 등도 참고하는 것이 좋다. 주혈은 기본 구조를 파악하는 것이 우선이며, 반드시 평면조사에서 주혈의 굴광선과 기둥흔적을 명확하게 파악하여야 하고 단면조사를 통하여 검증하여야 한다. 단면 확인을 위한 절개는 일반적으로 주거지의 바닥조사 단계에서 실시하지만 이 단계에서는 평면조사만 실시하고 바닥조사가 완료된 이후 절개하는 것이 조사과정상 적절하다. 주혈의 단면조사는 절반가량을 절개하는 것이 일반적인데 장방형계의 경우 중심주혈인 중앙주혈과 내측주혈은 장축방향과 나란하게 절개하는 것이 좋고 벽주혈은 벽면과 직교되게 절개하는 것이 좋다. 그리고 주혈의 조

36) 아래에서 별도로 다루었다.

사에서 기둥은 항상 수직으로 박거나 세운 것만 있는 것이 아니라는 점과 기둥을 뽑는 경우가 많다는 것을 고려하여야 한다.

4) 출입구시설

출입구시설은 주거지를 드나들기 위한 시설(통로)로 주거지 내부의 동선파악은 물론 취락의 공간 이용방식 등을 연구하는데 도움이 된다. 선사시대에는 일반적으로 신석기시대의 운서동식이나 대천리식과 같이 명확하게 돌출된 출입구시설이 확인되는 경우를 제외하면 비교적 단순한 구조라고 판단되기 때문에 출입구를 확인하기 힘들다. 대부분 벽(벽체) 상부의 일부분을 이용하여 지상화된 출입구를 갖추었다고 판단되기 때문에 조사시에는 삭평으로 인해 남아있지 않는 경우가 많을 것으로 생각된다. 출입구시설의 형태는 시설만 하는 경우와

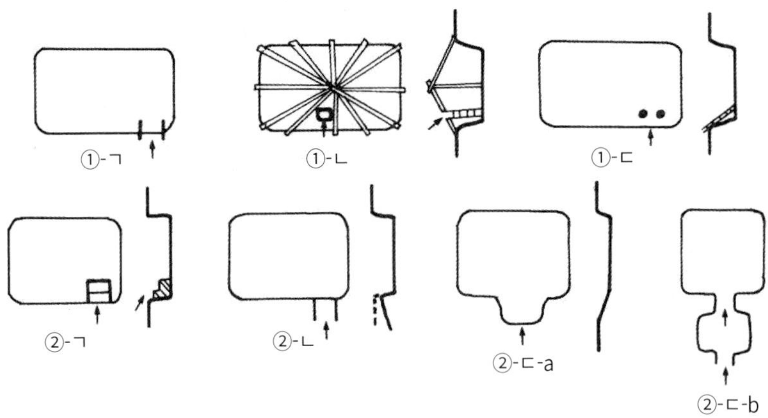

도면 44 출입구시설 분류도(취락연구회 2004 전재)

수혈을 가공하거나 성토하는 방식으로 구분할 수 있다. 전자는 간단한 문만 설치하는 경우와 지붕으로 출입하는 경우, 사다리를 설치하는 경우가 있고, 후자는 내벽을 성토하거나 삭평하여 계단이나 경사면을 조성하는 경우와 외부로 경사지게 하거나 돌출시키는 경우로 구분할 수 있다.(도면 44 참조)

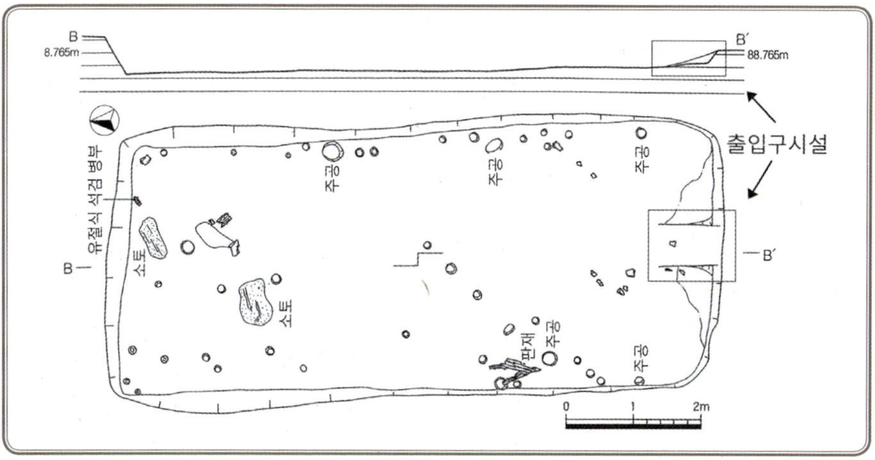

도면 45 경사식 출입구시설(거두리 5호 주거지)

청동기시대 주거지에서 확인된 출입구시설은 계단식(대구 서변동 24호)이나 경사식(춘천 거두리 5호)과 돌출식(화천 용암리 75·94호, 천안 신방동), 이들이 복합된 것(춘천 천전리 A-66호)이 있다.(도면 45 및 사진 40~41 참조)

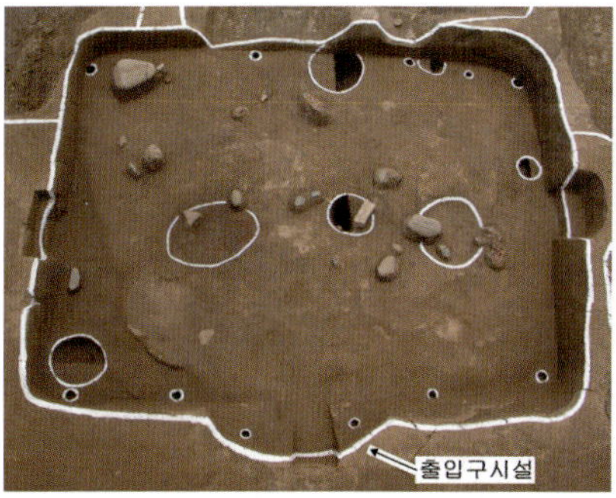

용암리 94호 주거지

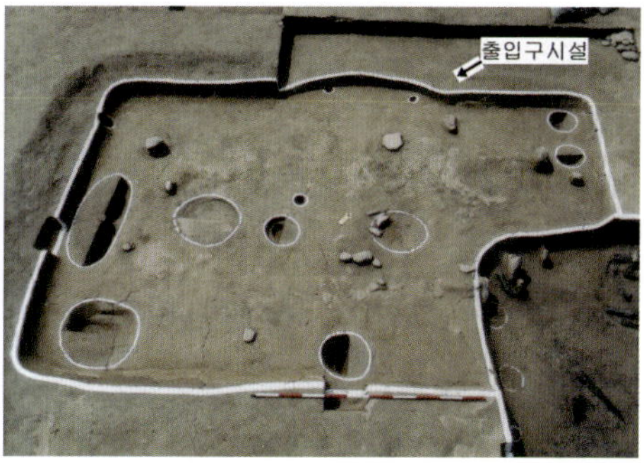

용암리 75호 주거지

사진 40 돌출식 출입구시설

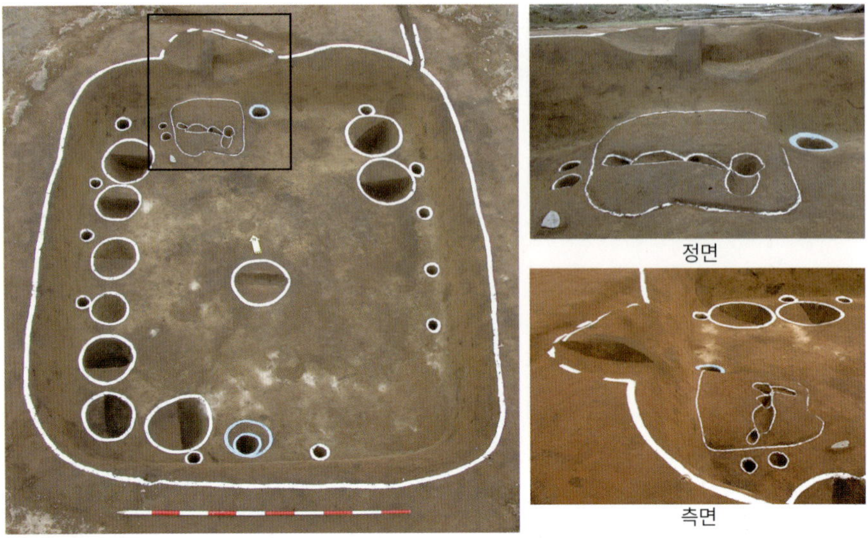

사진 41 복합식 출입구시설(천전리 A-66호 주거지)

출입구시설은 노와는 멀리 떨어진 곳에 있을 것이라는 시각이 일반적이고, 채광과 관련이 있기 때문에 남쪽에 설치될 가능성이 높다. 특별한 시설이 확인되지 않는 주거지에서 출입구를 확인하는 방법에는 여러 가지가 있을 수 있다. 벽주혈의 간격, 벽 처리상태, 경화면 등의 관찰과 유물의 배치상태, 벽구의 끊김 등으로 어느 정도 추정이 가능하다. 이러한 경우들은 매우 세밀한 관찰이 필요하다. 출입구시설을 추정할 수 있는 내용을 정리하면 아래와 같다.

❶ 벽주혈 - 벽주혈의 간격이 명확하게 일정할 때 간격이 다른 경우는 의심해 볼 수 있다.
❷ 경화면 - 출입이 잦음으로 인해 특정 구역이 주거지 내부의 다른 곳보다 상대적으로 경화도가 강한 경우이다. 주거지 내부의 동선을 고려하여 세밀하게 관찰하여야 한다.
❸ 벽 처리 - 벽 처리를 달리한 경우에 출입구시설을 했을 가능성이 있다.(사진 42 참조)
❹ 유물의 배치상태 - 사용 당시의 유물이 온전하게 남은 경우 특정 구역에 유물이 확인되지 않는다면 고려할 만 하다.

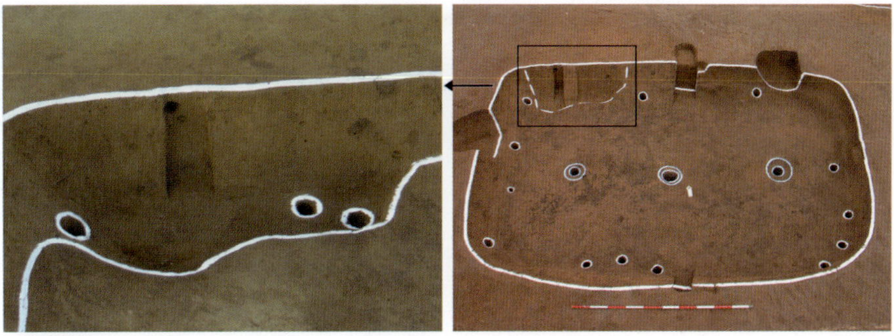

사진 42 벽 처리를 달리한 출입구시설(춘천 천전리 A-13호 주거지)

하지만 위와 같은 경우에도 한 가지 상황만 고려되는 것이 아니라 복합적으로 검토되어야 할 것이다. 평면상으로 확인가능한 돌출식처럼 명확한 시설이 갖추어진 경우가 아니면 계단식과 경사식은 하강작업시 벽부분에 주의를 기울여야 한다.

5) 저장공

저장공(또는 저장혈)은 청동기시대에는 일반적으로 확인되는 시설이지만 신석기시대에는 청동기시대에 비해 드문 편이고 배치의 정형성도 거의 없다[37]. 배치되는 위치는 명확한 패턴이 있는 것은 아니지만 주로 단벽 부근에 집중되는 경향이 강하고 장벽을 따라 열을 지어 배치되기도 한다. 평택 소사동 라지점 10호(도면 46 참조)나 인천 구월동 43호와 같이 명확하게 분리된 저장공간을 갖기도 한다. 간혹 벽가가 아닌 노나 주혈 주변에서 확인되기도 한다.

37) 비교적 명확하게 확인된 유적으로는 화성 석교리 유적 3·9·18·20·23·26호 등으로 1~5기가 저장의 기능을 가진 수혈로 판단되고 있다(중부고고학연구소 2013).

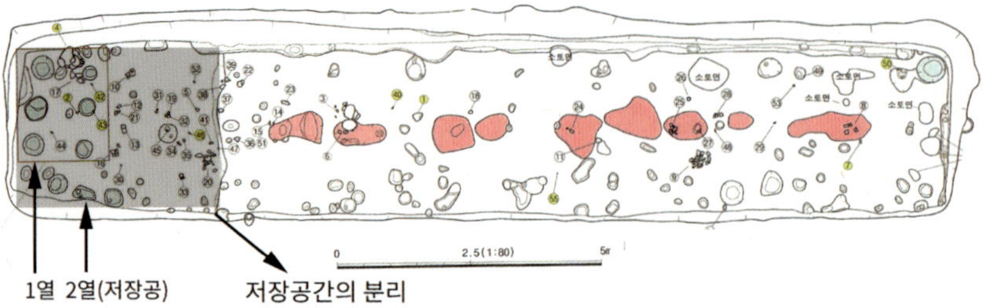

도면 46 평택 소사동 라지점 10호 주거지의 저장공간(서길덕 2012 전재)

평면형태는 대체로 원형이며 타원형도 있다. 단면형태는 반원형이 일반적이지만 역제형, 방형, 삼각형, U자형 등 다양하다.(**도면 47** 참조) 저장공은 직경 20㎝ 이하의 소규모도 다수 있기 때문에 중심주혈과 구분이 어려운 경우가 많으므로 중심주혈의 위치와 크기를 고려하여야 한다. 단면조사는 규모에 따라 사분법이나 이분법으로 절개조사를 실시하며, 벽과 직교되게 토층둑을 남기는 것이 좋다. 토층조사에서 고려할 만한 것은 주거지 확장시 고의적으로 매몰한 경우가 있기 때문에 주의를 기울여야 한다.

도면 47 저장공의 단면형태(서길덕 2012 전재)

저장공은 저장되는 내용물에 따라 약간의 차이가 있다. 내부에는 저장용의 호나 발 등의 토기류가 박혀 있기도 하고, 석재 또는 석기, 점토(태토, 土塊) 등이 저장되어 있기도 한다. 저장용토기가 안치되어 있는 것은 종종 확인되지만, 실제 조사에서 빈 공간으로 확인되는 경우가 많기 때문에 저장공 내부의 바닥조사(토기 박힌자국)에 신중할 필요가 있다. 또한 내부에 탄화된 곡물이 남는 경우도 있기 때문에 채질을 할 필요도 있다.(**사진 43** 참조)

토기(금곡동 12호 주거지)

토기(금곡동 4호 주거지)

토기(용암리 85호 주거지)

석기(용암리 141호 주거지)

태토(신매리 54-4번지 12호 주거지)

토괴(거두2지구 북-7호 주거지)

사진 43 저장공 내부 저장물 종류

6) 이색점토구역[38]과 작업공

작업공은 일반적으로 역삼동식주거지에서 종종 확인되는 시설이지만, 강원 영서지역 북한강유역의 청동기시대 천전리식주거지에서는 가장 특징적인 시설로 이색점토구역과 작업공이 함께 확인된다. 이색점토구역은 노가 설치되지 않은 단벽쪽 공간(작업공간)의 바닥 전면이나 일부분에 할석립이 혼입된 적색조의 황갈색 또는 적황갈색의 정선된 점토를 2~10㎝의 두께로 포장한 구역이

38) 이색점토구역을 일반적으로 점토(다짐)구역이라고 하지만 주거지 바닥 전면을 점토로 다짐하는 것과는 의미와 기능이 다르고, 재료 자체도 주변에서 쉽게 구하기 어렵기 때문에 그와 구별하여 이색점토구역이라는 용어를 사용한다.

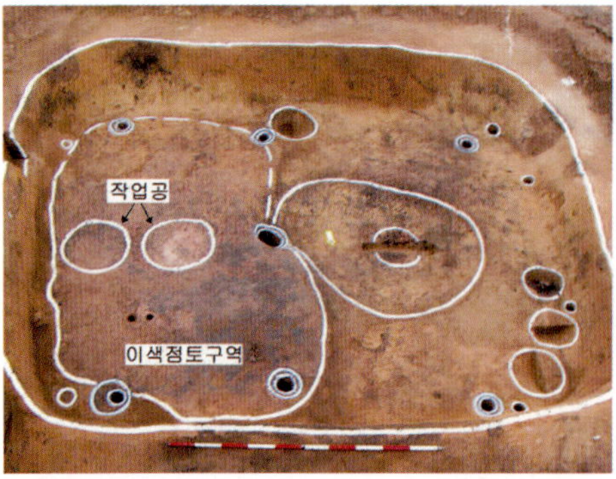

사진 44 작업공과 이색점토구역(천전리 A-47호 주거지)

다.(사진 44 참조) 단벽쪽의 전면이나 일부분에 점토를 바르는 것이 일반적이지만 양구 고대리 유적 43·57·83·89호의 경우와 같이 노가 설치된 부분을 제외한 주거지 전면을 포장한 것도 있다.(도면 48 참조) 이색점토구역 중앙에는 반드시 (타)원형의 작업공이 배치되므로 작업공과 필수적인 관계에 있는 시설이다.

작업공은 평면 (타)원형의 형태이고 지름 50~60㎝, 깊이 15㎝ 이하이다. 내부에는 별다른 흔적이 관찰되지 않지만, 이색점토구역의 다른 부분과 달리 바닥은 정선된 점토로 매우 치밀하고 매끄럽게 처리되어 있다. 주기능은 형태와 구조, 바닥상태, 출토유물 등으로 보아 석기의 제작 과정에서 마연과 세척에 관련된 용수를 일시적으로 저장하는 간이 저수시설로 추정되지만, 춘천 중도 유적[39]에서 출토된 목기(사진 45 참조)를 고려한다면 작업과 관련된 다양한 기능도 상정된다. 대체로 1~3기가 설치되지만 4기(중도 유적 고려 D2-32호와 한

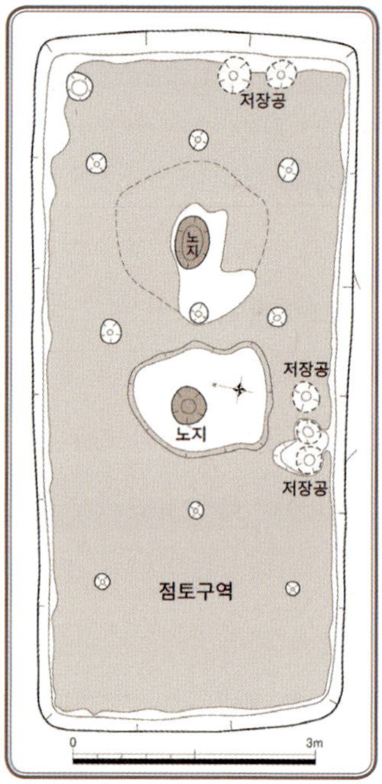

도면 48 양구 고대리 89호 주거지

39) 성격이 명확하지 않지만 원통형의 탄화된 목기가 다수 출토되었다.

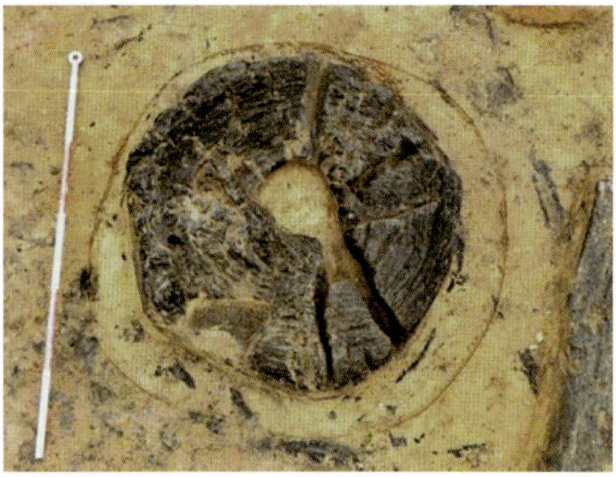

사진 45 작업공 내 목기(중도 고려 D3-23호 주거지)

얼 316호)까지 확인되는 예도 있다. 송국리형 주거지의 타원형 구덩이와 비교하여 볼 수도 있으나, 기본적인 구조나 형태, 성격 등에서 차이가 있다. 전형적인 천전리식주거지에서는 이색점토구역과 작업공이 함께 확인되지만 천전리유형의 형성 이전 단계에서는 작업공만 확인되기도 한다(金權中 2005).

이색점토구역과 작업공의 조사는 특별한 사항은 없지만 평면조사에서 명확한 범위를 확인하는 것이 중요하고, 사용된 점토의 토질과 잔존상태를 기록하는 것이 필요하다. 또한 가능하다면 사용된 점토의 성분분석을 통해 산지분석도 실시되어야 한다. 이색점토구역은 절개조사를 통하여 다짐의 두께와 양상을 파악하는 것이 필요한데, 절개조사는 장축방향과 나란하게 하여 단면조사를 실시하는 것이 좋다.

7) 타원형 수혈

송국리형 주거지에서 일반적인 시설로 중앙주혈 사이의 공간에 배치된다. 여러 가지 표현을 쓰고 있는데, 가장 보편적으로 쓰이는 용어로는 타원형 수혈(타원형 구덩이), 타원형 작업공 등이다. 타원형 수혈의 용도는 보관, 노, 집수, 작업 등의 기능(이종철 2015)을 상정하고 있다. 이는 구덩이에서 석기나 옥을 제작하면서 사용했을 것으로 보이는 여러 가지 석기류가 많은 유적에서 확인되고 있기 때문이다. 또한 구덩이에서 소토나 목탄과 같이 불과 관련되는 것들도 출토되고 있어 노로 쓰는 사례도 있다. 또한 유물의 출토양상에서 보관구덩이의 성격이 강한 것으로 파악되기도 한다. 이와 같이 타원형 수혈은 다양한 기능이 상정되기 때문에 내부조사시 세밀한 관찰이 중요하다. 일반적으로 저장공이나 작업공과 같은 방식의 단면조사를 실시하고 중심주혈과의 관계를 고려하여 동일한 방향으로 절개조사를 실시하여야 한다.

8) 선반시설棚狀施設과 벤치bench상 구조물

선반시설, 즉 붕상시설은 조(竈, 부엌)를 가진 수혈주거의 수혈벽에 접해서 평행하게 설치된 단으로서 조리도구와 식기류 등 식생활에 관계된 도구의 수납공간 역할을 하는 곳이다. 수혈주거에서는 벽면의 외부에 설치되는 경우도 있고, 내부에는 상단에 판자를 걸쳐 만든 선반시설도 포함시키는 경우가 있다.

벤치상 구조물은 일종의 베드bed상 구조물이라고도 할 수 있다. 용암리 19호 주거지에서는 2×4열의 구조를 가진 소주혈이 장벽을 따라 각각 3기와 1기가 확인되었다.(사진 46 참조) 길이는 1.9m 내외이고, 폭은 65㎝ 내외이다. 공통적으로 하부에는 저장공으로 판단되는 원형의 수혈이 설치되어 있는데 주거지 내 공간을 효율적으로 사용하기 위한 것으로 판단된다. 또한 기능적인 측면에서 일상생활에서는 벤치로 사용되고, 수면시에는 침상의 기능으로도 사용되었을 가능성도 있다. 벤치상 구조물은 일반적으로 지름 5㎝ 내외의 작은 기둥으로 구성되며, 벽을 따라 설치되기 때문에 벽 부근에서 다수의 작은 주혈이 확인될 경우 가능성을 가지고 조사해 볼 필요가 있다. 벤치상 구조물의 조사는 형태와 배치간격을 고려하는 것이 중요하다.

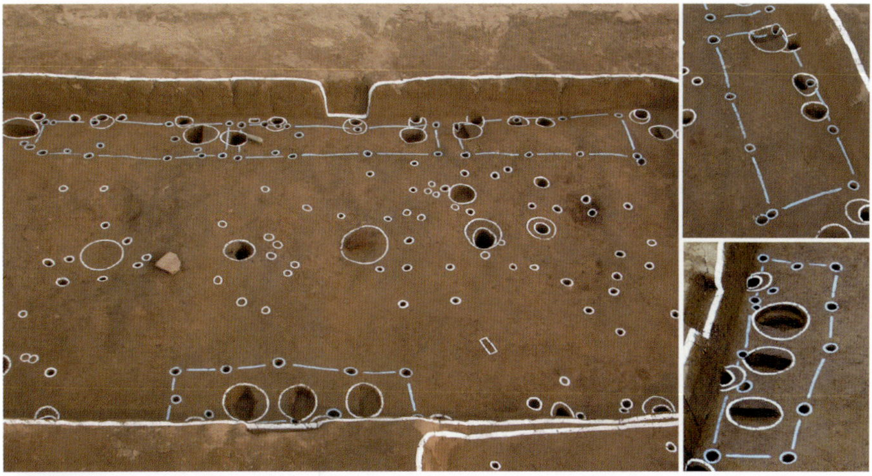

사진 46 화천 용암리 19호 주거지

(9) 벽구와 (외부)돌출구, 주구(외부구, 외곽주구)

벽구와 (외부)돌출구, 주구(외부구, 외곽주구)는 신석기시대에는 거의 확인되지 않으며[40] 청동기시대에 많이 확인되는 구溝시설이다. 벽구는 수혈주거지 벽을 따라 설치한 내부의 구로 제습용과 벽체용으로 구분된다.

일반적으로 구릉에 위치한 수혈주거지(사진 47 참조)의 경우 제습용(배수용) 홈의 기능을 갖고 외부로 돌출된 것이 많지만 충적지의 수혈주거지에서는 제습용 보다는 벽체의 기초를 만들기 위한 벽체용 홈으로 확인되는 경우가 많다. 벽구의 평면형태는 일자형, ㄱ자형, ㄷ자형, ㅁ자형 등이 있다.

벽구의 조사에서는 개방 여부와 둑의 존재 여부가 중요하다. 개방의 여부는 벽구가 단순히 제습용의 배수구 기능인지, 아니면 벽체를 조성하기 위한 기능

40) 대전 신관동 유적의 1호 주거지에서 단시설 외곽을 따라 벽구가 설치되어 있고, 화성 석교리 유적 15·16·18·23호 주거지와 같이 벽 일부에서 벽구가 확인되는 정도이다.

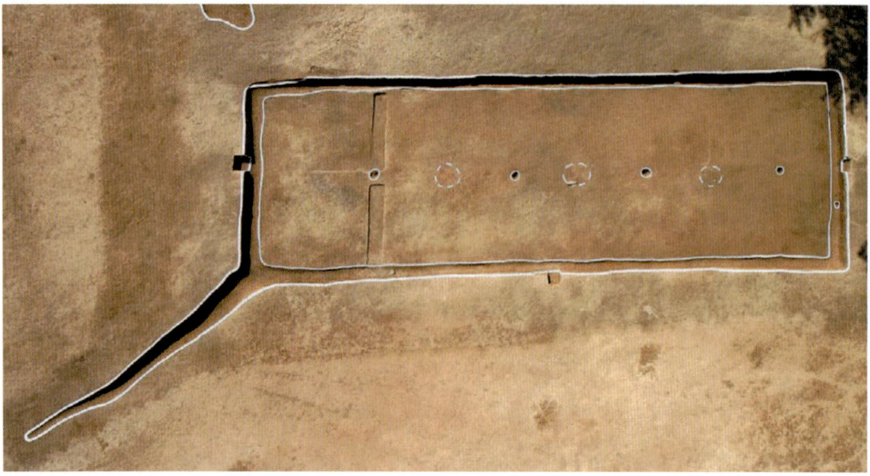

사진 47 동해 지흥동 가-1지점 3호 주거지 돌출구

인지를 판단하기 위한 것이다. 내부의 흙이 자연퇴적층일 경우 벽구는 개방 가능성이 높고, 인위적인 매몰토(복토)일 경우는 벽구를 조성하기 위하여 묻은 것으로 판단할 수 있다. 또한 벽구 바깥인 주거지 내측으로 둑을 설치한 사례가 종종 확인된다. 대구 팔달동 14호 주거지가 그런 예로 토층조사에서 주의를 기울여야 한다.(도면 49 참조)

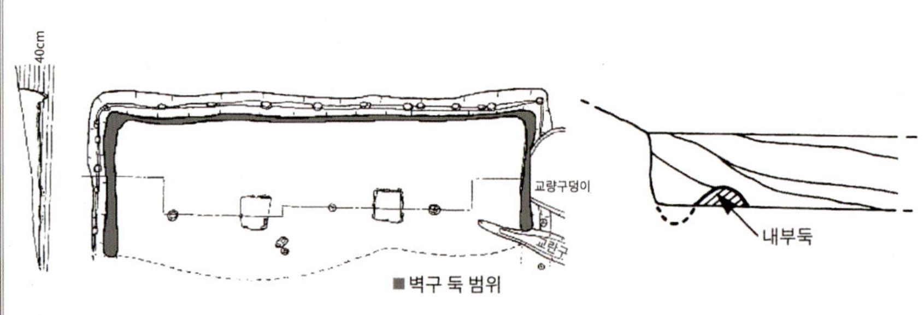

도면 49 팔달동 14호 주거지의 벽구 둑과 단면 토층(유병록 2012 인용·수정)

(외부)돌출구는 벽구에서 연결되어 주거지 모서리에서 바깥으로 돌출된 구이다. 울산을 중심으로 한 남동부지역의 청동기시대 수혈주거지인 검단리식주거지에서 주로 확인되고 구릉에 입지한 수혈주거지인 역삼동식주거지에서도 확인되는 경우가 많다. 돌출구가 아닌 암거식구조로 확인되는 경우 석조식과 생토를 관통해 만든 터널식으로 구분할 수 있다. 암거식은 상부에 흙이 덮여 있었을 것이므로 주거지 외곽둑〔周堤〕의 존재를 상정할 수 있는 근거 중의 하나로 보기도 한다(서길덕 2012).(**도면 50** 참조)

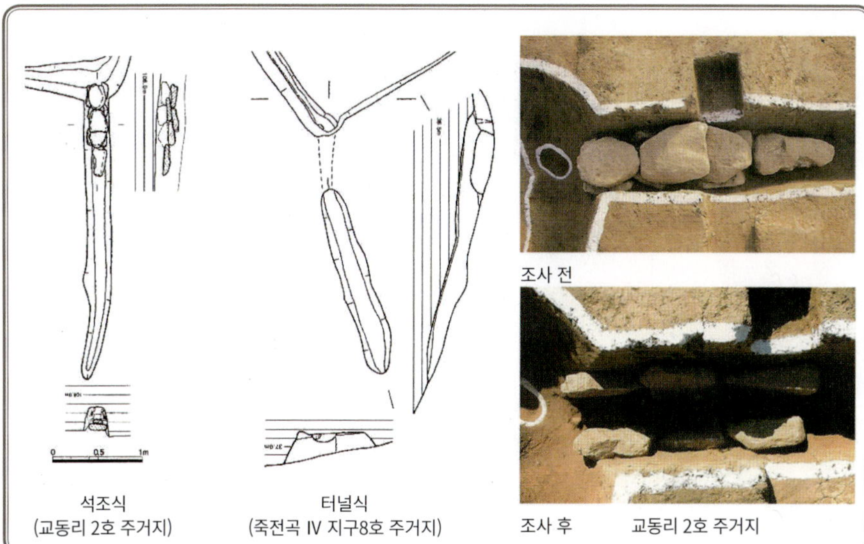

도면 50 돌출구의 종류와 석조식의 조사 과정(김현식 2008 인용·수정)

주구(외부구, 외곽주구)는 울산지역의 울산식(연암동식)주거지에서 확인되는 시설로 주거지 외곽을 두른 구이다. 기능은 배수와 관련된 시설로 보고 있으며 주제의 범위를 추정하는 근거로도 보고 있다. 울산식주거지 내부의 토층에서 공통적으로 벽쪽에 경사지게 퇴적된 층이 확인되는데, 이 토양의 성질이 주거지의 기반층과 매우 유사하다. 이는 주제가 붕괴되어 퇴적 형성된 층이다(金賢植 2008). 그러므로 주구가 확인된 주거지의 조사에서 중요한 사항은 내부의 토층 양상을 파악하는 것이다.(도면 51~52 참조)

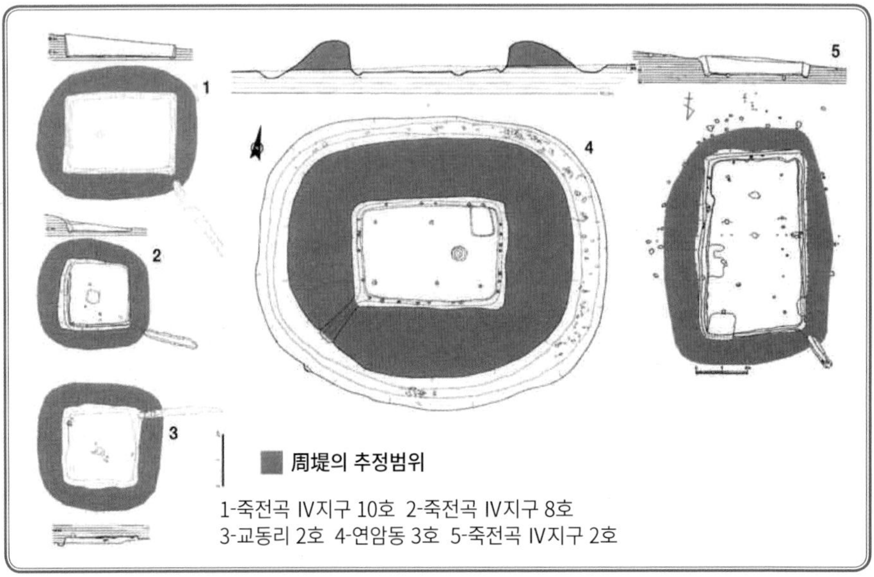

도면 51 울산식주거지 주구 내 주제의 범위(김현식 2008 전재)

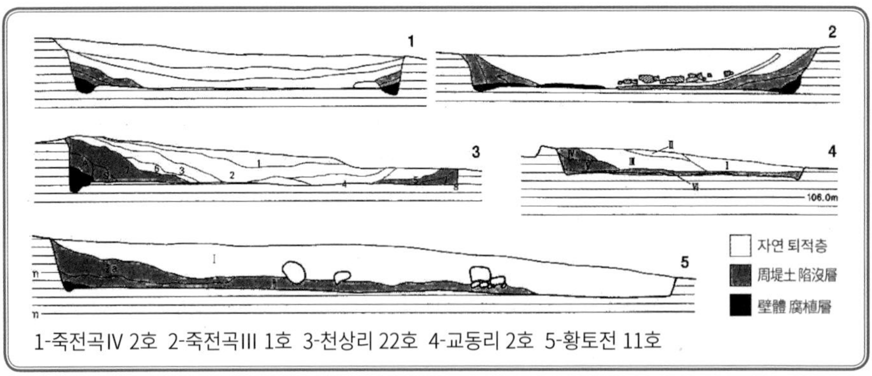

도면 52 울산식주거지 주제 매몰층(김현식 2008 전재)

10) 단시설

단시설은 수혈주거지 최초 조성시에 함께 마련되거나 사용시 확장된 것으로 추정된다. 신석기시대의 운서동식이나 대천리식, 신길동식 주거지에서는 일반적으로 발견되고, 청동기시대에는 드물지만 일부 주거지에서 확인되었다.

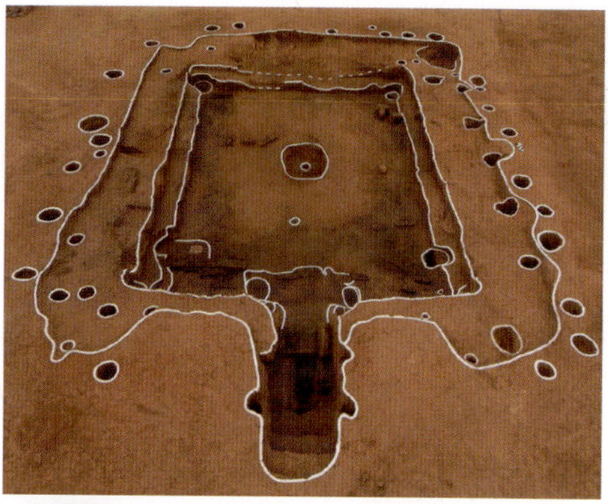

사진 48 대천리식주거지의 단시설(봉담2보금자리 가-4-f지점 주거지)

먼저 신석기시대의 단시설은 주거지 네 벽 전체를 두른 것과 일부만을 두른 것으로 구분된다. 운서동식주거지에서 가장 일반적이고 대천리식주거지는 아산 성내리 4호, 김포 운양동, 화성 봉담2보금자리 유적(사진 48 참조) 등에서 조사되었다. 신길동식주거지는 화성 석교리 유적과 인천, 삼목도Ⅲ 유적과 중산동 유적, 안산 대부북동 유적 등 대부분 중서부해안 및 도서지역에서 확인되는 특징이 있다. 신석기시대 단시설의 성격에 대해서 운서동Ⅰ 유적의 보고자는 단시설을 장방형의 침상시설과 모서리의 수납, 의례의 단시설로 구분하고 있다(중앙문화재연구원 2010a).(도면 53 참조)

청동기시대 단시설은 네 벽 전체를 이용한 것은 없고 주로 단벽, 단벽과 장벽, 양단벽과 장벽을 이용한 것이 확인된다. 천안 신방동, 양양 임호정리(B-1호), 인천 구월동(29~31호, 34호, 41호), 인천 검단신도시 등의 유적이 대표적이다. 인천 구월동 유적에서는 무려 5기의 주거지에서 다양한 구조의 단시설이 확인되었는데 보고자는 축조 당시에 의도적으로 단을 두고 굴착한 것으로 판단하고 있다. 주거지 내부에 비해 단시설 상부에서 토기, 석기 등의 출토비율이 높은 것으로 볼 때 선반 혹은 저장 등의 시설로 이용된 것으로 추정된다(한강문화재연구원 2014).(도면 54 참조)

단시설은 신석기시대에는 평면조사에서 확인되는 경우가 많지만 청동기시대에는 평면조사에서 확인이 어렵기 때문에 탐색트렌치의 토층조사에서 주의를 기울여야 한다.

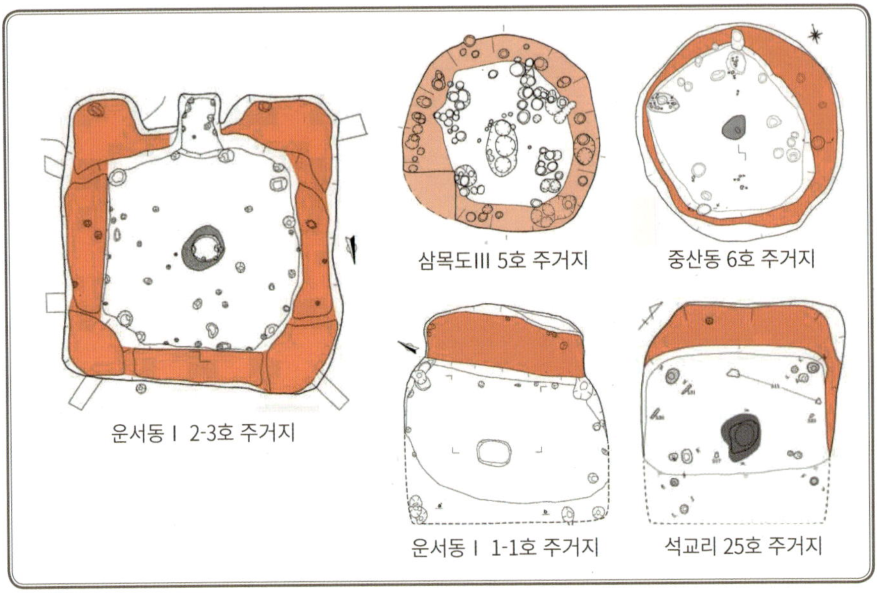

도면 53 운서동식주거지의 단시설(중부고고학연구소 2013 수정)

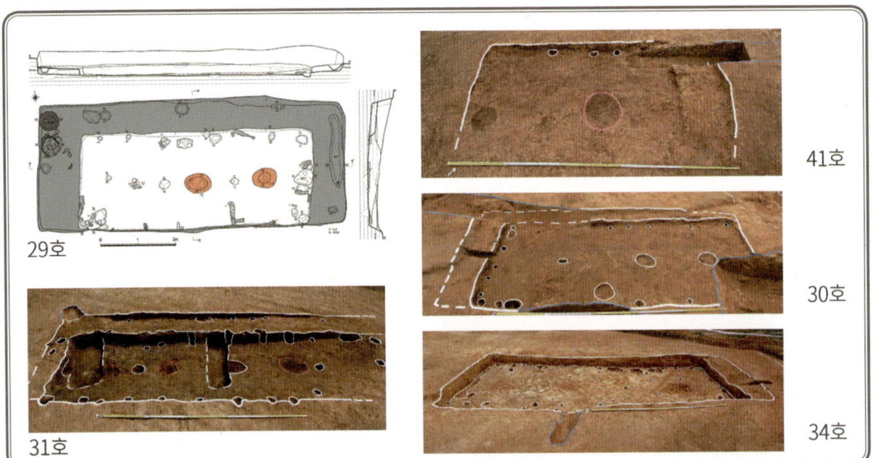

도면 54 구월동 유적의 단시설

11) 적석층

적석층은 수혈주거지 사용 당시의 시설은 아니지만 주거지 폐기 과정이나 이후에 나타나는 현상이다. 울산지역의 방기리, 서부리 남천, 구수리, 효문동 죽전곡(A·B지구), 다운동 유적 등과 대구 상인동 98-1번지 유적, 가평 읍내리 유적 등 많은 유적에서 이러한 현상이 확인되고 있는데 주거지 구축시 주제周堤와 관련(건축부재)되거나 폐기와 의례 등 다양하게 해석하고 있으며 대부분 화재 주거지에서 확인되는 현상이다. 적석의 형태를 유형화하기는 어렵지만 크게 한 곳에 집중하는 것, 군데군데 집중하는 것, 주거지 전면에 산재하는 것 등의 세 가지 정도의 분류가 가능하다고 한다(金賢植 2005; 李炫錫·金鍾昊 2005). 적석층의 조사는 층위를 비롯하여 재료(돌감), 출토유물 등의 파악이 적석층의 성격을 밝히는데 매우 중요하다. 이 가운데에서도 층위의 파악이 가장 중요하다고 판단된다.(도면 55~57 참조)

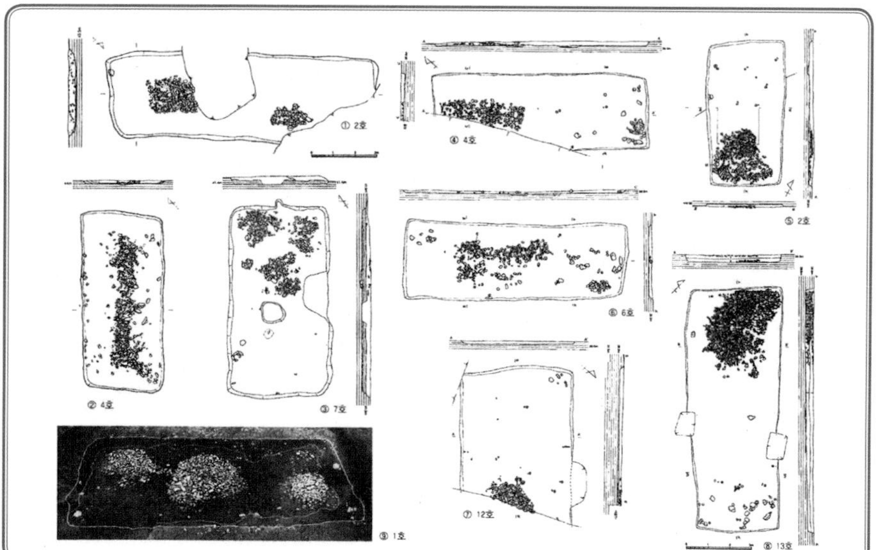

도면 55 상인동 98-1 유적의 적석의 양상(유병록 2012 전재)

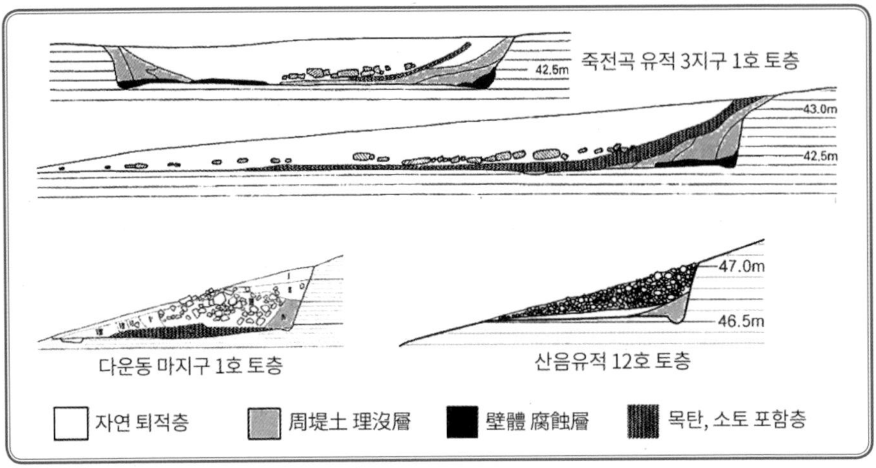

도면 56 적석의 층위(김현식 2005 전재)

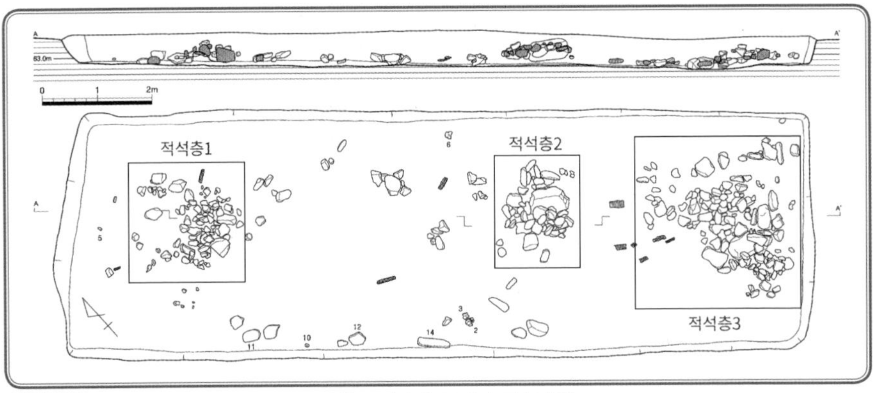

도면 57 가평 읍내리 766-3번지 유적 청동기시대 주거지 적석현상

(12) 집수시설(집수정)과 유인수로

송국리형주거지에서 구가 중앙의 타원형 수혈에 집중되거나 연결된 경우가 종종 있다. 보령 관창리 유적이나 제주 외도동 유적의 예에서 확인된다. 이러한 시설은 내부로 스며든 수분에 대한 제습의 목적(김정기 1996)이거나 타원형 구

덩이에 물을 집중시켜 석기제작 등의 2차적 용도로 사용하였을 가능성(김재호 2005)이 있다. 한편 청동기시대 주거지는 아니지만 외도동 유적의 경우 벽구와 내부 구덩이를 연결하는 십자, 혹은 방사상의 구가 설치되었는데, 구 내부에 잔자갈을 깔고 토기편을 세운 후 다시 토기편으로 덮었다. 또한 중앙의 구덩이에는 물을 모으기 위해 토기를 놓거나 2단의 방형 석곽시설을 설치하였다. 외도동의 주거지는 전형적인 송국리형주거지와 유사해 송국리형주거지에서 발전한 형태로 보는 시각이 있다.(사진 49~50 참조)

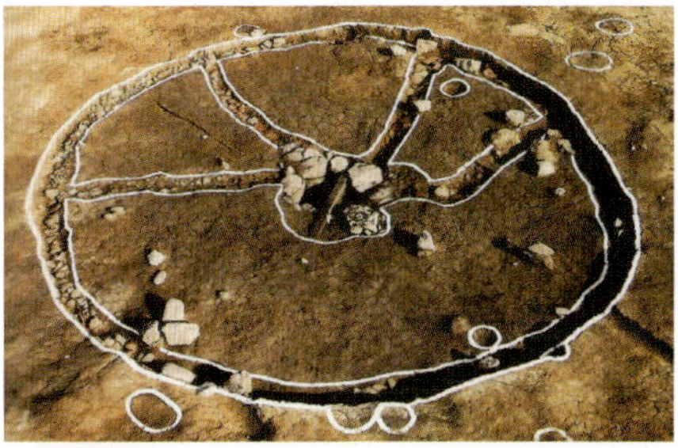

사진 49 제주 외도동 유적 집수형태 및 집수시설

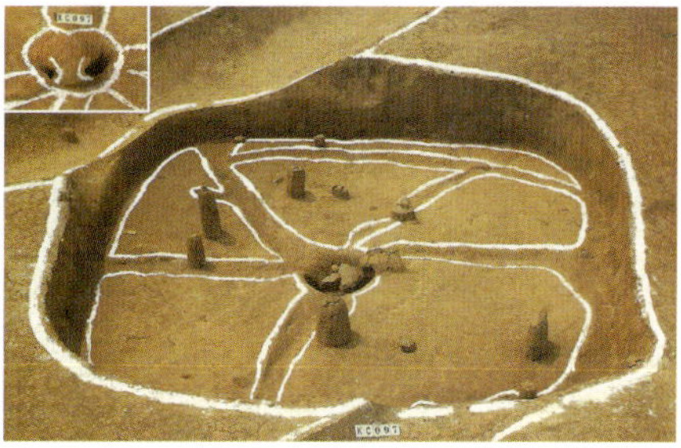

사진 50 보령 관창리 유적 KC056·097호 집수시설과 유인수로

13) 집석시설

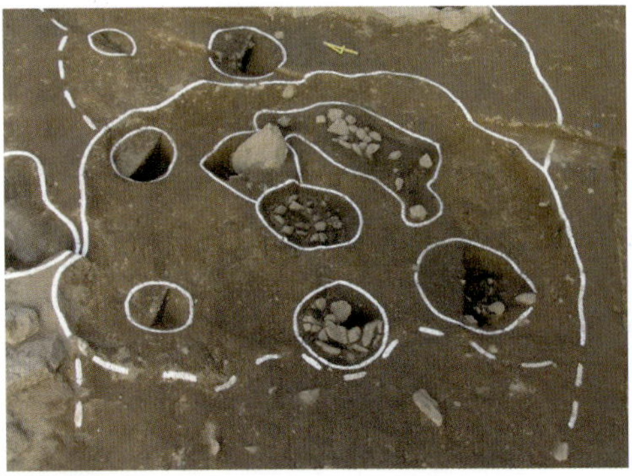

사진 51 호평동 지새울 유적 3호 주거지

신석기시대에는 일반적인 형태의 노가 설치되어 있으면서 별도의 집석시설이 확인되는 예가 있다. 주로 중서부 해안지역에 분포하는 유적에서 확인되는 지역적 특성을 가진 것들인데 중복된 것으로 보고되기도 하지만, 내부시설로 인정할 수 있는 것들이다. 대표적인 유적으로 용인 농서리 유적(A-1·6호), 안산 신길동 유적(21·22호), 인천 운서동 유적(Ⅰ), 화성 석교리 유적(7·13호) 등이다.

이러한 시설은 대부분 용도미상으로 추정하고 있으나, 목탄과 돌에 피열된 흔적이 남은 것이 있어 불씨 저장 내지는 조리와 관련한 것으로 추정된다. 그러나 주거지 벽에 인접해 있다는 점에서 다른 용도의 가능성도 있다.(표 11 참조)

이외 남양주 호평동 지새울 유적 2지점 3호 주거지에서도 4기의 집석시설(소형 적석식 노)이 보고되어 있는데 내부에서 탄화된 도토리와 가래씨앗이 출토되었다.(사진 51, 도면 58 참조)

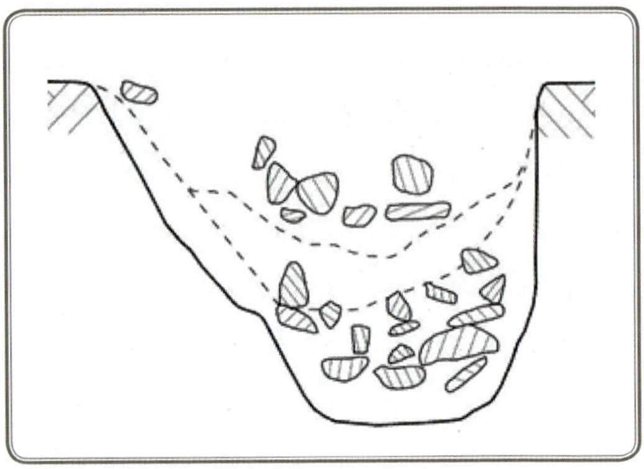

도면 58 집석시설 단면 모식도

표 11 중서부 해안지역 신석기시대 집석시설 현황(金權中 2012 편집)

유구	사진(주거지)	사진(집석시설)	특 징
농서리 A-1호	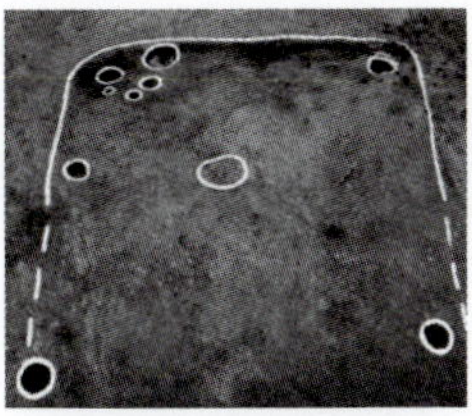		용도 미상의 수혈로 보고됨. 동벽에 접하여 조성되었으며, 평면형태 원형이고, 규모는 직경 30㎝, 깊이 20㎝. 내부에는 가공흔적이 없는 맥석영제의 돌들이 채워져 있으며 돌의 크기도 일정하지 않음.
농서리 A-6호	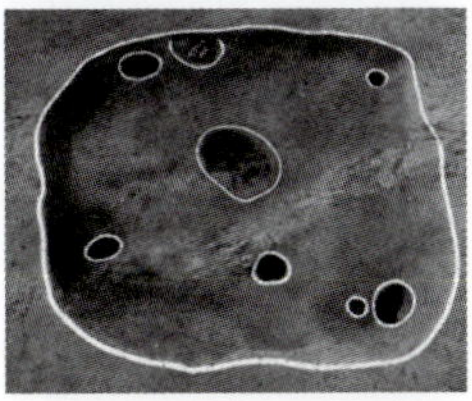	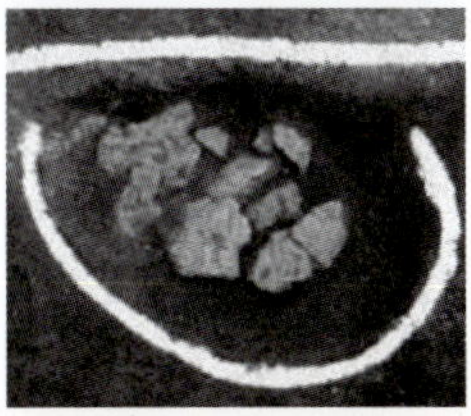	용도 미상의 수혈로 보고됨. 남동벽에 접하여 동쪽으로 약간 치우쳐 위치하며, 평면형태 타원형에 가깝고, 규모는 길이 62㎝, 너비 46㎝, 깊이 22㎝임. 내부에는 가공흔적이 없는 맥석영제의 돌들이 채워져 있으며 크기가 일정하지 않음.
신길동 21호	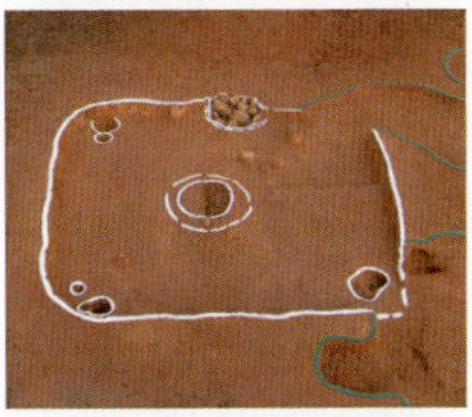		주거지 동벽에 중복된 원형수혈로 보고됨. 지름 67㎝, 5㎝내외로 주변이 소결된 흔적이 보임. 수혈유구 내부에는 15~20㎝ 내외의 할석재가 불 맞은 상태로 다량의 목탄과 함께 채워짐. 벽과 바닥부에 두껍게 소결된 흔적으로 보아 오랜 시간 사용된 것으로 보임.
신길동 22호	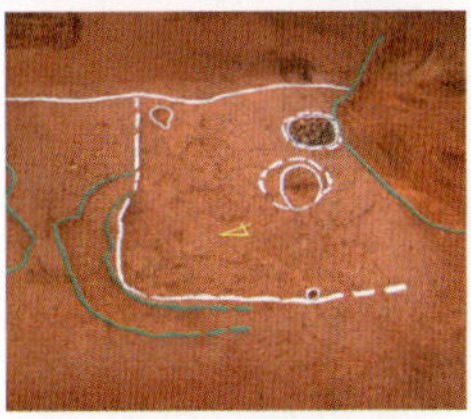		주거지가 조성된 이후에 중복된 수혈유구로 판단. 원형으로 지름 50㎝ 가량의 수혈을 파고, 내부에 5~10㎝ 가량의 석영석재가 불 맞은 채로 다량의 목탄과 함께 조사됨. 내부 벽과 바닥에 단단하게 소결된 점으로 보아 오랜 시간 사용된 것으로 판단됨.
운서동 I - 2지점 16호	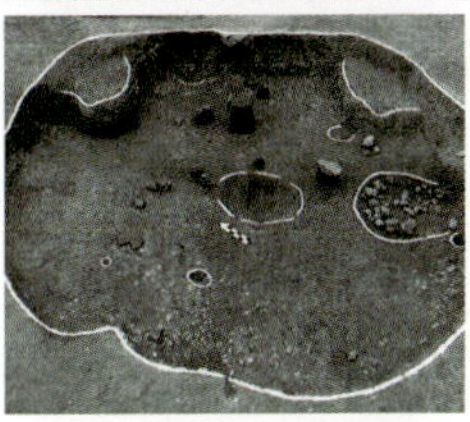		주거지의 동쪽 바닥면에서 노출됨. 노에서 약 85㎝ 떨어져 있으며, 규모는 길이 120㎝, 너비 약 95㎝임. 내부에는 10㎝ 정도의 할석이 있으며, 바닥면과 할석 사이에는 목탄이 노출되었음. 바닥면은 소결된 흔적이 뚜렷하게 확인되지 않음.
석교리 13호	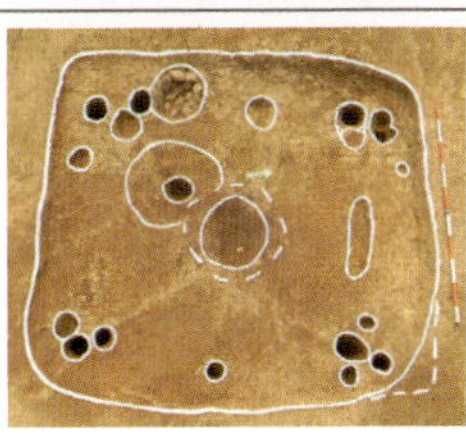		서쪽 벽면에 조성되어 있음. 원형의 수혈 바닥면에 석재를 1~2단 정도 깔고, 수혈벽에 연접하여 석재를 세운 형태이다. 석재의 내면에 피열흔이 집중적으로 관찰.

03

원삼국~삼국시대

원삼국~삼국시대의 수혈주거지는 평면형태와 구조가 다양하며 지역에 따라 차이를 보이다. 대체로 중부지역은 여·철자형 주거지, 서남부지역(호서와 호남)은 방형계의 4주식 주거지, 영남지역은 (타)원형계 주거지가 대표적이다.[41] 여·철자형 주거지는 선사시대와 달리 구조가 복잡한 편이지만, 상대적으로 방형계 4주식 주거지와 (타)원형계 주거지의 구조는 노시설을 제외하면 선사시대 주거지와 큰 차이를 보이지는 않는다. 아래에서는 중부지역, 서남부지역, 영남지역으로 구분하고 각 지역을 대표하는 주거 형식을 중심으로 설명하고자 한다. 지역별 조사방법의 설명은 구조가 복잡한 중부지역 여철자형 주거지를 중심으로 자세하게 기술하고, 서남부지역과 영남지역은 주요 내부시설을 중심으로 간략하게 설명하고자 한다.

41) 각각의 주거 형식은 지역별로 대표성을 띠지만 경기 서부지역에서 방형의 4주식 주거지, 호서의 천안, 대전 등의 지역에서 여·철자형 주거지, 호남 동부지역에서 (타)원형계 주거지, 영남 동부지역에서 방형 주거지가 확인되고 있어 지역과 형식이 일치하는 것은 아니다.

1) 중부지역

(1) 노시설[42)]

원삼국시대 초기 노시설은 노만이 사용되었다. 굴착 형식에 따라 토광식, 위석식, 부석식 등(林潤美 1990)으로 세분된다. 이후 '중도식노(점토띠식노)', '아궁이식노', '지각식노'(박경신 2015: 55)가 새롭게 추가된다.(도면 59 참조) 우선 중도식노는 바닥면에 강자갈이나 편편한 돌을 깔고 그 위에 점토를 발라 바닥면을 구성한다. 그리고 노 주위를 점토띠로 둘러 마감하며 뒷면에는 불막음 돌을 세워 완성한다. 특징적인 것은 중도식노 후면에는 반드시 원형의 주혈이 발견된다. 이 주혈의 용도는 주거의 보조 기둥 혹은 취사용기를 고정하는 고정대로 보고 있다. 다음으로 아궁이식노는 중도식노의 불막음돌 위치에 판석으로 아궁이형태의 시설물을 한 것이다. 주로 남한강 및 영동지역에서 발견된다. 마지막으로 지각식노는 3개의 세장한 돌을 세워 만든 것으로서 노의 우측 후면에 인접하여 시설된다.

---

42) 노시설의 종류는 선사시대에는 노만이 존재하기 때문에 '노'라는 용어를 사용하고, 원삼국시대에는 노, 외줄구들(쪽구들), 부뚜막으로 다양해지기 때문에 전체를 아우르기 위해 '노시설'이라는 용어를 사용한다.

도면 59 원삼국시대 새롭게 등장하는 노(爐)의 종류

원삼국시대는 새로운 형태의 노(爐)가 등장함과 동시에 새로운 노시설로서 외줄구들(쪽구들[43])이 등장한다.(**도면 60** 참조) 외줄구들은 후벽에 중심 고래가

---

43) 외줄구들과 쪽구들이라는 용어는 연구자에 따라 달리 사용되지만 이하에서는 외줄구들로 통일하여 사용한다.

시설된 '후벽부 외줄구들'과 우측벽에 시설된 '측벽부 외줄구들'로 나뉜다(박경신 2016). 외줄구들은 혹한기에 유리한 구조적 장점을 가지고 있다. 그러나 혹서기 등에는 주거 전체의 온도를 상승시켜 불리한 구조이다. 따라서 외줄구들은 주로 노와 함께 발견되는 사례가 많다. 이렇게 복수의 노시설이 발견되는 양상은 부뚜막이 등장한 이후에도 지속된다.

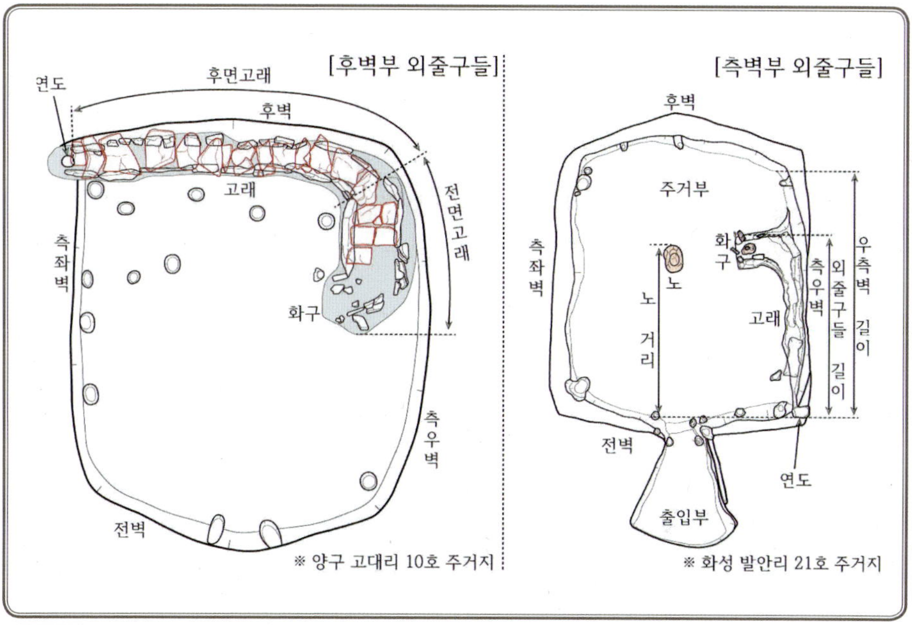

도면 60 외줄구들의 형식별 세부명칭(박경신 2016b: 도면 1 부분 수정 전재)

마지막으로 부뚜막은 원삼국III기에 등장한다. 부뚜막이라는 용어는 사전적으로 '솥을 거는 부분'에 한정되기 때문에 'ㅣ자형 외줄구들'로 부르는 경우가 많다. 그러나 부뚜막과 고래를 구분하는 기준이 모호하다. 그리고 부뚜막은 외줄구들과 계통적으로 다르고(이홍종 1993; 박경신 2006; 박중국 2011) 시간적인 낙차가 존재하는 만큼 외줄구들의 범주 내에서 이해하기 어렵다. 또한 부뚜막은 외줄구들과 달리 화구와 고래의 방향이 일직선상에 위치한다. 따라서 양자를 계기적 발전 관계로 이해하는 것은 문제가 있다.

부뚜막은 주거의 우후벽에 시설되는 것이 일반적이다. 대체로 우측벽과 후벽이 만나는 모퉁이에 시설되는 것이 가장 빠른 형식으로 인정되고 있다. 이후 후벽 중앙으로 이동하였다가 우후벽 중앙에 시설되는 형식으로 발전한다. 늦은 시기에는 우측벽의 중앙에 시설되는 경우도 확인된다. 부뚜막의 화구는 측면에 석재를 세워 시설한 봇돌과 봇돌의 상단에 올려 화구를 지탱하는 이맛돌로 구성되어 있다.(사진 52 참조) 이러한 화구의 기본 구조는 외줄구들과 공통된다. 봇돌과 달리 이맛돌은 발견되는 사례가 많지 않다.

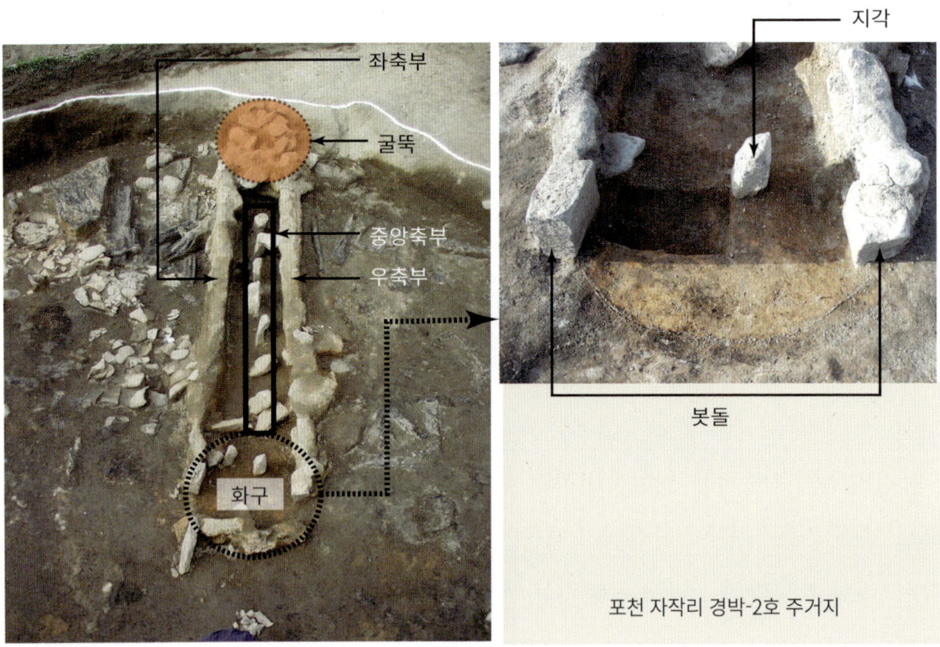

사진 52 부뚜막의 세부 명칭

한편 전통적으로 부엌은 신앙의 공간으로서 제의 행위의 결과물이 발견되는 사례가 있다. 특히 원삼국~한성백제기 부뚜막은 대부분 인위적인 파괴 행위로 폐기되는데 이 때 유물을 인위적으로 파손하여 부뚜막 주변에 폐기하는 사례가 발견되기도 한다.

호남지역은 부뚜막의 봇돌과 솥받침을 석재가 아닌 장란형토기나 심발형토기를 이용해 만든 사례가 확인된다. 그리고 중부지역은 1개의 솥받침을 사용하지만 호남지역은 2개 이상을 사용하기도 한다. 또한 부뚜막 양쪽 축부의 제작 시 중부지역은 석재를 이용해 골격을 만든 후 점토를 발라 마감하는 경우가 많지만 호남지역은 점토만을 이용해 만든 경우가 많다. 이러한 형태적 차이로 인하여 취사용기의 사용 방법(**도면 61** 참조)에 미묘한 차이가 발생한다. 토제 아궁이틀을 통해 볼 때 비교적 호남지역보다 중부지역의 화구 높이가 높았을 것으로 추정된다.

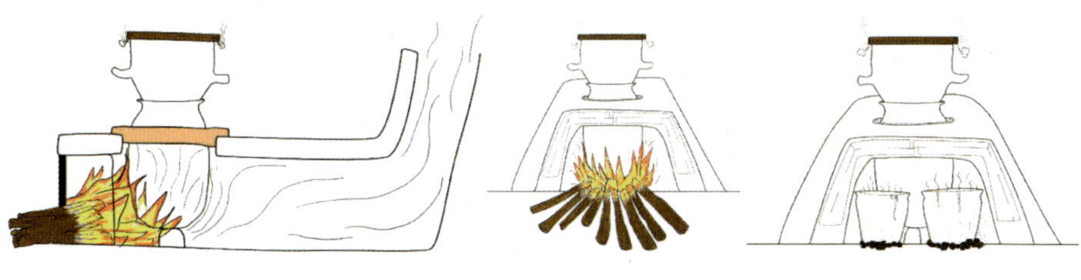

도면 61 부뚜막에서의 취사방식 모식도(오승환 2012: 도면 6·8·12 전재)

① 노(爐)

❶ 노 윤곽 확인
❷ 토층둑 설치(수직, 수평 방향 구획)
❸ 노 외곽 윤곽 노출 작업
❹ 노 내부 윤곽 파악을 위한 탐색트렌치 굴착 : 토층도 작도 및 촬영
❺ 토층둑 및 축부 내부토 제토(토층둑 기준점 표기)
❻ 노 노출 완료
❼ 노 도면 작성(평면도, 입·단면도)
❽ 노 사진 촬영(직상방, 입면, 바닥면·점토띠·불막음돌·외부 주혈 세부)

※ 내부 출토 토기류 수습하지 않음
※ 불막음돌 후면의 주혈에 대한 조사 필수

노에 대한 조사는 대략적인 윤곽을 확인하는 작업부터 실시한다. 이후 부식토를 조심스럽게 제토하여 소결층 등을 확인한다. 소결층의 판단이 어려울 경우에는 노의 윤곽을 따라 탐색트렌치를 굴착하여 점토띠와 소결층을 찾는다. 소결층 바닥에는 부석이 있는데 자칫 소결층을 모두 제거하고 부석을 노출시키는 실수를 범한다. 얇지만 반드시 소결층이 존재하므로 소결층까지만 노출시킨다. 특히 중도식노의 불막음돌 후면에는 원형의 주혈이 있는 경우가 대부분이다. 그렇기 때문에 주혈 조사절차에 따라서 내부를 조사하고 노출한다. 위의 조사 과정이 완료되면 평면도를 보완하고 사진을 촬영한다.

② 외줄구들

❶ 외줄구들 윤곽 확인
❷ 토층둑 설치(고래와 직교)
❸ 고래 외곽 윤곽 노출 작업
❹ 고래 내부조사를 위한 탐색트렌치 굴착 : 토층도 작도 및 촬영
❺ 토층둑 및 고래 내부토 제토(토층둑 기준점 표기)
❻ 외줄구들 노출 완료
❼ 외줄구들 도면 작성(평면도, 입·단면도)
❽ 외줄구들 사진 촬영(직상방, 화구, 고래·봇돌·이맛돌·구들장 등 세부)

※ 고래 노출 조사 시 내부 출토 유물은 수습하지 않음

외줄구들의 고래 및 화구는 부뚜막에 비하여 양호하게 발견되는 사례가 많다. 우선 외줄구들의 전체적인 규모를 파악한다. 대략적인 윤곽이 확인된 이후에는 탐색트렌치 조사를 실시하는데 단단한 점토 구조물이 확인된다면 절개하지 않고 윤곽을 따라 탐색트렌치를 굴착한다. 이후 외면의 부식토를 모두 제거하여 단단한 점토 구조물을 노출시킨다. 대체로 외줄구들은 축부에 석재를 사용하는 사례가 많아 외면이 비교적 양호하게 잔존한다. 간헐적으로 축부 외부에 판재를 덧대어 보강한 흔적이 발견되기도 한다.(사진 53 참조) 고래 상면에는 구들장이 남아 있는 경우도 있다. 고래의 단면조사를 위하여 탐색트렌치를 설치할 경우에는 덮개 시설이 유실된 부분에 탐색트렌치를 굴착하여 고래의 구조에 피해를 주지 않도록 한다. 이후 토층도를 작성하고 단면에 대한 사진을 촬영한 후 내외부의 부식토를 모두 제토한다. 마지막으로 외줄구들에 대한 실측 도면을 작성하고 사진을 촬영한다. 외줄구들의 실측은 입면과 단면뿐만 아니라 화구부터 고래 및 연도로 이어지는 바닥면의 레벨 변화도 기록하도록 한다. 그리고 외줄구들의 사진은 평면, 입면, 축부 외면 및 내면 세부, 고래 외벽 및 바닥, 연도의 입면 등을 입체적으로 촬영한다.

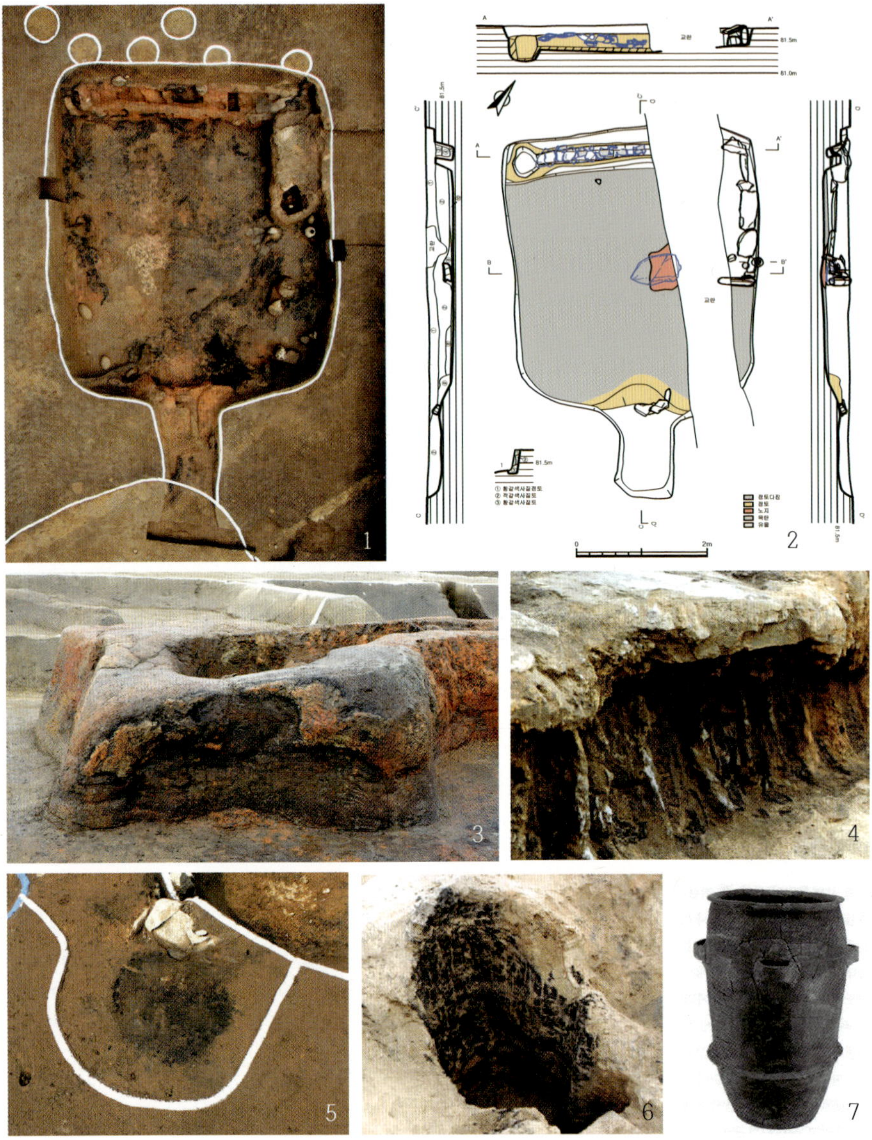

1:조사 후 전경(춘천 율문리 75-2번지 1호 주거지)
2:조사 후 도면(춘천 율문리 75-4번지 1호 주거지)
3:화구 조사 후 전경(청주 테크노폴리스VII-3-94호 주거지)
4:고래 외측 판재 보강 흔적(연천 강내리 27호 주거지)
5:연도 노출 후 전경(남양주 장현리 6호 주거지)
6:연도 조사 후 전경(연천 강내리 27호 주거지), 7:연통(서울 아차산)

사진 53 외줄구들 조사과정

한편 외줄구들 조사 시 고래의 노출에 전념하여 가구 구조를 파악하지 못하는 실수가 많다. 대부분의 외줄구들 조사 사례를 확인해 보면 고래와 주거지 경계면 사이에서 아무런 가구 구조를 발견하지 못하는 경우가 많다. 여·철자형 주거는 비교적 규모가 크고 복잡한 가구 구조를 갖추고 있다. 따라서 외줄구들 조사 시에는 주거지 경계면과 외줄구들 사이에 주혈 등이 있는지 세밀하게 관찰한다. 삼국시대 외줄구들의 외곽에는 주로 벽구를 이용한 가구 구조가 확인된다.(사진 54 참조)

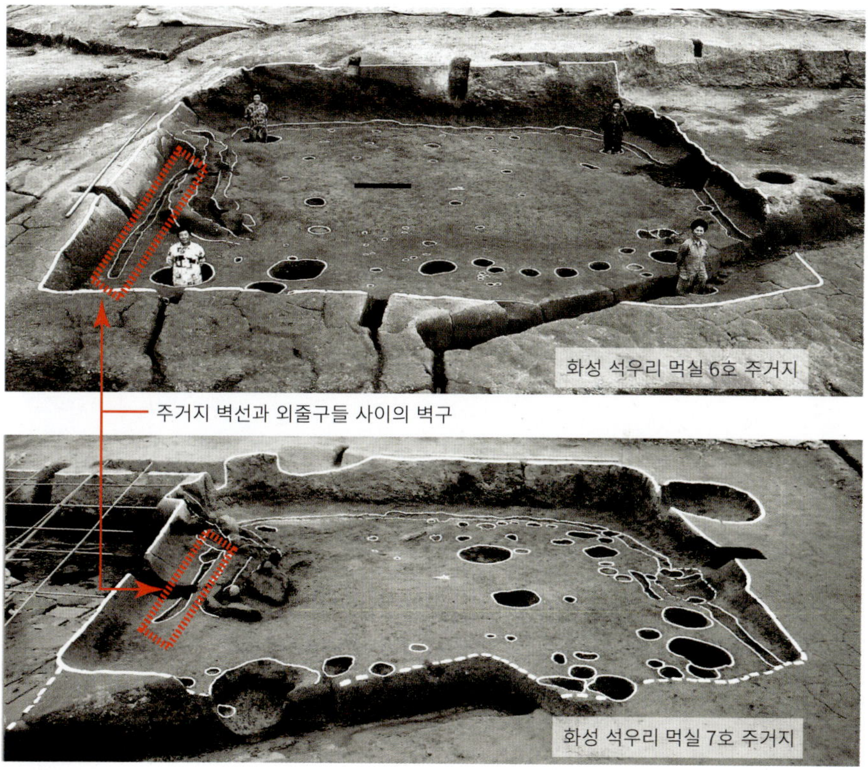

사진 54 외줄구들 외측 벽구

연도는 주거지의 최초 굴착면에 잇대어 외부로 돌출한 형태가 일반적이지만 내부에 마련한 경우도 있다. 이때 연통 등을 이용하여 내부에서 외부로 돌출시켜 배연하였을 가능성이 높다. 많지는 않지만 주거지 외부로 길게 원형의 굴을 파서 배연시키는 구조도 확인된다. 따라서 연도가 위치할 것으로 판단되는 주거 외부에 대한 조사를 별도로 실시할 필요가 있다.

③ 부뚜막

❶ 부뚜막 윤곽 확인
❷ 토층둑 설치(축부와 직교, 수평 방향으로 구획)
❸ 축부 외곽 윤곽 노출 작업
❹ 축부 내부 윤곽 파악을 위한 탐색트렌치 굴착 : 토층도 작도 및 촬영
❺ 토층둑 및 축부 내부토 제토(토층둑 기준점 표기)
❻ 부뚜막 노출 완료
❼ 부뚜막 도면 작성(평면도, 입·단면도)
❽ 부뚜막 사진 촬영(직상방, 화구 입면, 축부·화구·봇돌·이맛돌·연도 세부)

※ 주의사항 : 부뚜막 노출조사 시 내부 출토 유물은 수습하지 않음

부뚜막은 일반적으로 석재로 뼈대를 만들고 외면에 점토를 덧발라 마감하는 경우가 많다. 삼국시대 이후에는 석재 대신에 판재를 대고 점토를 발라 마감하는 예도 발견된다. 대체로 발견 당시 이미 상부 구조는 모두 파괴되고, 축부의 일부와 솥받침, 이맛돌 및 봇돌의 일부만 확인되는 경우가 많다. 흔하지는 않지만 의례행위 과정에서 완전히 파괴하여 점토덩어리 구간으로만 발견되는 예도 있다. 이 경우 부뚜막의 구조물이 바닥면과 이격되어 있어 자칫 구조물을 바닥 퇴적토로 오판하여 모두 제거하는 실수를 범하기도 한다. 대표적인 사례로 포천 자작리 경박-1호 주거지와 남양주 장현리 47호 주거지가 있다.(사진 55 참조)

포천 자작리 경박-1호 주거지의 경우 부뚜막의 내부와 외부에 밝은 황갈색의 점토가 부식토와 혼재된 상태로 노출되었다. 바닥 퇴적토 위에 부뚜막의 소결된 소토들이 퇴적되어 있었기 때문에 조사자는 이를 바닥 퇴적토의 잔존물로 판단하여 모두 제거하였다. 결국 바닥면까지 하강하고 나서야 부뚜막임을 알 수 있었다. 위와 같이 조사자는 부뚜막에 대한 위치적 정보를 사전에 인지하고 있어야 한다. 부뚜막이 있는 위치에 대한 조사 시 소결층이나 소토가 발견된다면 노시설의 가능성을 우선 의심해야 한다. 그리고 단면조사에 앞서 전체적인 평면적 형태를 추론하고, 주변에서 발견되는 석재, 유물들에 유의하여 파괴된 노시설의 위치를 검토하여야 한다.

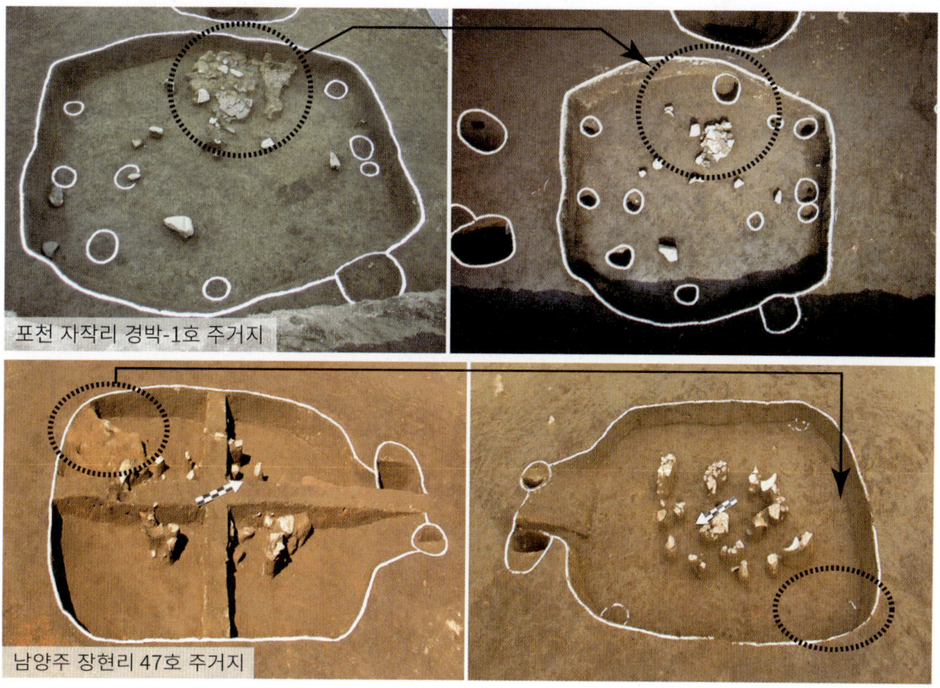

사진 55 부뚜막 조사 실패 사례

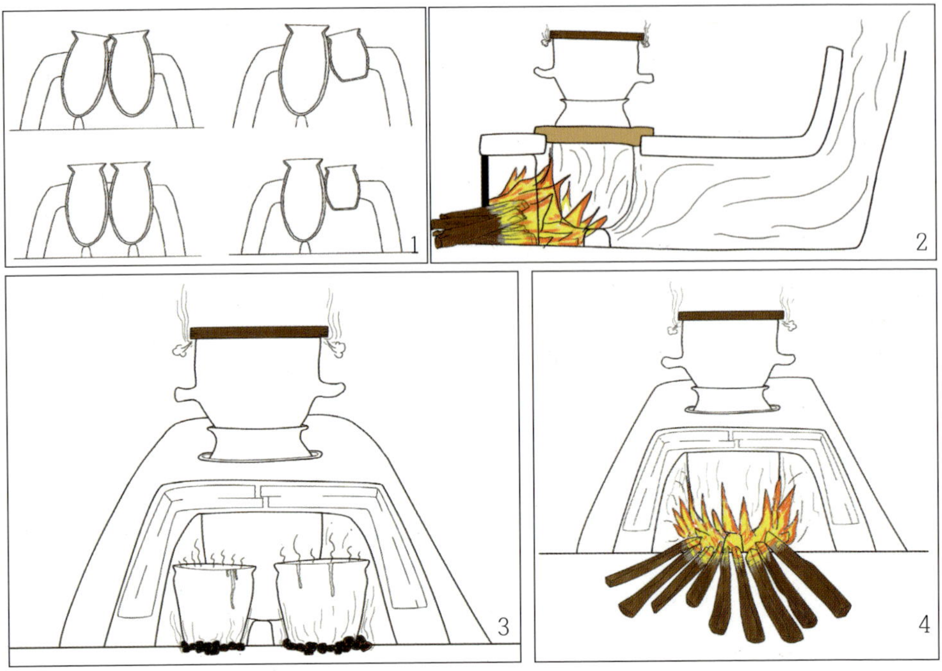

도면 62 부뚜막의 상부구조 및 취사방식 모식도(1:음식고고학연구회 2011, 2~4:오승환 2012 도면 6, 8, 12 전재)

한편 조사에 앞서 부뚜막의 세부 구조를 이해할 필요가 있다.(도면 62 참조) 부뚜막의 주변에서 석재가 발견된다면 부뚜막의 시설물일 가능성을 의심해야 하며 제거 전에 평면도에 정확히 기록해야 한다.

부뚜막 구조물은 지역에 따라 상이한 차이를 보인다. 그리고 봇돌과 솥받침을 만드는 재료도 지역에 따라 차이를 보인다. 중부지역과 영남지역에서는 봇돌과 솥받침으로 석재 및 점토를 이용한다. 그러나 호남지역은 봇돌로 장란형토기의 상단을 제거하고 직치하여 사용하기도 한다.(사진 56-1 참조) 그리고 솥받침으로는 심발형토기를 도치시켜 사용하는 사례도 있다. 또한 솥받침은 기본적으로 1개를 시설하지만 호남지역은 2~3개를 시설하기도 한다.(사진 56-2 참조)

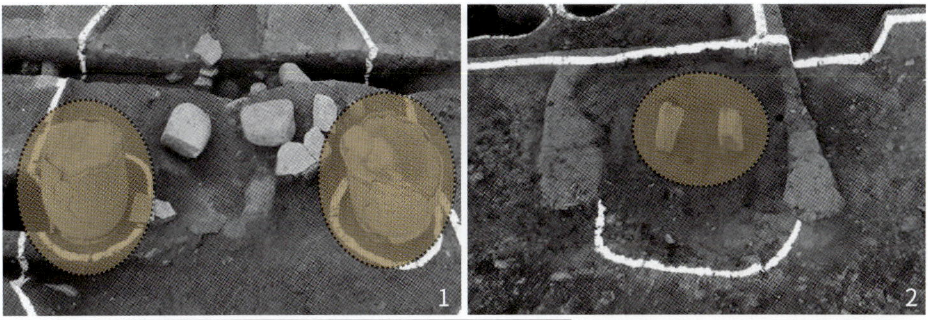

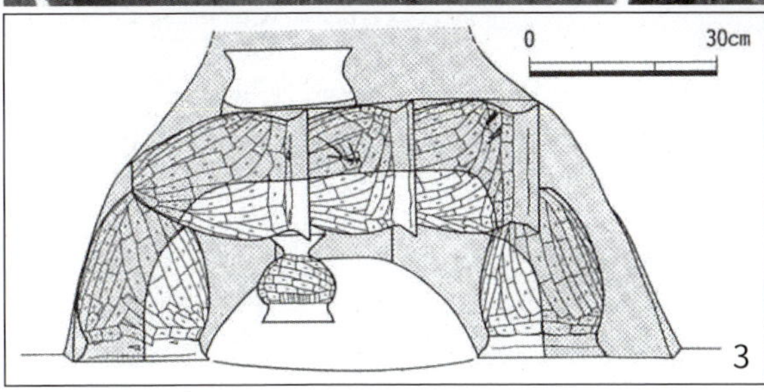

1:담양 태목리 97호 주거지
2:담양 태목리 96호 주거지
3:武藏國府關連遺蹟
(文化廳文化財部記念物課 2013: 圖 152 전재)

사진 56 토기를 이맛돌과 봇돌로 轉用한 사례(1·3) 및 솥받침이 2개인 사례(2)

부뚜막 구조의 조사 전 대체적인 윤곽이 확인되면 바로 토양을 제거하지 않고 부뚜막과 직교하게 여러 개의 토층둑을 설정한다. 이 토층둑은 부뚜막 구조물의 폐기 양상을 복원하는 단서가 된다.(**도면 63** 참조)

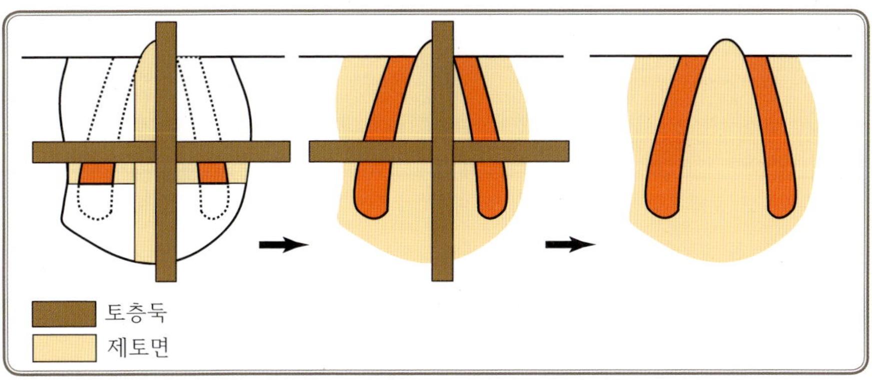

도면 63 부뚜막 조사 과정

(2) 출입부

여·철자형 주거는 기존의 수혈주거와 달리 횡방향으로 출입이 이루어지기 때문에 별도의 출입부가 필요하다. 통로부와 주거부 연결지점에는 문지방 시설이 발견된다.(사진 57 참조)

❶ 계단식 : 점토를 이용하여 단을 만듦
❷ 경사식 : 점토를 이용하여 비스듬한 경사를 만듦
❸ 목재 문지방식 : 목재를 이용하여 단을 만듦
❹ 석재 문지방식 : 석재를 이용하여 단을 만듦

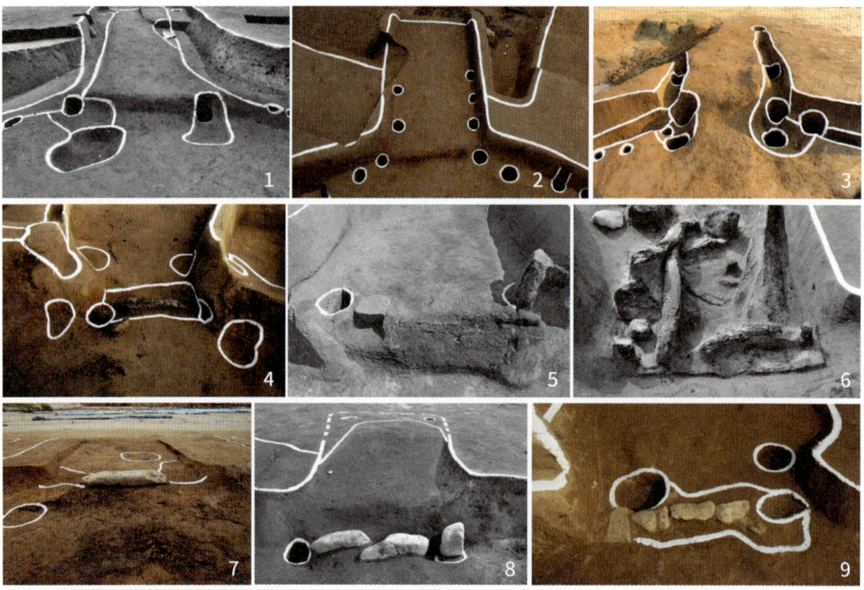

1~2:계단식(1:홍천 철정리 A-6호 주거지, 2:홍천 하화계리 강고연-1호 주거지), 3:경사식(남양주 장현리 36호 주거지)
4~6:목재 문지방식(4:화성 발안리 21호 주거지, 5:영월 주천리 강고연-1호 주거지, 6:홍천 철정리 A-1호 주거지)
7~9:석재 문지방식(7:춘천 우두동 한강-112호 주거지, 8:홍천 철정리 A-14호 주거지, 9:광주 곤지암리 서울-2-51호 주거지)

사진 57 문지방 시설 각종

출입부는 점토퇴적층, 문지방 시설, 벽구, 주혈 등을 조사한다.

❶ 점토함몰부 전면 노출
❷ 점토함몰부 사진 촬영 및 도면 작성
❸ 탐색트렌치 굴착 후 바닥면 확인
❹ 점토함몰부 토층 상태 촬영 및 실측
❺ 점토함몰부 전면 제토 후 바닥면 노출
❻ 통로부 시설 및 벽구 시설 노출
❼ 조사 후 사진 촬영 및 도면 작성

1:점토함몰부 윤곽 노출 및 절개조사 준비(광주 곤지암리 서울-2-23호 주거지)
2:바닥면까지 하강 조사(포천 자작리 경박-2호 주거지)
3:통로부 점토 보강 구조물 확인(광주 곤지암리 서울-2-23호 주거지)
4:바닥면 벽구시설 확인 및 노출(포천 자작리 경박-2호 주거지)

사진 58 출입부 조사 과정

문지방은 목재나 석재를 활용한 경우가 많으며, 목재의 경우 부식되어 굴광선만 확인되거나 목탄의 형태로 남는 경우가 있다. 그런데 문지방 시설은 주거 바닥면을 만든 후에 시설됨에 따라서 부식토로 오판하여 제거하는 경우가 많다. 따라서 조사 시 앞에서 살펴본 토층의 일부를 남기고 탐색트렌치를 주거지 장축방향에 맞춰 굴착하여 구조를 살펴보는 것이 효과적이다.(사진 58 참조)

(3) 주혈 및 벽구

주혈은 설치 위치에 따라 외주혈과 내주혈이 있고 배치방식에 따라 내주식, 벽주식, 벽구식, 외주식의 4가지로 구분된다.(사진 59~60 참조)

❶ 내주식 : 내부에 등간격으로 원형 주혈을 배치
❷ 벽주식 : 최초 주거지 굴착시 벽면을 따라 주혈을 배치
❸ 벽구식 : 도랑을 파고 그 내부에 주혈을 배치
❹ 외주식 : 외부에 외주혈을 등간격으로 배치

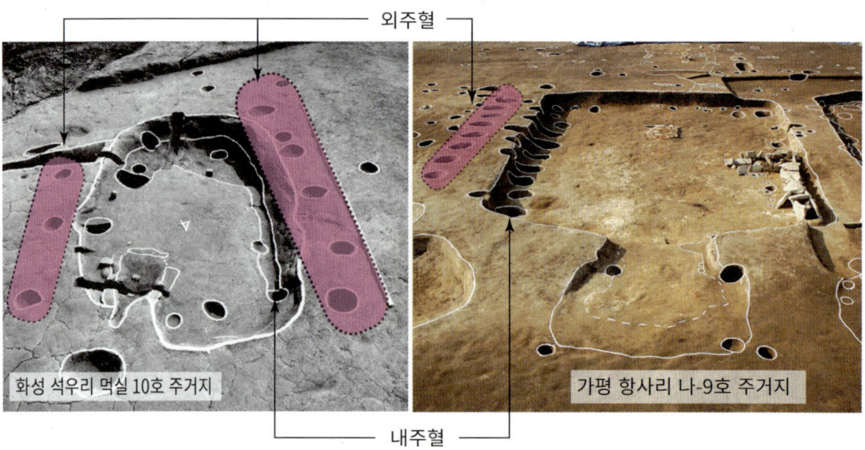

사진 59 외주혈과 내주혈

1 : 내주식(남양주 장현리 40호 주거지), 2 : 벽주식(가평 대성리 경기-10호 주거지)
3 : 벽구식(남양주 장현리 9호 주거지), 4 : 외주식(연천 삼곶리 4호 주거지)

사진 60 주혈의 배치방식

기둥을 세우는 방식(**도면 64** 참조)은 주혈을 파서 심는 '주혈식', 주거 바닥에 기둥을 세우는 '지면식', 주혈 내부 바닥에 편편한 돌을 깔아 하중을 분산하는 '주혈+초석식', 주거 바닥에 편편한 돌을 깔아 하중을 분산하는 '초석식' 등으로 세분된다(겨레문화유산연구원 2011: 281). 유적에서 가장 많이 발견되는 형식은 주혈식으로 주로 등간격의 형식으로 발견되는 사례가 많다. 공통적으로 주거의 바닥면을 불다짐하여 완성한 후 기둥을 만든다.

주거지의 바닥면 조사 과정에서 기둥이 발견되지 않는 경우는 지면식으로 기둥을 세운 결과이다. 이 경우 바닥면의 미묘한 요철이 발견될 수 있으므로 세밀한 레벨 조사가 요구된다. 특히 대형의 여·철자형 주거는 막대한 상부하중을 분산하기 위하여 주축방향의 중앙을 따라 지상식 기둥을 배치하였을 가능성이 높다. 한편, 초석형 기둥의 경우도 기둥 자리가 발견되지 않기 때문에 바닥면에서 확인되는 석재는 기둥을 받쳤을 가능성을 염두에 두고 조사를 진행해야 한다.

중심기둥은 벽면을 따라 등간격으로 배치한 것을 의미한다. 중심기둥은 주로

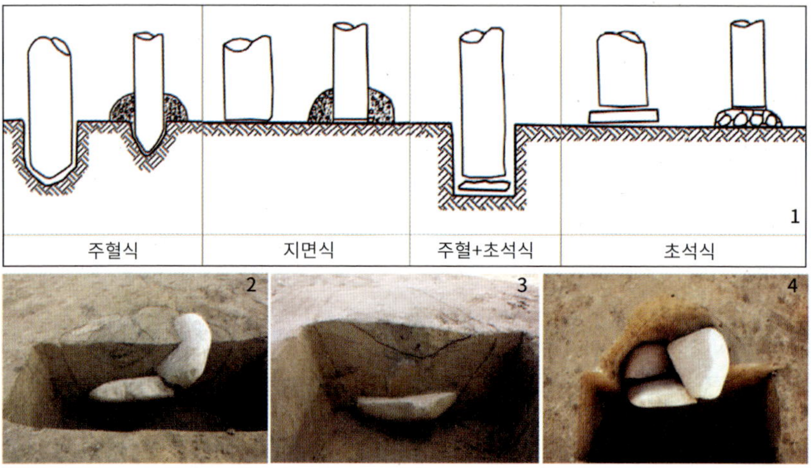

1 : 기둥 형식(겨레문화유산연구원 2011: 삽도 3 수정 후 전재)
2~4 : 주혈내 초석형의 사례(춘천 우두동 한강-113호 주거지)

도면 64 기둥 형식 및 주혈+초석식의 사례

원재圓材가 사용되는데 각재角材가 사용되는 경우도 확인된다. 원삼국시대에는 원재를 다수 사용하지만 한성백제기에 이르면 장방형 각재의 사용 사례가 증가한다. 중심기둥 사이에는 작은 보조기둥을 다수 시설하여 벽체를 보강한다. (**사진 61** 참조)

다음으로 기둥과 기둥 사이를 가로지르는 횡목橫木이 있다. 횡목은 기둥의 균형을 잡아주고 하중을 분산시키는 기능을 한다. 횡목은 주로 원재를 많이 사용

하지만 각재를 사용하는 사례도 확인된다. 횡목은 기둥의 하중을 분산시키고, 벽면을 보강하는 기능 이외에 벽면을 구성하는 수직방향의 판재를 끼워 넣을 때 중간 고정재로서의 역할도 하였다.

판재는 통나무를 얇게 켜서 널빤지 모양으로 만든 벽체 구조물이다. 주로 종판재 형식으로 발견된다. 벽면에 여러 매의 판재를 수직으로 끼워서 벽면을 구성하게 된다. 종판재 이외에 횡으로 판재를 끼워 사용한 사례도 발견된다. 판재는 목탄 형식으로 확인된다. 이때 외부의 탄화된 부분만 목탄으로 잔존한다. 주의 깊게 조사를 진행하지 못하면 목탄면의 노출과 함께 판재의 흔적이 사라질 수 있으므로 주의하여 조사를 진행한다. 또한 촘촘하게 결구되어 있는 판재는 각각을 구분하기가 쉽지 않기 때문에 나뭇결의 성질을 파악하여 판재 단위를 구분하는 것이 중요하다.

화재 주거지 조사 시 가장 혼선이 많은 것은 기둥과 지붕 구조를 구분하는 것이다. 지붕 구조는 탄화의 예를 제외하면 저습지에서 일부 부재가 발견되는 사례가 있다. 여·철자형 주거는 맞배지붕 이외에 팔작지붕 내지 우진각지붕 구조도 사용되었을 것으로 추정된다. 세부 자재로는 벽면과 종주를 받치는 주심도리와 내부 기둥을 받치는 중도리, 그리고 대들보와 같은 종도리가 있다. 그리고 도리와 직교하게 시설한 서까래가 있다. 유적에서는 서까래가 다수 발견된다.(도면 65 참조)

2:강내리 60주, 3:탑평리 2주, 4:강내리 27주, 5:장현리 75주, 6:풍납토성 라-8주, 8:중도 강고연-2주, 9:모래내 11주, 10:대성리 경기-11주, 11:자작리 2주, 13:원천리 76주, 14~15:중도 강고연-2주, 16:강내리 27주, 17~18:우두동 한강-218주, 19:대성리 겨레-10주

사진 61 벽체의 구성 부재

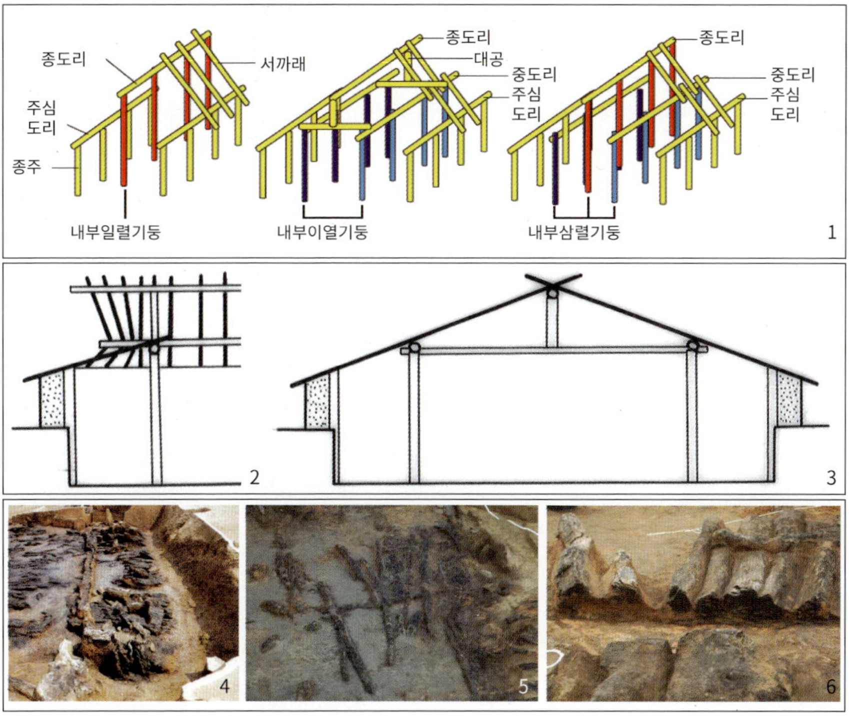

1:지붕 부재 세부 명칭(국립문화재연구소 2014: 도면 7 부분 수정)
2~3:여(철)자형 주거지 종단면(2) 및 횡단면 (김일규 2009 도면 14,15 전재)
4:벽판재+주심도리(화성 석우리 먹실 6호 주거지)
5:중도리+서까래(가평 대성리 겨레-10호 주거지)
6:서까래 단면(가평 대성리 겨레-10호 주거지)

도면 65 지붕 부재 세부 명칭 및 사례

최근에는 건축학과를 중심으로 화재 주거지에서 확인된 각종 지붕 부재들을 활용하여 다양한 주거 복원 가안을 제시하기 시작하였다. 발굴조사 현장에서 전체 가구 구조가 온전하게 발견되는 사례는 흔치 않다. 대부분 소수의 부재를 근거로 지붕 구조를 복원하였기 때문에 과거 주거의 구조를 완벽하게 재현하기는 어렵다.(**도면 66** 참조) 그러나 조사 결과를 토대로 한 건축학적 복원 시도가 증가할수록 과거의 주거 구조를 밝히는 중요한 단서를 찾을 수 있다. 따라서 조사 현장에서는 1차 사료로 평가되는 고고학적 증거의 수집에 있어서 최대한의 신중함을 유지해야 한다.

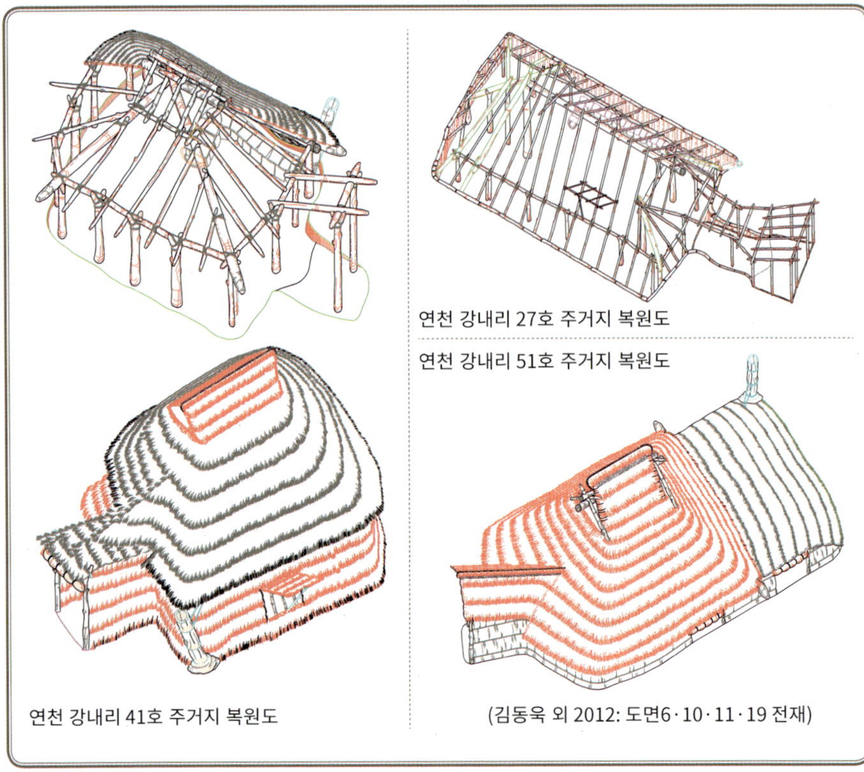

연천 강내리 27호 주거지 복원도

연천 강내리 51호 주거지 복원도

연천 강내리 41호 주거지 복원도

(김동욱 외 2012: 도면6·10·11·19 전재)

도면 66 여·철자형 주거 각종 복원도

주혈의 조사과정은 아래와 같다.

❶ 윤곽 확인
❷ 절개 기준점 설정
❸ 1/2 절개조사
❹ 토층 단면 사진 촬영 및 단면도 작성
❺ 전체 제토
❻ 사진 촬영 및 평면도 작성

※ 참고사항 : 주거지 해체 조사 시 절개 기준점 활용하여 보완 조사 필수

주혈에 대한 조사방법은 3가지가 있다.

❶ 주혈의 1/2을 절개하여 내부토를 제거하는 방법(일반 조사법)
장점 : 평면도 및 사진 촬영에 용이
단점 : 인위적 조사 가능성 및 바닥면 확인이 용이하지 않음
❷ 주혈 상부를 5㎝ 정도 하강조사 후 1/2 절개조사(대형 주혈, 도면 67)
장점 : 중심 기둥 위치 파악 용이(4주식 주거지 조사 시 용이)
단점 : 토층 단면도가 기형적으로 작도될 가능성 있음
❸ 주혈의 1/2 부분에 탐색트렌치를 굴착하는 방법
장점 : 정확한 주혈의 단면 형태 파악이 용이
단점 : 평면도 작성 곤란, 기둥이 경사져 있을 경우 사실 왜곡 가능성 존재

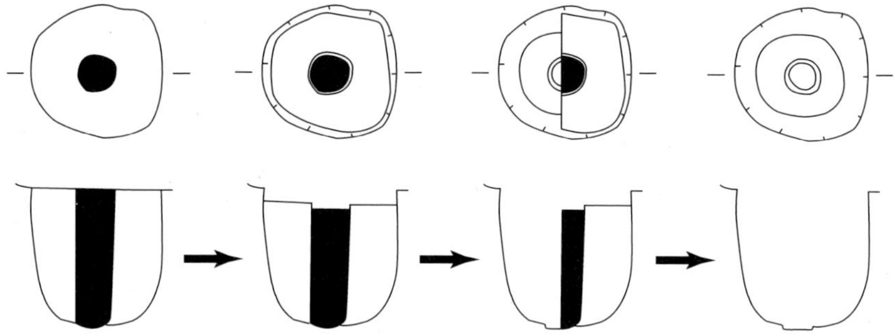

(文化廳文化財部記念物課 2013: 圖 198 부분 수정)

도면 67 대형 주혈 조사 과정 모식도

이 가운데 3번의 방식은 여·철자형 주거지의 해체 과정에서 주혈의 정확한 조사를 위한 보조 수단으로 제한적으로 사용하는 것이 적절하다. 결국 주혈조사는 먼저 첫 번째 방법으로 조사하고 해체 과정에서 세 번째 방법을 통해 보완하는 것이 바람직하다. 한편 주혈조사 시 단면 토층의 촬영은 삼각대를 이용한다. 왜냐하면 주혈의 깊이가 깊을수록 노출이 부족하여 셔터 속도가 충분하지 못

하기 때문이다. 또한 단면 촬영 시에는 카메라가 계산한 수치보다 조금 더 밝게 수동 조정하여 촬영하여야 한다.

벽구의 조사 역시 여러 개의 토층둑과 탐색트렌치를 이용하여 진행한다. 벽구 내부로는 판재를 사용하거나 다수의 작은 보조 주혈이 시설된 경우가 많다. 벽구가 시설된 부분은 주로 소결 처리되지 않은 최초 굴착면과 맞닿아 있는 경우가 대부분으로 쉽게 그 윤곽을 확인할 수 있다. 여기서 주의할 것은 벽구와 주거지 외곽선 사이에 공간이 존재할 수 있으며, 그 공간에 점토를 이용해 벽구 외부를 보강한 보강토 흔적을 확인하는 것이다. 이를 위해서는 최소한의 범위 내에서 주거지 외곽선 밖으로 연장된 탐색트렌치를 굴착하여 생토면과 보강토, 시설물이 존재하는 토양을 단면상에서 확인해야 한다. 특히 수직으로 세워진 중심 기둥열과 함께 수평방향으로 끼운 판재의 존재를 확인하는 일이 필요하다. 이때 판재를 댄 위치가 내부인지 외부인지를 주의 깊게 조사한다.

(4) 저장시설

주거 내부에 마련된 저장시설은 후벽에 인접한 노시설 주위에 만드는 경우가 많다. 주로 토기를 직치하여 연속적으로 세워 놓는 경우도 있지만 김칫독을 묻듯이 땅을 1/2가량 굴착한 후 토기를 묻어서 시설하는 경우도 있다.(도면 68 참조) 그 결과 바닥면에서 확인될 당시에는 토기의 구연부만 노출되는 경우가 많다.

한편 토기의 외곽과 상면을 잡석으로 둘러 보호한 저장시설의 사례도 확인되는데 홍천 태학리 나-4호 주거지 등에서 확인된다. 반수혈식의 저장시설은 윤곽만 확인하고 실제 내부조사는 주거지 해체조사 시 실시한다.

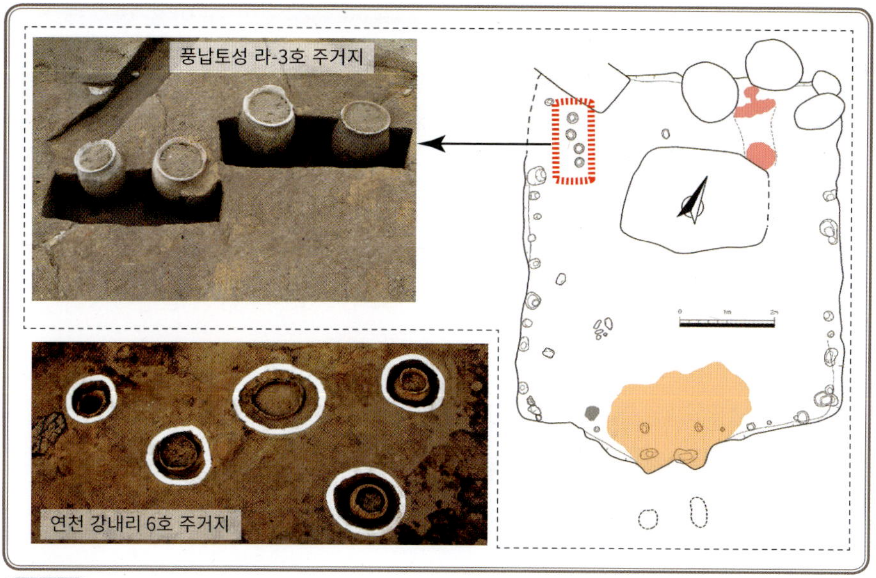

도면 68 주거지 내 저장시설

(5) 기타

주거지 바닥면에서는 다수의 유물과 유기물이 확인될 가능성이 높다. 따라서 바닥면 조사에서 얻어진 토양은 폐기하지 말고 별도로 모아 둔 후 일괄적으로 물체질〔Flotation〕을 실시하여야 한다. 그리고 조사 완료 후 유물 수습을 위하여 레벨링을 실시하고 정해진 순서에 따라 유물을 수습한다. 이때 완형의 토기류 내부에 남아 있는 토양은 반드시 정확히 표시한 후 물체질 및 각종 자연과학적 분석을 위하여 따로 보관한다. 바닥면 수습 유물은 주거지의 공간 활용 방식을 규명할 수 있는 중요한 단서이므로 정확한 위치를 표시하는 것이 좋다.

최근에는 식문화 연구와 관련하여 곡물류 시료 채취가 함께 이루어지는 경우가 있다. 주로 바닥 퇴적토층을 따로 수습하여 물체질을 진행하는 과정에서 시료가 채취되는 경우가 많다. 기타 토기의 내부에 들어 있던 토양을 별도로 분석하여 시료를 얻는 경우도 있다. 따라서 토기의 세척 시 내부 토양을 별도로 수습하는 것이 무엇보다 중요하다(이희경 2017).

한편 최근에는 목탄을 이용한 AMS 연대측정 방식과 더불어 토기의 내외면에 흡착되어 있는 유기물을 자연과학적 분석 시료로 활용하는 경우가 많다. 따라서 토기류의 세척 시 유기물까지 깨끗하게 세척하여 제거하면 연대측정이 곤란하다. 세척 전 분석 계획을 수립하고, 이에 따라 분석 대상 토기류를 우선 선별하는 것이 중요하다. 그리고 분석자가 직접 시료를 채취하여 오차를 줄이는 것이 좋다. 이후 세척을 실시하도록 한다.

(6) 해체 조사

바닥면에 대한 조사가 완료된 후에는 내부 시설물 및 바닥면에 대한 절개조사를 실시한다. 해체조사에 앞서 우선 실시하는 것이 자연과학적 분석용 시료를 채취하는 과정이다. 대체로 주거지의 바닥면 및 노시설의 화구 소결층에서 고지자기 측정용 시료를 채취한다. 그런데 고지자기의 보정곡선은 이웃한 일본의 데이터를 준용하여 사용한다. 그 결과 실제 유적에서 확인되는 고지자기 측정치는 AMS 측정치 보다 대체로 늦은 연대 값을 보인다. 따라서 고지자기 측정 결과를 편년 자료로 활용할 경우에는 다른 자연과학적 분석 결과 및 형식학적 분석 결과와의 비교가 필수적이다.

① 노시설 해체

▪ **노**

노 절개조사는 부석 → 점토띠 → 절개조사의 순으로 진행한다.(사진 62 참조)

❶ 노 내부 유물 수습
❷ 절개조사 기준점 설정
❸ 부석 상면 1/2 노출조사
❹ 부석 전면 노출조사
❺ 부석 사진 촬영 및 도면 작성
❻ 탐색트렌치 굴착(수직·수평) : 주거지 최초 굴착면 이상으로 굴착
❼ 노 절개조사 후 바닥면과 노 선후 관계 파악
❽ 절개면 사진 촬영 및 도면 작성
❾ 노의 부석 해체 및 전면 해체

▪ **외줄구들**

외줄구들 절개조사는 화구, 고래, 연도 등 각 부위별로 실시한다.(사진 63 참조)

❶ 외줄구들 내 유물 수습
❷ 덮개 시설 제거
❸ 고래 완전 노출 후 사진 촬영 및 평면도 작성
❹ 고래 점토 보강토 제거(석재일 경우)
❺ 절개조사 기준점 설정
❻ 탐색트렌치 굴착(수직·수평) : 주거지 최초 굴착면 이상으로 굴착
❼ 주거지 바닥면과 외줄구들의 선후 관계 파악
❽ 절개면 사진 촬영 및 도면 작성
❾ 고래 해체 후 바닥면에 잔존하는 고래시설 기초부 노출 조사
❿ 고래벽석 흔적 사진 촬영 및 도면 작성
⓫ 외줄구들 전면 해체

▪ **부뚜막(사진 64~65 참조)**

❶ 부뚜막 내 유물 수습
❷ 덮개 시설 제거 및 내부토 제토
❸ 축부 세부 사진 촬영 및 도면 작성
❹ 축부 점토 제거 후 석재 노출(석재 축부일 경우)
❺ 절개조사 기준점 설정
❻ 탐색트렌치 굴착(수직·수평) : 주거지 최초 굴착면 이상으로 굴착
❼ 주거지 바닥면과 부뚜막의 선후 관계 파악(사진 촬영 및 도면 작성)
❽ 축부 해체 후 기초부 노출조사(축부 흔적 사진 촬영 및 도면 작성)
❾ 부뚜막 전면 해체

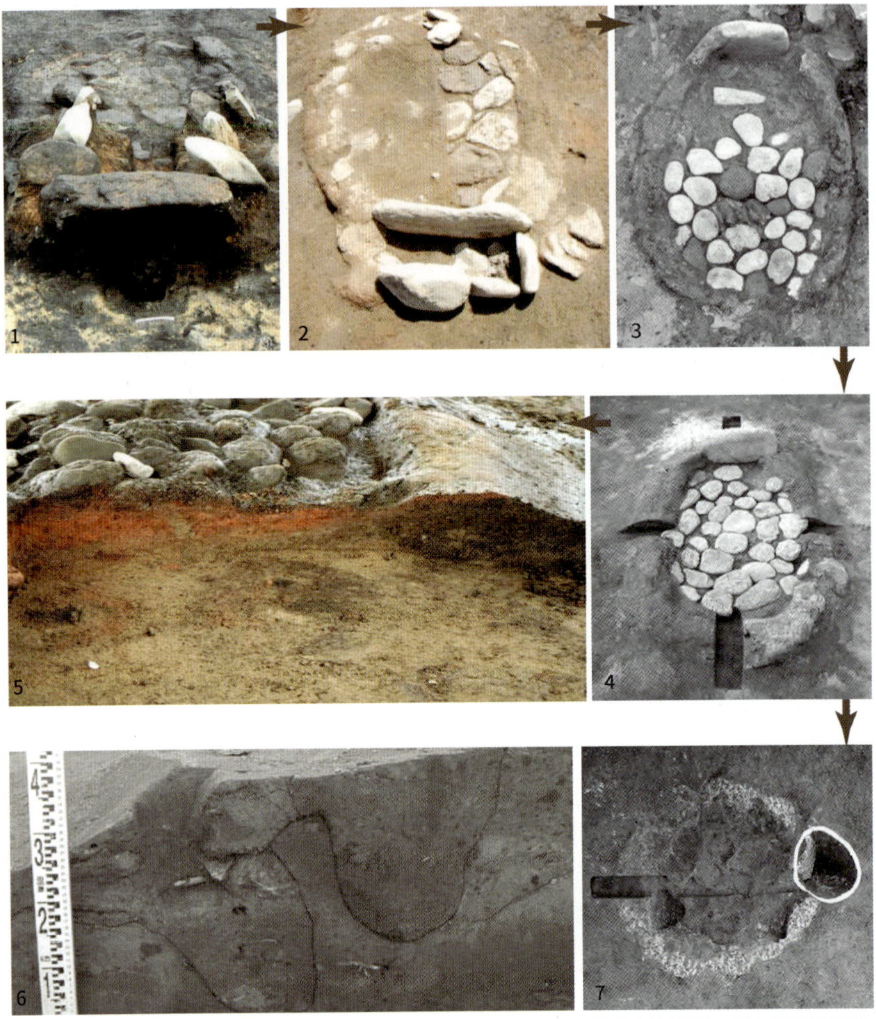

1 : 조사 완료 후 - 횡성 둔내 강문소-1호 주거지
2 : 부석 1/2 노출 - 원주 가현동 20호 주거지
3 : 부석 전면 노출 - 화천 원천리 21호 주거지
4 : 점토띠 절개 조사 - 가평 항사리 나-16호 주거지
5 : 노지 절개 조사 - 원주 가현동 22호 주거지
6 : 불막음돌 후면 주혈 절개 조사 - 춘천 천전리 97-5호 주거지
7 : 부석 및 점토띠 제거 후 전경 - 가평 항사리 나-20호 주거지

사진 62 노 절개 조사 과정

1 : 점토 제거 후 전경(가평 항사리 나-9호 주거지)
2 : 점토 제거 후 고래석 세부(가평 항사리 가-1호 주거지)
3 : 화구 절개 조사 후 전경(연천 취우당지 7호 주거지)
4 : 고래 절개 조사 후 전경(연천 취우당지 3호 주거지)
5 : 고래 절개 조사 후 전경(남양주 장현리 35호 주거지)
6 : 연도 절개 조사 후 전경(남양주 장현리 6호 주거지)

사진 63 외줄구들 해체조사

사진 64 부뚜막 해체 조사(1단계)

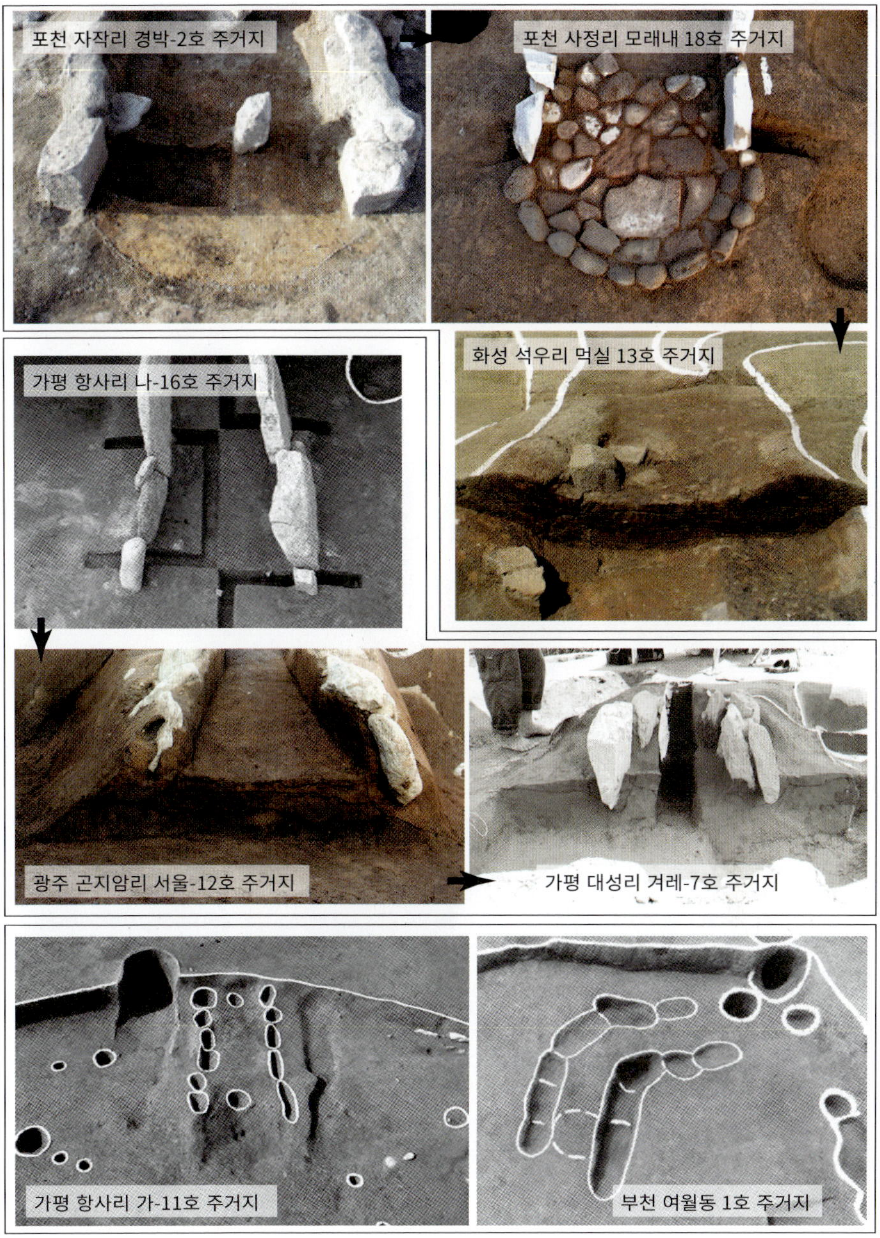

사진 65 부뚜막 해체 조사(2단계)

② 저장시설 해체

저장시설의 조사는 주로 단면 절개조사를 통해 이루어진다.(사진 66 참조)

❶ 절개면 설정
❷ 장방형의 탐색트렌치 굴착
❸ 사진 촬영 및 토층 단면도 작성
❹ 토기 외면 내부토 굴착
❺ 토기 제거
❻ 사진 촬영 및 도면(평면, 입, 단면) 수정

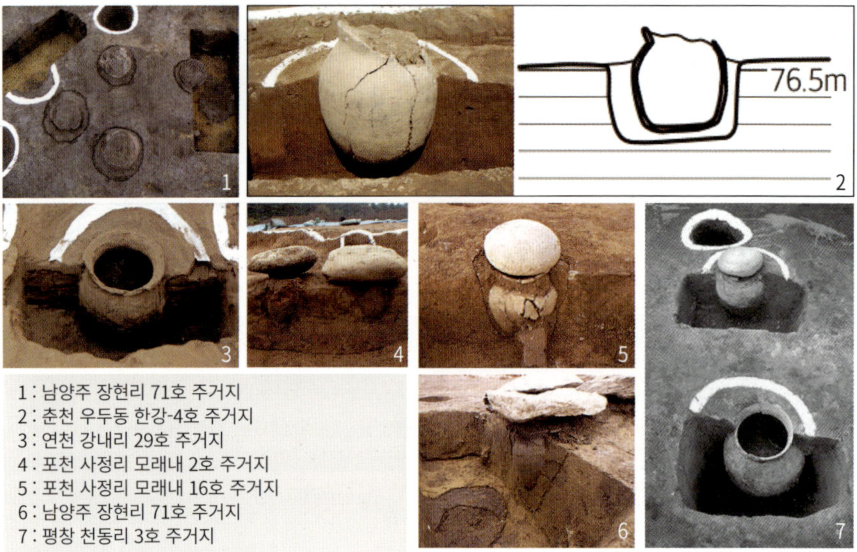

1 : 남양주 장현리 71호 주거지
2 : 춘천 우두동 한강-4호 주거지
3 : 연천 강내리 29호 주거지
4 : 포천 사정리 모래내 2호 주거지
5 : 포천 사정리 모래내 16호 주거지
6 : 남양주 장현리 71호 주거지
7 : 평창 천동리 3호 주거지

사진 66 저장시설 절개 조사

③ 출입부 해체 조사

❶ 출입부 주혈 절개조사
❷ 벽구 주혈 절개조사
❸ 사진 촬영 및 도면 수정

통로부와 출입부 주혈은 주혈의 지름에 비하여 상당히 깊은 것이 많다. 따라서 마지막 조사과정에서 반드시 1/2가량을 절개하여 정확한 깊이와 형태를 파악할 필요가 있다.(사진 67 참조) 이때 중요한 것은 주혈의 윤곽선보다 깊게 굴착하여 정확한 단면을 파악하는 것이다. 통로부와 출입부의 주혈은 환재環材 보다는 각재를 사용하는 사례가 많다.

1~2 : 출입부 중심주혈 절개조사(가평 대성리 겨레-2호 주거지)
3 : 출입부 중심주혈 절개조사(가평 대성리 겨레-4호 주거지)
4 : 통로부 절개조사(가평 대성리 겨레-10호 주거지)

사진 67 출입부 해체 조사

④ **가구 구조 해체조사**

주혈에 대한 해체조사는 기존 조사 결과에 덧대어 탐색트렌치를 깊게 굴착하여 실시하는 경우가 많다. 이 과정에서 최초 굴착면과 벽구 시설 간의 굴착순서가 확인되기도 한다. 또한 주혈에 대한 평면조사 시 확인되지 않은 구조와 목주 등이 새롭게 파악되기도 한다. 따라서 그 조사 결과는 기존 작성된 주혈 도면의 보완에 활용하도록 한다.(사진 68 참조)

사진 68 벽주 단면조사

❶ 주혈의 1/2 부분에 탐색트렌치 굴착
❷ 주혈 단면 사진 촬영, 단면 도면 보완
❸ 주혈 전체 굴착조사
❹ 주혈 최종 사진 촬영 및 도면 보완

⑤ **바닥면 최종 해체**

❶ 바닥면 출토 유물 수습
❷ 절개조사 기준점(장축, 단축) 설정
❸ 탐색트렌치 굴착 : 최초 굴착면 이상으로 깊게 굴착
❹ 단면 사진 촬영 및 도면 작성
❺ 최초 굴착면까지 바닥면 제거
❻ 사진 촬영 및 평면도 작성

해체 조사의 완료는 바닥면에 대한 최종 해체조사를 실시함으로써 완성된다. 조사는 중심 토층둑이 있었던 자리에 잇대어 생토면까지 탐색트렌치를 굴착하여 진행한다. 바닥면의 제거 시 하부에서 다수의 주혈이 확인되기도 한다. 여기에서 상부 구조와 관련된 주혈을 구분한다. 바닥면은 심하게 요철면을 띤다.(사진 69 참조) 이것은 최초 조성 시 형성된 흔적으로 정지층이 발견되거나 생활하면서 주거면이 눌려 요철이 생겼을 가능성이 있다. 간혹 점토층에 형성된 주거지의 경우 바닥면에서 굴착 행위와 관련된 흔적이 발견되기도 한다. 가장 중요한 것은 바닥면을 정지하기 위하여 어떠한 방식이 사용되었는지를 파악하는 것이다. 따라서 단면조사 시 충분한 깊이로 탐색트렌치를 굴착하여 정확한 토층 양상을 파악하고 굴착 깊이를 결정하는 것이 중요하다.

가평 대성리 유적 (1 : 겨레-2호 주거지, 2 : 경기-10호 주거지, 3 : 경기-11호 주거지)

사진 69 주거지 바닥면 해체조사

(7) 기타 조사 시 유의 사항

① 중복 유구의 조사 순서

주거지 2동이 연접하여 중복된 경우가 다수의 유적에서 발견된다. 주로 조사자의 숙련도에 따라 다양한 방식으로 조사가 진행된다.(도면 69 참조)

❶ 유구의 중복관계 파악 및 신구(新舊) 유구 확인 : 조사 전 사진 촬영
❷ 신(新) 유구의 토층둑을 남기고 바닥면까지 하강 : 사진 촬영 및 토층 단면도 작성
❸ 신(新) 유구 내부 조사 완료 : 사진 촬영 및 평면도와 입단면도 작성
❹ 구(舊) 유구의 토층둑을 남기고 신(新) 유구의 바닥면 레벨까지 하강 조사
신(新) 유구의 바닥면에서 구(舊) 유구의 전체 윤곽 확인 : 사진 촬영
❺ 구(舊) 유구의 토층둑을 남기고 바닥면까지 하강 조사 : 사진 촬영 및 도면 작성
❻ 신(新) 유구의 윤곽선 표기용 토층둑을 남기고 구(舊) 유구 내부 조사 완료 : 사진 촬영
❼ 구(舊) 유구 조사 완료 : 사진 촬영 및 도면 작성

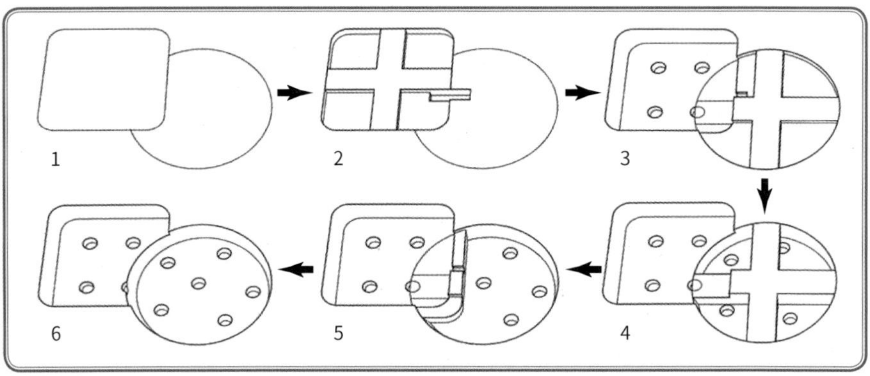

도면 69 중복 유구의 조사 순서(文化廳文化財部記念物課 2013: 圖114 부분 수정)

② 주거지의 확장 양상 확인

여·철자형 주거는 복잡한 가구 구조를 갖추고 있는 관계로 평면적인 확장이 쉽지 않다. 그러나 그러한 양상을 보이는 주거지도 간혹 발견된다. 대표적으로

구리 토평동 F-3호 주거지는 서쪽으로 주거지가 일부 확장된 흔적이 발견되었다.(도면 70 참조)

그러나 평면형태와 북쪽의 돌출된 부분을 감안할 때 주거지의 중복일 가능성도 있다. 주거의 확장이라는 점을 전제로 할 때 바닥면 조사 시 미묘한 단차를 보이거나 주혈의 배치가 대칭 벽면에 따라 일치하지 않는다면 확장의 사례를 의심하여야 한다.

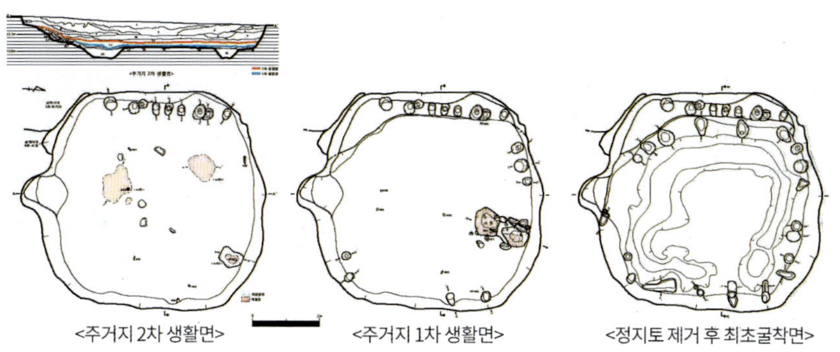

도면 70 주거지 확장 과정(서울문화유산연구원 2017: 도면 287 전재)

③ 단야시설에 대한 조사

중부지역 원삼국시대 주거지에서는 많은 단야 흔적들이 발견된다. 특히 단야로가 발견되는 경우가 많은데 노로 오인하는 경우가 많기 때문에 특히 주의를 요한다.(도면 71 참조) 단야로의 경우 다양한 부산물이 산재해 있으므로 노 주변에 철재, 송풍관, 단조박편 등이 확인되면 단야로일 가능성을 의심해야 한다.

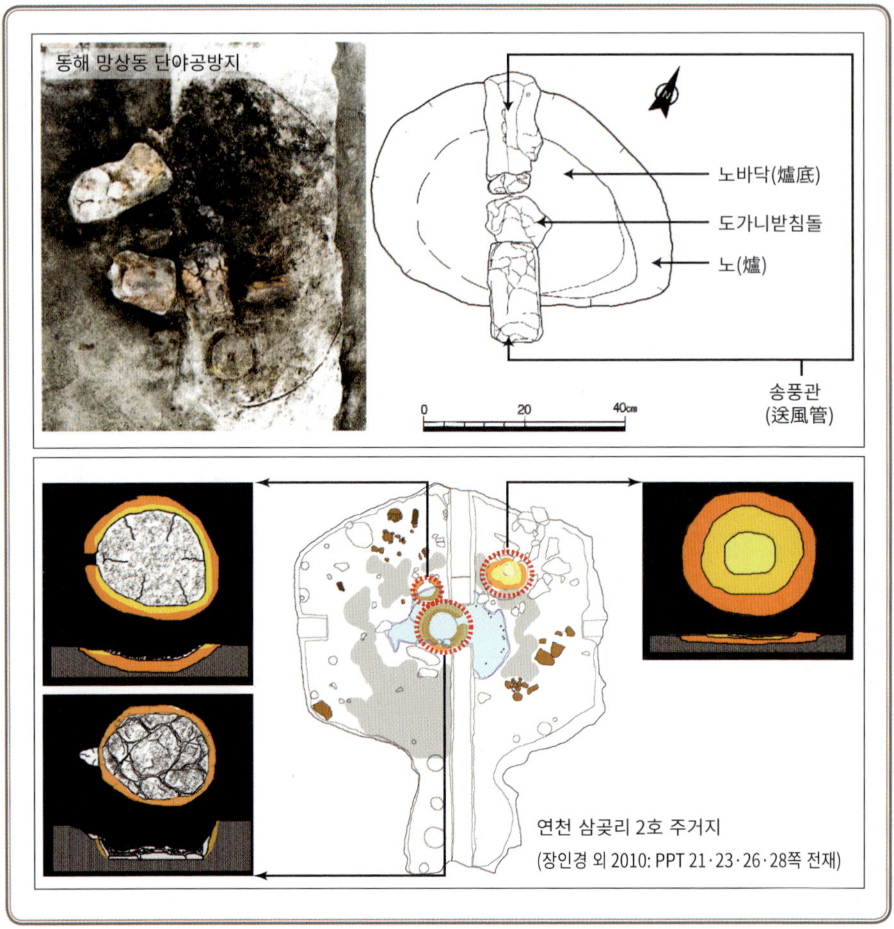

도면 71 단야로 조사 사례

2) 영남지역

영남지역 원삼국~삼국시대 수혈주거지의 조사 방법이 선사시대 수혈주거지와 비교할 때, 특별한 기술이 필요하거나 조사상의 원칙이 있어 그에 맞추어 할 수 있는 것은 아니다. 다만 고대 주거에서는 선사시대에 볼 수 없었던 노시설(구들과 부뚜막)이 사용되고, 이와 관련하여 내부 공간의 구분이 용이한 점 등은 선사시대 주거와 차별되는 부분이다. 그러나 고대 주거의 내부 시설은 바닥을 굴착하여 설치하기보다 점토를 이용하여 바닥 위에 구축한 예가 많아, 조사 시 대부분 무너진 채로 확인된다. 따라서 각 시설의 원래 형태나 구조에 대한 이해가 선행되지 않으면 조사과정에 많은 혼란을 초래할 수 있다(공봉석 2012).

영남지역 원삼국시대와 삼국시대 주거 구조가 일정한 형태를 띠고, 특히 3세기 후반부터 권역별로 개성이 뚜렷한 주거 유형이 전개되고 있음은 앞서 지적한 바 있다. 이에 주거지 조사 방법은 조사자마다 다를 수 있지만, 시대별·지역별 주거 형태의 파악이 그리 어려운 일이 아니므로, 이를 바탕으로 조사의 방향과 방법을 결정하는 것이 중요할 것이다.

이 글에서는 공통으로 적용되는 주거지 조사 방법과 주거 유형에 따른 조사법은 되도록 삼가하고, 영남지방 고대 주거지의 구조적 특성을 잘 보여주는 주요 시설을 중심으로 다루었다. 주거의 형태를 결정하는 기둥 배치는 삼국시대 영남 동부지역 방형 주거와 서부지역 타원형 주거가 큰 차이를 보여 지역별로 구분하였다. 그러나 나머지 시설은 주거 유형에 따른 구조 차이가 다소 있지만, 배치 원리와 구축 방법이 크게 다르지 않아 함께 다루었다.

(1) 주혈

주혈은 주거의 형태, 내부 공간배치, 증·개축 및 폐기 상황 등 다양한 정보를 말해주는 시설이다. 특히 기둥 배치를 통해 지붕의 구조가 결정되기 때문에 신중히 조사하지 않으면, 그 결과에 따라 건물의 형태가 달라질 수 있다(취락연구회 2006).

① 영남 동부지역 주거지(방형 주거지)

4~5세기대 영남지방 주거지는 권역별로 방형과 타원형으로 대표되는 평면 형태만큼이나 주혈 배치에서도 뚜렷한 차이를 보인다. 우선 영남 동부지역의 4~5세기대 방형 주거지에서 일반적으로 확인되는 주혈은, 주거지 모서리 쪽 중심 주혈 4개와 벽 주혈 또는 벽 주혈·중심 주혈만 확인되는 예가 많다.[44] 중심 주혈은 크고 깊으며, 기둥 흔적이 확인되는 경우가 많아 조사에 있어 큰 어려움은 없을 것으로 여겨지며, 벽 주혈 역시 크게 다르지 않다. 다만 이 지역 주거의 구조적 특수성을 고려하면 벽 주혈과 함께 벽체 조성방법에 대한 이해가 필요하며, 이는 곧 조사방법과 직결되는 문제이기도 하다.(도면 72 참조)

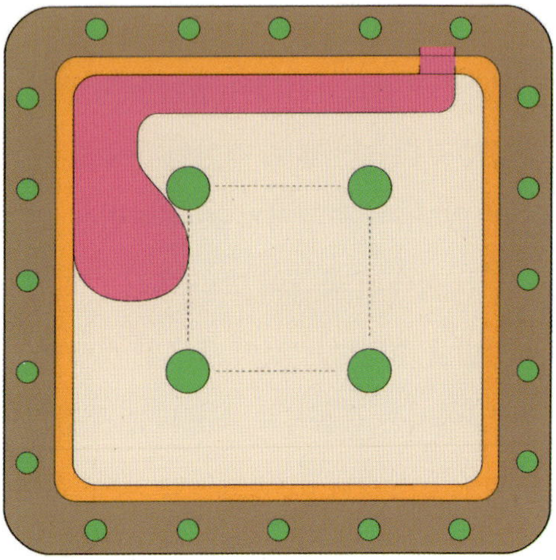

도면 72 영남 동부지역 주거지 모식도

벽체 조성방법은 다음과 같다. 주거지의 수혈 벽에서 약간 들여 벽기둥을 일정한 간격으로 세운 뒤, 벽기둥을 포함한 주거지 가장자리에 대략 40~80㎝ 정도 너비로 불순물이 거의 섞이지 않은 흙을 채워 벽체의 기저부를 조성하였다. 이때 내측 벽면은 점토를 2~5㎝ 정도 두께로 미장하였다.(사진 70 참조) 이와

44) 이 유형 주거지는 상부가 모두 삭평되고 주혈만 확인될 경우 지상식 건물지로 혼동할 수 있으므로 주의를 기울여야 한다.

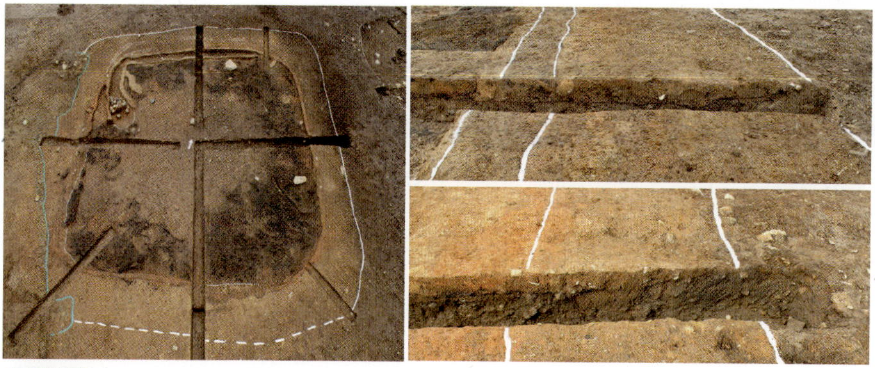

사진 70 벽체 조성토(양산 명동 57호 주거지)

같은 구조적 특성으로 인해 구들을 비롯한 모든 내부 시설이 벽체 조성토 너비만큼 거리를 두고 그 안쪽에 설치되게 된다. 여하튼 이 유형의 주거는 최초 땅을 굴착한 뒤 벽체를 조성하기 위해 다시 가장자리를 메우는 방법을 취하고 있어, 주거지 가장자리 흙이 벽체를 이루는 시설토임을 알 수 있다. 그럼에도 이를 내부 퇴적토로 간주하여 모두 제거하는 예가 종종 있는데, 이로 말미암아 벽 미장토와 구들의 배후에 있어야 할 벽체가 모두 훼손되면서 빈 곳이 생기게 된다. 물론 벽 미장토와 벽체 조성토가 훼손되었을 경우, 주거지 굴착 면에서 바로 노출을 해야 할 때도 있다. 그러나 이때에도 구들은 벽체에 접하여 설치되기 때문에, 유구 상부가 심하게 삭평되지 않은 이상 구들 배후에는 벽체 조성토가 대부분 남아 있다.

한편 벽 주혈은 벽체 조성토를 남겨 놓은 상태에서 윤곽을 확인하고 내부 노출하는 것이 당연하다. 그러나 벽 주혈은 여러 정황으로 보아, 벽체 조성토를 굴착하여 기둥을 세웠

사진 71 기장 가동 36호 주거지

다기보다 기둥을 세워 놓고 흙을 채웠을 가능성이 크기 때문에 벽체 조성토 위에서 그 흔적을 찾기란 쉽지 않다. 설령 주혈이 확인되더라도 벽을 따라 일주하는 벽 주혈 가운데 일부만 확인될 공산이 크다. 이에 많은 조사자는 벽체 조성토를 제거한 뒤 벽 주혈을 함께 확인하는 경우가 많은데, 현재로서는 이 방법이 효율적이라 생각한다. 다만 이럴 때 구들과 같이 벽에 접하여 설치된 시설은 제거해야 하므로 내부 시설에 대한 조사가 완료된 상태여야 한다.(사진 72 참조)

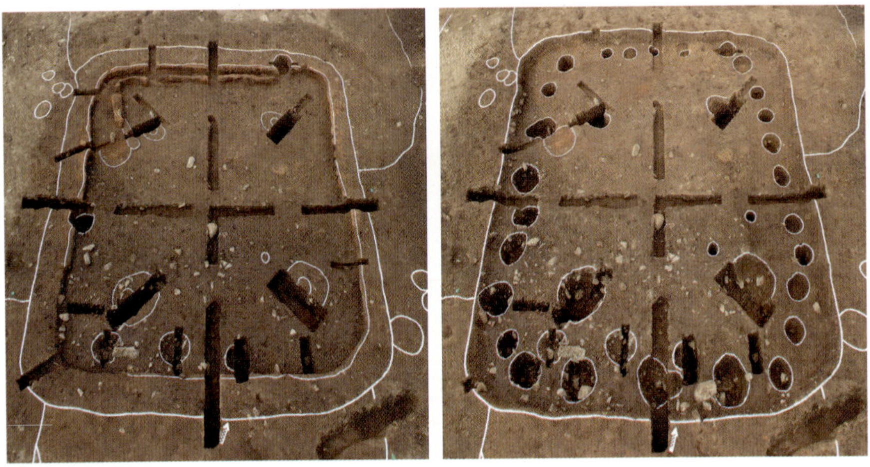

사진 72 벽체 조성토 제거 전·후 전경(양산 명동 38호 주거지)

② 영남 서부지역 주거지(타원형 주거지)

영남 서부지역 4세기대 타원형 주거는 중심 기둥 없이 모두 벽기둥만 설치하였다. 간혹 주거지 외곽에 벽을 따라 설치된 주혈도 확인되지만, 사례가 많지 않아 일반적인 양상으로 보기 어렵다. 벽기둥은 벽에서 약간 들여 설치하기도 하지만 대개 벽에 절반가량 걸쳐 수직으로 세웠다. 기둥 간격은 50~200cm 정도이며, 평균 100cm 내외이다. 벽기둥을 세운 뒤 주거지의 수혈 벽과 벽에서 약간 돌출되었을 기둥에 점토를 2~5㎝ 두께로 미장하였다. 다만 구들의 고래가 지나가는 구간의 벽은 점토로 미장을 하지 않았던 것 같다. 구릉에 입지한 주거지에서는 벽 주혈과 함께 벽구가 설치되는 예가 많다.(사진 73 참조)

진주 평거동 32호 주거지

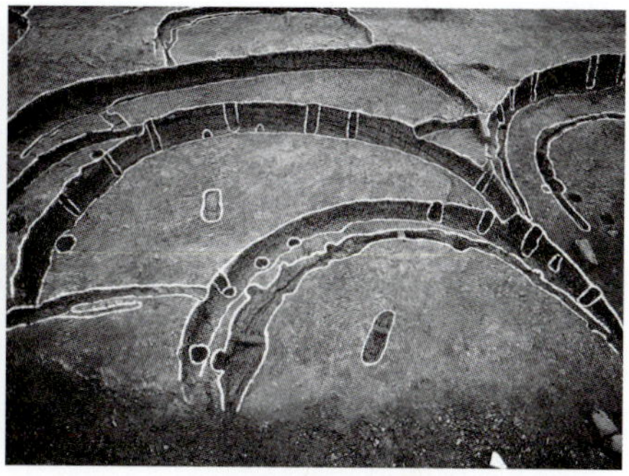

사천 봉계리 주거지군

사진 73 주혈 노출 상태

진주 평거동 17-1호 주거지

진주 평거동 46호 주거지

진주 평거동 95호 주거지

사진 74 벽 미장토 및 고래 설치 구간 주혈 노출 상태

주혈 조사는 일반 주혈 조사와 다를 바 없다. 다만 벽 미장토가 잘 남아 있는 경우, 벽 주혈의 흔적을 파악하기가 쉽지 않으므로 미장토를 제거하고 주혈을 조사해야 하는 번거로움이 있다. 한편, 벽기둥은 일정한 간격으로 설치되면서 자연스럽게 구들 배후에도 위치하게 된다. 타원형 주거지에서 구들이나 부뚜막

은 모두 벽과 밀착하여 조성하는 경우가 많은데, 특히 부뚜막은 불을 직접 다루는 곳이고 고래 길이에 비해 짧으므로 이를 피해서 기둥을 설치하기도 한다. 다만 사용상의 편의를 위해 부뚜막을 벽과 이격시킨 경우, 그 배후에 주혈을 설치할 가능성이 있으므로 주의를 기울여야 한다. 반면 고래는 벽을 따라 주거지 둘레의 1/3~1/4 정도에 걸쳐 있어 해당 구간에 3~5개 정도의 벽 주혈이 관찰될 가능성이 크다.(사진 74 참조)

③ 기둥의 재활용

현재에도 목조건물에서는 기둥을 포함하여 일부 부재를 폐옥廢屋에서 해체하여 재이용하는 것을 종종 볼 수 있다. 건축 부재의 재이용은 노동력과 시간 등의 절감, 용재 확보의 필요성에 의해 이루어진다(취락연구회 2006).

사진 75 벽주 수거 흔적(진주 평거동 48-1호 주거지)

사진 75는 진주 평거동 48-1호 주거지로, 건물 폐기 시 벽주를 재사용하기 위해 기둥 하부를 굴착하여 수거한 흔적으로 보이며, 춘천 우두동 유적에서도 유

사한 사례가 있다(강원문화재연구소 2007a). 이때 주혈은 일반 주거지의 주혈과 비교하면 크기와 내부토에서 많은 차이를 보인다. 기존 벽기둥을 뽑기 위해 기둥 주변을 넓게 굴착할 수밖에 없으므로 주혈 크기는 상당히 크게 남아 있고, 주거지 중앙 쪽으로 길게 굴착한 흔적이 나타날 가능성도 크다. 주혈 내부에는 벽체나 미장토와 같은 주거 내부 시설에 사용된 점토가 다량 유입되어 있다. 이상과 같이 기둥 주변을 굴착하여 기둥을 온전히 취하였을 수도 있지만, 기둥 상태에 따라 기둥 하부를 자르는 경우도 상정할 수 있다.

(2) 구들 및 부뚜막

주거지의 평면 형태와 주혈 배치가 주거의 구조를 파악할 수 있는 속성이라면, 실제 주거 구성원이 어떤 방식으로 살았는지 알기 위해서는 내부 시설에 대한 조사를 통해서 가능하다. 주거 내부에서는 조리, 작업, 저장, 취침, 휴식, 육아, 제사 등 다양한 행위가 이루어지며, 이상의 제 행위는 내부 시설이나 출토유물로 나타난다. 곧 내부 시설과 출토유물은 당시 주거 생활을 복원할 수 있는 기초 자료가 된다.

내부 시설 가운데 구들과 부뚜막은 용도가 명확한 시설로, 삼국시대가 되면 주거에 보편적으로 사용된다. 비록 구들은 원삼국과 삼국시대에 따라 구조가 다르고, 특히 삼국시대에는 지역별로 주거지의 평면형과 벽체 조성 방법, 선호도 등에 따라 형태 차이를 보이지만, 조리 방법과 난방 원리는 같다. 따라서 다음에서는 먼저 시기별 구들의 구조 변화와 설치 위치의 특징을 알아보고, 이를 바탕으로 시기와 지역 구분 없이 구들의 조사 방법에 관해 기술하였다.

① 구들의 구조 변화

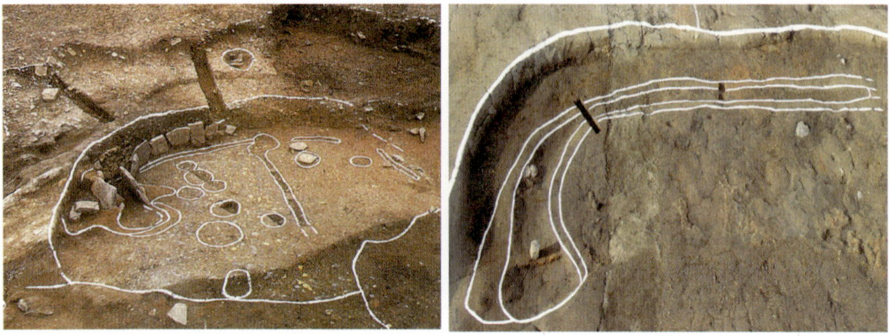

원삼국시대(사천 늑도 A지구 다-2-4호 주거지) 삼국시대(기장 가동 35호 주거지)

사진 76 구들의 축조 재료 및 너비 변화 양상

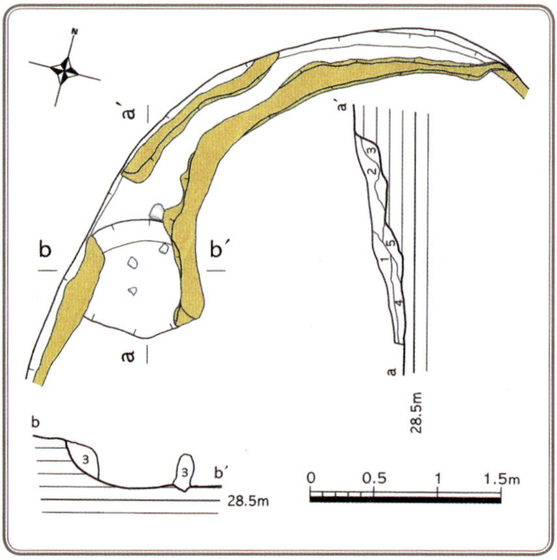

도면 73 부뚜막 바닥 높이 변화(진주 평거동 13호 주거지)

영남지방 구들은 원삼국시대 초기에 처음으로 도입되었다. 구들은 원삼국시대 후기 축조 재료가 점토로 바뀌면서 초기 석재 구들과 비교할 때 구조 변화가 감지되는데, 이후 삼국시대가 되면 그 차이가 현저하다. 영남지방은 원삼국시대 초기의 석재 구들을 제외하면, 원삼국시대 후기부터 석재 구들이 다시 나타나는 기원후 6세기경까지 모두 점토로 구들을 만들었다.

도입 초기의 석재 구들은 보통 아궁이와 고래 폭이 대체로 동일하나 삼국시대 구들은 아궁이에서 고래로 연결되는 지점이 급격히 좁아지면서 고래로 이어진다.(사진 76 참조) 또한, 구들바닥 높이의 미세한 변화가 감지되는데, 아궁이의 솥받침과 고래 사이에 일종의 부넘기와 유사한 구조가 확인되며, 고래 바닥은 굴뚝으로 갈수록 점차 높아지는 양상도 가끔 확인된다.(도면 73 참조) 이와 같은 구들의 제 변화는 연기의 역류를 방지하고 열효율을 높이기 위한 기술적 변화로 볼 수 있다(공봉석 2008). 삼국시대 모든 구들에서 이러한 특징이 나타나지 않지만, 조사 시 주의 깊은 관찰과 적절한 조사법이 요구된다.

② 구들의 설치 위치

조사 전 구들의 대략적인 위치 파악은 조사에 있어 매우 유리하다. 대개 벽을 따라 점토가 다량 집중된 곳에 구들이 있을 가능성이 크지만, 주거가 폐기되면서 구들과 함께 벽체나 벽 미장토에 사용된 점토가 뒤섞여 있어 구분하기가 다소 어려울 수 있다. 그러나 구들은 주거의 평면 형태와 장축 방향, 출입구 위치 등과 연계되어 주거 내 일정한 위치에 설치되는 예가 많아 이를 참고할 필요가 있다.

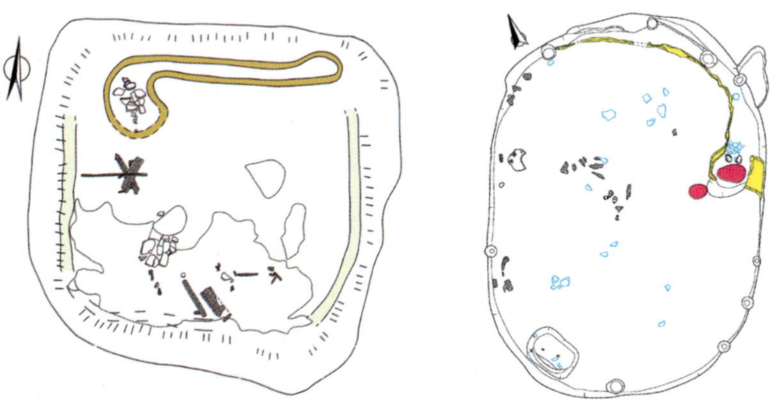

포항 호동 179호 주거지　　거창 송정리 A-4호 주거지

도면 74 구들 설치 위치

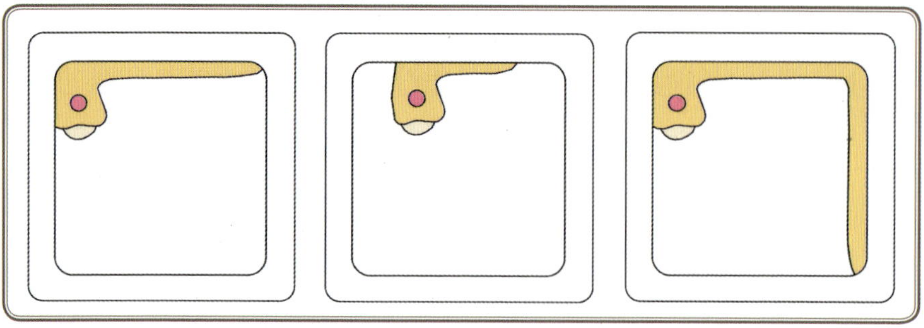

도면 75 영남 동부지역 4~5세기 주거지 구들 모식도

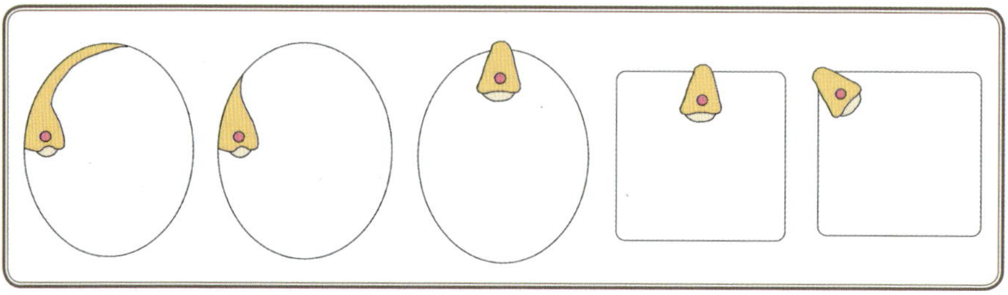

도면 76 영남 서부지역 타원형(4세기대)·방형(5세기대) 주거지 노 시설 모식도

영남 동부지역 방형 주거지는 부뚜막을 북서 모서리에 아궁이가 남쪽을 향하게 설치하고, 북벽을 따라 동쪽으로 고래가 진행되며, 북동 모서리에서 굴뚝으로 연결된다. 북동 모서리에 부뚜막이 설치되어 북서 모서리 쪽으로 배연되는 구조도 많으며, 두 벽에 걸쳐 고래를 조성하기도 한다. **도면 77**과 같이 주거지 간 심한 중복으로 구들 일부만 남아 있는 경우에도 일관된 위치에 설치되는 것을 알 수 있다.

영남 서부지역 역시 구들은 주거지의 동벽 또는 서벽에 아궁이를 남쪽으로 향하도록 부뚜막을 설치하고, 고래는 벽을 따라 북쪽으로 진행되어 북벽 중앙에서 굴뚝으로 연결되는 것이 보통이다. 부뚜막을 서벽 중앙에 두고 북벽 쪽으로 짧은 연도를 둔 것도 많이 관찰된다.

한편, 이 지역에서 5세기대에 많이 보이는 방형 주거지에서는 벽 중앙이나 모서리에 벽과 직교하는 부뚜막을 설치한 예가 많다.

영남 동부지역과 서부지역의 구들은 주거지의 주요 속성과 관련하여 평면 형태, 구조 등이 약간 차이를 보이지만, 대체로 같은 맥락으로 이해되는 지점에 부뚜막, 고래, 굴뚝을 설치한 것을 알 수 있다. 물론 모든 주거지에서 위와 같은 지점에 구들이 설치되지 않으므로 세심한 관찰이 필요하다.

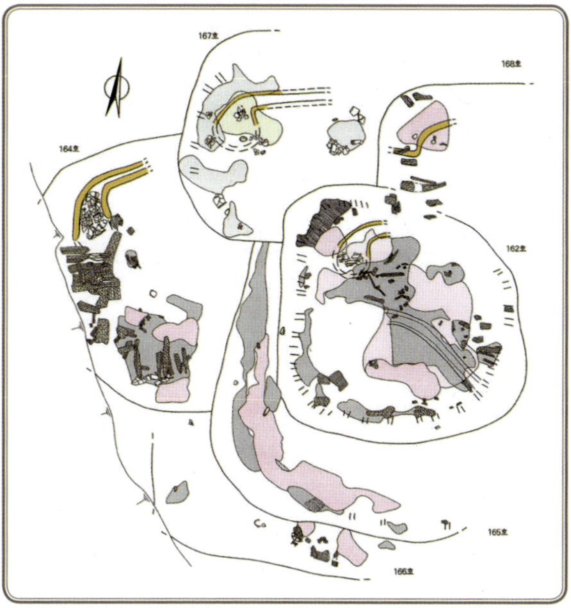

도면 77 구들 설치 위치(포항 호동 주거지군)

③ 구들의 조사

▪ 부뚜막(아궁이)

부뚜막 내부 조사에 앞서 부뚜막 전체 윤곽과 아궁이 위치 및 방향 등을 파악할 필요가 있다. 간혹 부뚜막은 원형을 유지한 채로 노출되기도 하지만, 대부분 천장과 벽이 무너져 뒤엉킨 채로 확인되거나 상부 구조물이 모두 훼손되는 등 잔존 상태가 극히 불량하여 윤곽 파악이 불가능할 때가 많다. 보통 이 경우 탐색트렌치를 굴착하여 아궁이 위치와 방향 등을 확인하는데, 탐색트렌치가 아궁이 축과 어긋나게 설치되면 이후 조사에 문제가 발생하기도 한다. 자칫 붕괴된 점토를 제대로 제거하지 못한 채 내부를 노출하게 되면 구조 파악이 더욱 어려워지므로, 오히려 이때에는 탐색트렌치 설치 전 주거지 바닥을 찾으면서 붕괴된 상부 구조물을 과감하게 걷어 내는 것이 바람직할 수 있다. 왜냐하면, 상기 한 부뚜막 상태라면 부뚜막은 벽 기저부나 아궁이 바닥 정도만 남아 있을 가능성이 크기 때문이다.

기장 가동 79호 주거지

진주 평거동 6호 주거지

진주 평거동 6호 주거지

사진 77 구들 조사 전 상태

부뚜막의 위치와 아궁이 방향 등이 파악되면, 부뚜막 내부 노출을 위한 기초 자료 확보 차원에서 탐색트렌치를 설치할 필요가 있다. 탐색트렌치는 부뚜막의 규모, 아궁이 방향 등을 고려하여 꼭 필요한 곳에 설치하는 것이 중요한데, 그러기 위해서는 부뚜막의 기본 구조를 어느 정도 예상할 수 있어야 한다. 더불어 부뚜막은 붕괴되더라도 솥걸이부의 흔적이 남아 있기도 하며, 주변으로

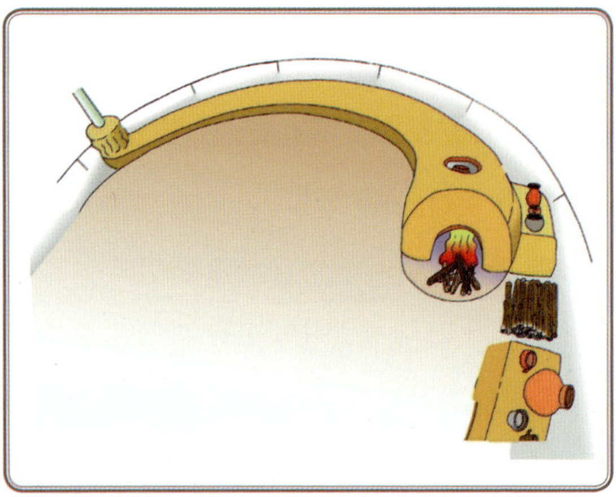

도면 78 타원형 주거지 구들 모식도(공봉석 2012 전재)

조리 용기가 깨어진 채로 노출되기도 한다.

통상 부뚜막은 규모가 그리 크지 않아 많은 수의 탐색트렌치를 설치하기 곤란하다. 조사 효율과 자료 확보 등을 고려하면 대략 부뚜막의 장축과 단축 탐색트렌치 설치가 적당할 것으로 생각한다. 부뚜막 장·단축 방향으로 탐색트렌치를 설치할 경우, 천장 및 측벽 함몰 상태, 아궁이 바닥에 형성된 재층, 솥받침 전면 소결면, 부뚜막 바닥 및 높이 변화 양상 등을 확인할 수 있어야 한다.

진주 평거동 43호 주거지

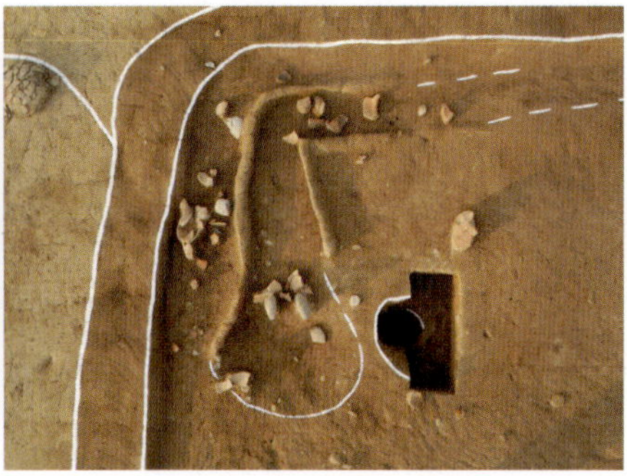

거창 송정리 A-133호 주거지

사진 78 부뚜막 측벽 양상

고래가 훼손되었거나 고래 없이 부뚜막만 설치된 주거지에서 부뚜막 상부가 모두 훼손되고 아궁이 바닥만 얕은 수혈의 형태로 남아 있을 때, 선사시대 노와 같은 구조로 잘못 해석하는 일이 없어야 할 것이다.

한편 구들의 부뚜막은 공간 확보와 화재 예방 차원에서 주거지 벽과 최대한 이격시켜 그 사이에 사질토·점토를 채우거나, 사질토를 채운 뒤 외면은 점토로 발라 마무리하여 조리대 공간으로 활용한 예가 많은데, 이 경우 주거지 벽 쪽의 부뚜막 벽이 반대쪽보다 상당히 넓어지게 된다. 토층 조사에서 이러한 사실을 파악하지 못하면, 자칫 부뚜막과 주거지 벽 사이에 채워진 흙을 모두 제거할 수 있으므로 유의해야 한다. 물론 이 공간에 별도로 흙을 채우지 않고 바로 조리 용기를 놓기도 한다.

사진 79 부뚜막 장축 토층(진주 평거동 50-1호 주거지)

부뚜막 토층조사를 통해 얻은 정보를 바탕으로 부뚜막의 상부 퇴적토, 함몰된 상부 구조물, 재 등의 순으로 내부토를 제거한다. 아궁이 바닥은 부뚜막 설치 시 약간 굴착하기도 하나, 사용 중(재를 긁어내는 과정)에 자연스럽게 얕은 수혈이 형성되기도 한다. 앞에서 언급한 대로 아궁이는 솥받침 전후로 미세한 높이 변화가 관찰되는 예가 많으므로 바닥 노출 시 유의해야 하며, 아궁이 바닥에 얇게 퇴적된 재에는 조리 시 넘친 탄화 곡물이나 수골, 어골 등 동·식물 유체가 혼입되어 있을 가능성이 크므로 별도로 수거하여 물체질이 필요하다.

한편 솥받침은 불에 심하게 그을려 붉게 변색된 아궁이 바닥 배후에서 확인되는데, 사진 80과 같이 토기와 석재 등을 사용하며, 이를 혼용하기도 한다. 토기를 사용할 경우 조리기의 무게를 지탱하기 위해 주로 평저 토기 저부에 점토를 채우거나 돌과 점토를 함께 채워 엎어서 사용하였다. 토기나 돌을 2단으로 쌓아 솥받침의 높이를 맞추기도 하였다. 봉상형棒狀形의 석재를 솥받침으로 활용할 경우 아궁이 바닥을 약간 굴착하여 세운 흔적을 확인 할 수 있다. 영남 동부지역에서는 주로 봉상형 석재가 많이 사용되었고, 서부지역은 토기와 석재가 모두 나타난다.

솥받침은 주로 아궁이 중앙에 1개가 설치되며, 솥받침이 2개일 경우 대개 종방향보다 횡 방향으로 놓았다. 통상 솥받침 수를 통해 솥걸이부 개수를 파악하고 있는데, 솥받침 2개가 확인되더라도 부뚜막 규모가 작고, 솥받침 간의 간격이 좁으며, 각각의 높이가 비슷하다면, 2개의 솥받침 사이에 1개의 솥을 걸었을 가능성이 크다.

사진 80 각종 솥받침 노출 상태

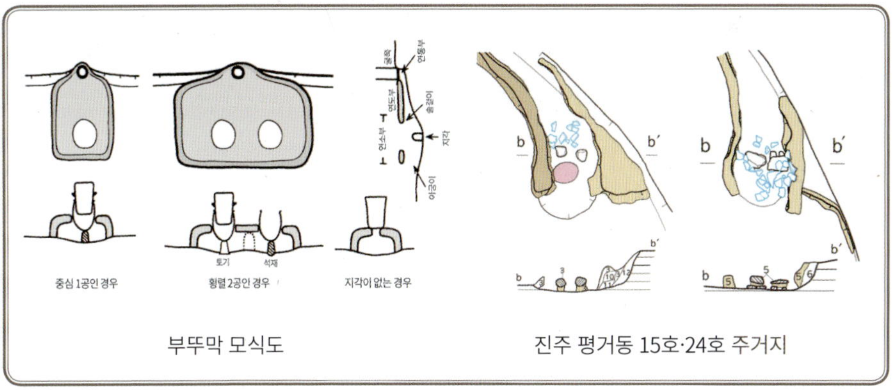

도면 79 부뚜막 모식도 및 솥받침 2개 설치 부뚜막

▪ 고래와 굴뚝

고래는 진행 방향과 직교되게 탐색트렌치를 설치하되, 바닥이 굴뚝으로 갈수록 높아지는 예가 가끔 확인되기도 하므로 높이 변화를 파악할 수 있도록 트렌치 수를 정한다. 고래 역시 부뚜막과 같이 천장이나 측벽이 무너진 상태로 노출되는 예가 많다. 특히 고래의 횡단면 형태가 영남 동부지역 방형 주거지에서

고래 조사 전 상태(가동 35호 주거지)

방형 주거지 고래 단면

타원형 주거지 고래 단면

사진 81 고래 조사 전·후 상태

는 양 측벽을 만들고 그 위에 천장을 올린 ㄷ자형이고, 서부지역 타원형 주거지에서는 주거지의 벽에 기대어 설치하여 ㄱ자형으로 확인되는 등 주거지 유형에 따른 고래의 구조 차이가 있어, 이를 고려하여 내부 노출을 해야 한다.

굴뚝은 상부 시설인 만큼 남아 있지 않고, 대부분 함몰되어 고래 끝에 다량의 점토가 집중된 상태로 노출되는 예가 많다. 일부 주거지의 굴뚝에 토제 연통을 놓은 예도 있지만, 영남지방에서 일반적인 시설로 보기 힘들다. 대부분 점토로 기저부를 조성하고 그 상부에 나무나 점토를 사용하여 굴뚝을 만들었을 가능성이 크다. 한편 굴뚝 기저부에 마치 주혈과 같이 원형으로 얕게 굴착한 예가 종종 확인되는데, 전통 구들의 굴뚝 개자리와 유사한 구조로 추정된다. 원삼국시

기장 청강·대라리 II지구 1-1호 주거지

거창 송정리 A-8호 주거지

사진 82 토제 연통

19호 주거지

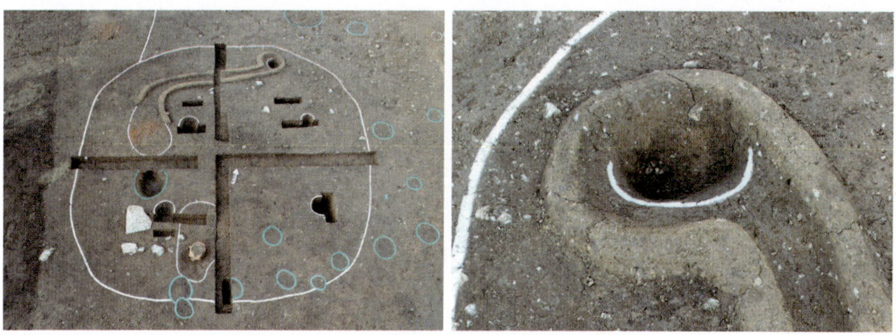

82호 주거지

사진 83 양산 명동 유적 주거지 굴뚝 하부 노출 상태

사진 84 거창 송정리 225호 주거지 부뚜막

대 원형계 주거지에서 간혹 확인되며, 삼국시대에는 영남 동부지역 방형 주거지에서 많이 나타난다. 고래 끝에 주혈과 유사한 크기의 수혈이 관찰된다면 해당 시설일 가능성이 큰데, 일부 주거지에서는 고래에서 진행되는 측벽의 점토가 수혈 내부까지 이어지기도 한다. 이 수혈을 벽 주혈로 착각하는 일이 없도록 해야 한다.

벽과 직교하는 부뚜막만 설치한 주거지에서는 굴뚝이 건물 바깥으로 약간 돌출되기도 한다.(사진 84 참조)

④ 기타

부뚜막 주위에는 조리기나 땔감 등을 놓거나 재를 모아두며, 제사와 같은 특수한 목적을 위해 공간을 마련하는 등 다양한 시설이 확인될 가능성이 크다. 이러한 공간은 별도의 시설을 하지 않고 아궁이 주변을 바로 활용하기도 하지만, 수혈이나 점토 단을 조성한 흔적도 많이 확인된다. 앞서 언급하였듯이 부뚜막 측벽을 주거지 벽과 이격하여 넓은 단을 만들기도 하며, 간혹 주거지 내측의 부뚜막 벽과 예각으로 꺾이는 고래 사이에 점토를 채워 공간을 마련하기도 한다.(사진 85 참조) 그리고 부뚜막에서 약간 떨어진 주거지 벽에 점토 단을 두기도 하며, 고래없이 부뚜막이 설치된 주거지에서 부뚜막 좌·우 공간에 얕은 수혈을 굴착하는 예도 많다.

거창 송정리 A-66호 주거지

거창 송정리 A-191호 주거지

사진 85 부뚜막 주위 공간 활용 사례

진주 평거동 32호 주거지

진주 평거동 31호 주거지

사진 86 선행하는 아궁이 흔적

한편 구들 조사가 완료된 후에는 반드시 아궁이를 포함하여 그 주변 바닥을 자세히 확인하여 선행하는 아궁이의 유무를 파악할 필요가 있다. 우선 구들 축조에 사용된 점토가 2종류 이상이면 최소 1번 이상 보수하였을 가능성이 크므로 주의 깊은 관찰이 요구된다. 구들은 주거 내에서 가장 빈번하게 사용하는 시설로, 특히 축조 재료가 점토이다 보니 사용하는 동안 여러 차례 개보수가 이루어진다. 이때 부뚜막의 위치가 약간씩 옮겨 가면서 그 흔적이 남게 되는데, 주로 현 아궁이 주변에 얕은 원형 수혈이 형성되어 있고, 그 내부에는 일반적인 아궁이 하부 토층과 동일한 목탄과 부뚜막 구축 점토가 퇴적되어 있다. 수혈의 바닥은 심하게 불에 그을려 있으며, 솥받침이 남아 있기도 하다. 이를 통해 부뚜막의 위치가 완전히 달라진 경우도 종종 확인된다.

(3) 출입구시설

출입구는 건물의 필수 시설이지만, 실제 주거지 조사에서 확인되는 사례가 드물다. 출입구시설이 확인된 주거지를 살펴보면, 벽을 일부 돌출시키거나 비스듬히 굴착하는 방법, 벽체를 단절시키는 방법, 주혈을 배치하는 방법, 점토 단(사진 87 참조)을 두는 방법 등 구조가 다양하게 나타나고 있어 정형을 파악하기 힘든 실정이다. 그러나 출입구의 형태는 다양하더라도, 주거지의 평면 형태, 구들 위치 등과 연계하여 일정한 지점에 설치한 가능성이 크다.

이와 관련하여 출입구의 위치를 살펴보면, 많은 주거지에서 출입구가 아궁이와 마주 보는 남벽에 위치하는데, 이곳은 옥내에서 가장 따뜻한 고래와 부뚜막이 위치한 곳에서 가장 먼 지점에 해당한다. 출입구시설이 다수 확인된 진주 평거동 유적의 타원형 주거지에서도 이 지점에 출입구가 위치한다. 평거동 주거

진주 평거동 24호 주거지

거창 송정리 5호 주거지

사진 87 점토 단 출입 시설

대구 매호동 1008번지 5호 주거지

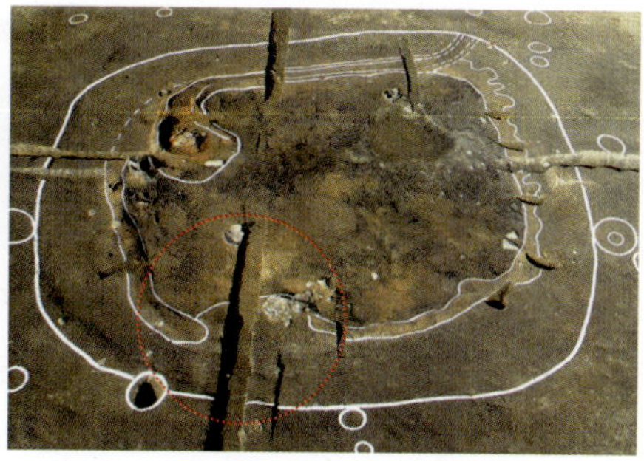

기장 가동 78호 주거지

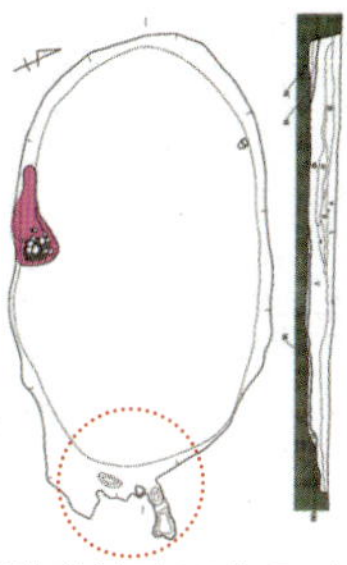

함양 화산리 23호 주거지

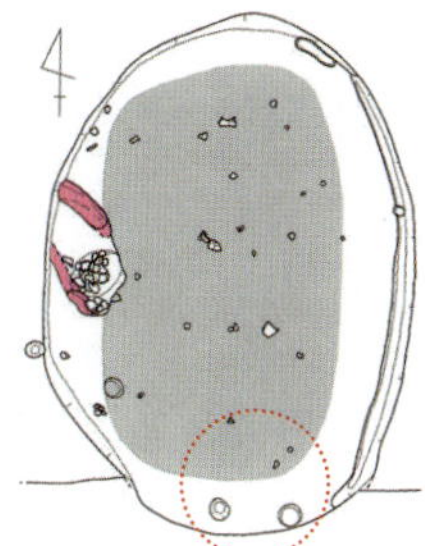

창원 가음정동 2호 주거지

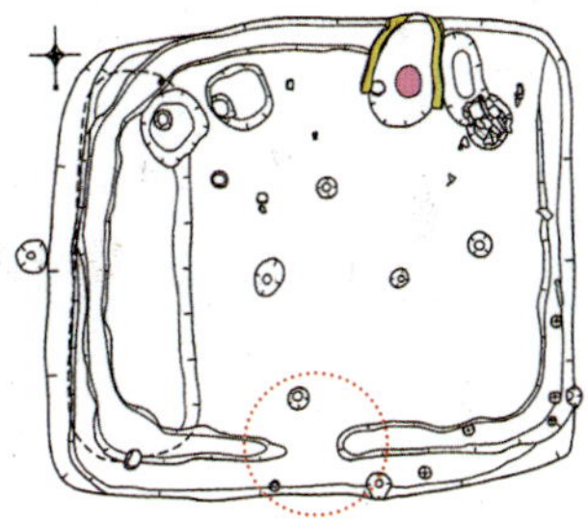

산청 하촌리 56호 주거지

사진 88 출입구 구조와 위치

지의 출입구시설은 대부분 굴뚝 맞은편인 남벽 중앙에 벽과 인접하여 주혈 1개가 위치하고 그 상부에 점토가 함몰되어 있어 계단형으로 추정하고 있다. 타 유적 타원형 주거지에서도 이 지점에서 주혈 1~2개가 확인되거나 벽을 비스듬히 굴착한 예가 관찰되고 있어 주목된다.

따라서 출입구는 주거지의 평면 형태와 구들의 위치, 아궁이 방향 등과 연계되어 주로 남벽 쪽에 설치되며, **사진 88**의 함양 화산리 23호 주거지·산청 하촌리 56호 주거지와 같이 구들이나 부뚜막의 위치가 다를 경우 같은 맥락으로 이해될 수 있는 지점에 위치하고 있다. 주거지 조사에서 출입구시설이 남아 있을 가능성은 크지 않지만 출입구는 주거 공간을 이해하는 데 중요한 요소이므로 그 위치를 염두에 두고 조사할 필요가 있다.

(4) 저장시설

주거 내 저장시설은 일반적으로 벽 주위에 구덩이 형태로 나타난다. 저장구덩이는 주로 영남 서부지역 4세기대 타원형 주거지의 출입구 좌·우 공간에 많이 설치된다.(사진 89 참조) 이를 제외한 나머지 방형계 주거지에서는 저장구덩이가 그리 많이 확인되지 않는 것으로 보아 일반적인 내부시설이 아닌 것으로 생각된다.

거창 송정리 2호 주거지 / 거창 송정리 4호 주거지 / 진주 평거동 53호 주거지

사진 89 타원형 주거지의 저장구덩이 위치

저장구덩이의 설치 예가 적다고 해서 주거 내 저장을 하지 않은 것은 아니므로, 이와 관련하여 저장공간에 대한 이해가 필요하다. 저장공간은 주거 내 여러 곳을 활용할 수 있겠지만, 대호·단경호·장동옹 등의 저장 용기가 주로 주거지의 출입구 좌·우 공간, 즉 주로 남벽 주위에서 출토되는 경우가 많다. 더불어 타원형 주거지에서도 이곳에 대형 기물이 놓인 경우가 많으며, 간혹 단경호 경부를 놓아 대형의 원저 토기를 정치할 수 있도록 받침대로 활용한 예도 확인된다.(사진 90 참조) 따라서 영남지방 주거 내 저장은 저장구덩이를 설치하기도 하지만, 출입구 주위에 대·소형의 저장 용기를 놓고 사용한 예가 많아, 특별한 시설 없이 주거 내 일정 공간을 활용하였음을 알 수 있다.

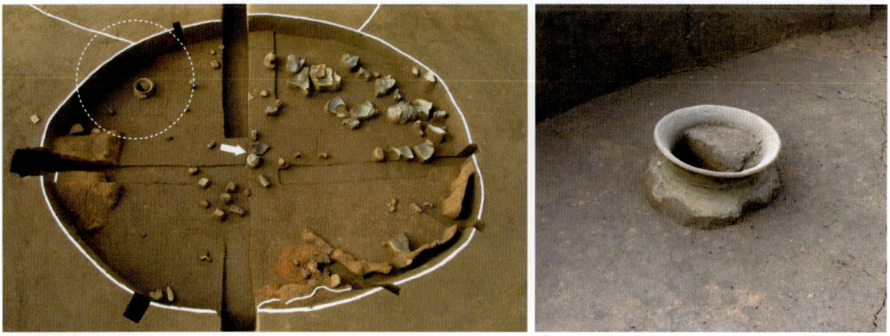

사진 90 진주 평거동 73호 주거지 출토 단경호

3) 서남부지역

서남부지역 원삼국~삼국시대 수혈주거지의 내부시설은 중부지역과 영남지역의 내부시설 조사방법과 큰 차이를 보이지 않기 때문에 주요시설의 특징에 대해 간략하게 설명하는 것으로 한다.

서남부지역 수혈주거지의 입지는 크게 구릉지와 충적지로 구분할 수 있으며, 일반적으로 강이나 하천 가까이에 형성된 구릉의 정상이나 사면부에 입지하는 것이 대다수이지만, 전남 서부지역의 늦은 시기(5세기 이후)에는 저지대를 선호하는 현상도 확인된다. 구릉 사면부에 조성된 경우 일렬로 등고선 상에 배치되는 경우가 많고, 충적지의 경우 복잡하게 중복된 양상도 종종 확인되기 때문에 유구 확인 시 이를 염두에 둘 필요가 있다.

(1) 주혈

주혈의 배치양상은 무시설식, 2주식, 4주식, 벽주식, 非4주식이 나타난다. 무시설식은 수혈주거지 내에서 주혈이 확인되지 않는 경우이며, 2주식은 중앙에

거리를 두고 주혈 2개를 시설한 형태, 벽주식은 주거지 벽 또는 벽에 인접한 곳에 주혈이 위치한 형태로 벽을 따라 일정한 간격을 보이며 시설된 것이 특징이다. 4주식은 수혈주거지 네 모서리 부근에 기둥을 세운 형태이며, 비4주식은 수혈주거지 내에서 주혈들이 확인되나 정형성이 나타나지 않는 경우이다.

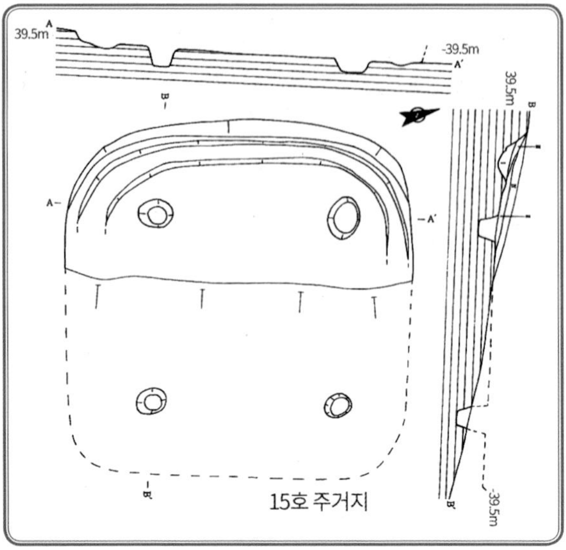

도면 80 사면부에 입지한 주거지 조사 사례(연기 응암리 15호 주거지)

사면부에 입지한 수혈주거지는 경사면 하단부의 삭평이 쉽게 이루어지기 때문에 잔존상태가 좋지 않은 경우가 많다. 경사면 하단이 삭평된 수혈주거지는 평면 제토과정에서 수혈주거지의 바닥면이 노출되어 있는 예가 많아 제토작업의 신중함을 요구하며, 특히 주거지 바닥면까지 삭평된 경우라 하더라도 4주식 주거지의 경우 경사면 하단부에 위치한 4주혈의 일부가 남아 있을 가능성이 크기 때문에 이를 염두에 두고 조사를 진행하여야 한다.(도면 80 참조)

주혈과 관련하여 호서지역에서 벽체가 확인되어 수혈주거지의 구조를 복원한 사례로 청원 연제리 유적 1호 주거지의 예를 들 수 있다. 중심기둥인 4주를 세우고, 벽에서 30~90㎝ 떨어진 곳에 작은 목재를 종방향으로 촘촘히 세운 후 너비 20~25㎝의 판재를 횡방향으로 결구하여 만든 형태이다. 특히, 횡방향의 판재는 나무를 반으로 갈라 다듬은 형태로 단면은 반타원형에 가까우며, 최대 5~6단 정도이고 높이는 최소 160㎝ 정도였던 것으로 추정된다.(도면 81 참조)

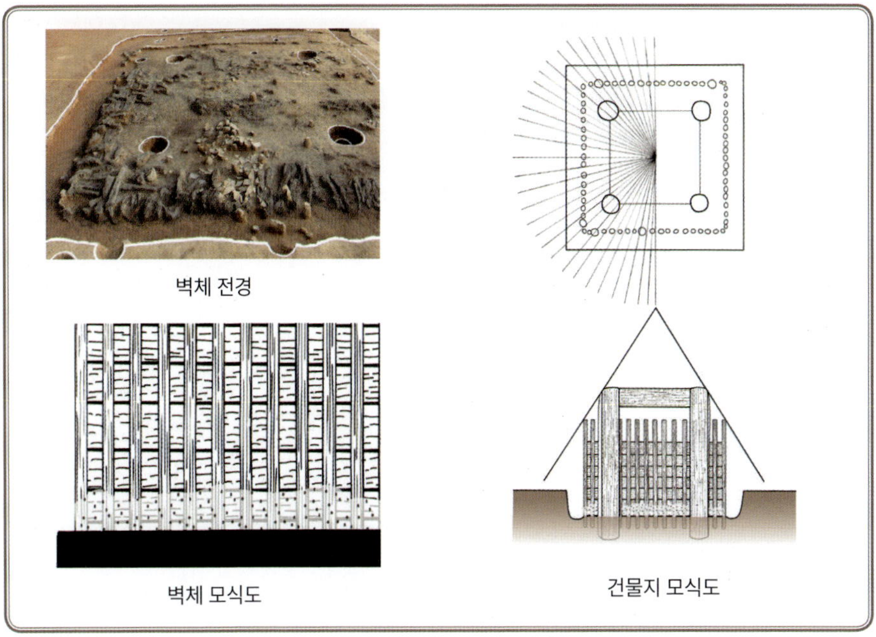

도면 81 청원 연제리 1호 주거지(신연식 2012 인용·편집)

(2) 노시설

노시설은 구조에 따라 노, 부뚜막, 외줄구들로 구분된다. 또한, 구들이 양쪽으로 이어지게 설치되거나[45], 노와 부뚜막의 두 가지 노시설이 함께 시설된 복합식도 확인되었다.

부뚜막의 평면형태는 '∩'자형(Ⅰ식)과 '八'자형(Ⅱ식), 주거지벽에 연소를 축조한 후 주거지의 밖으로 주거지 벽과 평행하거나 직교하게 고래와 굴뚝을 시설한 경우(Ⅲ식)으로 구분된다. 외줄구들의 평면형태는 호형(弧形:'가'식), 일자형('一'字形:'나'식), ㄱ자형('ㄱ'字形:'다'식)으로 구분하기도 한다(장덕원 2010). (**도면 82 ~84** 참조)

45) 장덕원(2010)을 비롯한 호서지역 일부 연구자는 '雙쪽구들'이라고 부르고 있다.

Ⅰ식	Ⅱ식	Ⅲ식
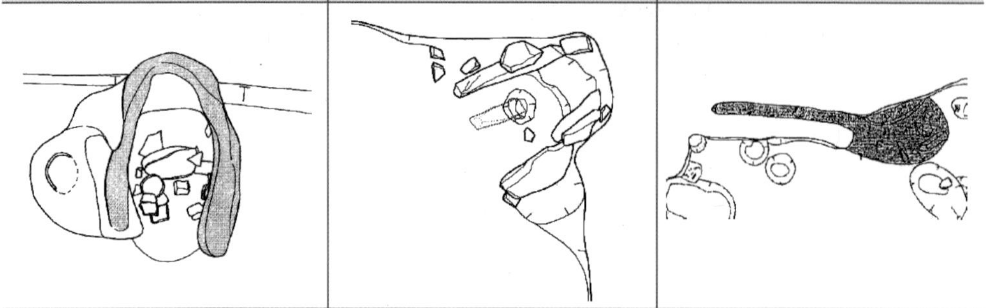		
서천 지산리 Ⅱ-50호 주거지	아산 초사동 Ⅰ-2호 주거지	서천 봉선리 3-Ⅰ지역 7호 주거지

도면 82 부뚜막 평면형태 분류안(장덕원 2010 전재)

'가'식	'나'식	'다'식
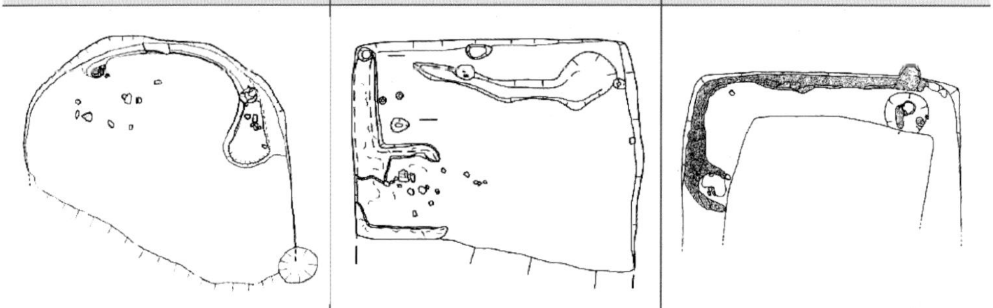		
대전 오정동 1호 주거지	천안 두정동 C·D지구 7호 주거지	서천 지산리 Ⅱ-68호 주거지

도면 83 외줄구들 평면형태 분류안(장덕원 2010 전재)

부뚜막과 외줄구들의 축조재료는 점토만 사용하여 시설하거나, 석재와 점토를 함께 사용하여 시설한 경우가 확인되고 있으며, 주거지의 터파기 과정에서 미리 계획한 후 생토면의 굴착·가공을 통해 노를 시설한 경우도 확인되었다. 노의 축조재료로서 석재만을 이용한 것으로 보고된 사례는 연기의 누출 및 연소부와 고래부 상면을 감안하면 당연히 점토를 함께 사용하였을 것으로 추정된다. 이러한 현상은 애초에 주거지 폐기과정에서 덧바른 점토가 탈락되어 남아 있지 않았을 가능성을 배제할 수는 없지만, 노 구조에 대한 이해 없이 조사를 진행하여 조사과정에서 제거되었을 가능성도 간과할 수 없다. 솥받침은 할석을 이용한 형태, 점토를 뭉쳐서 연소부의 바닥에 박은 형태, 석재를 세우고 토기의 저부를 거꾸로 얹은 형태 등이 확인되었는데, 석재를 이용한 형태가 가장 많이 보고되었다.

'쌍(雙)쪽구들'식	'복합'식
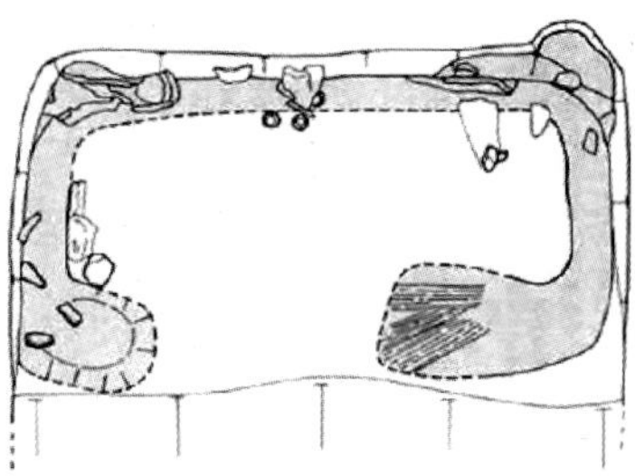	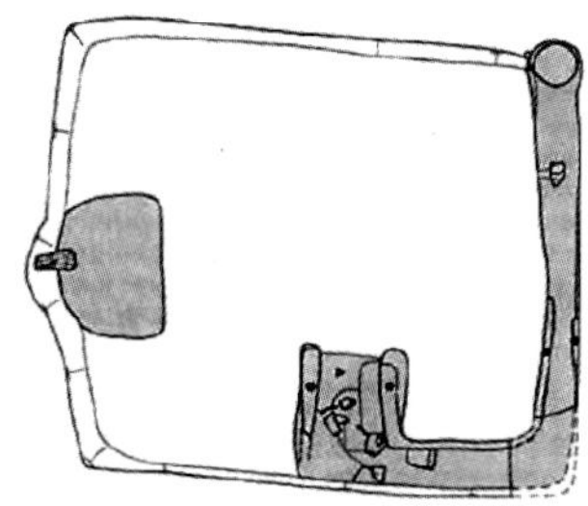
서천 지산리 II-6호 주거지	서천 지산리 II-57호 주거지

도면 84 쌍(雙)쪽구들과 복합식 분류안(장덕원 2010 전재)

(3) 벽구와 (외부)돌출구, (외곽)주구

벽구는 배수를 위한 목적과 벽체를 세우기 위한 목적 등으로 이해되고 있으며, 평면형태에 따라서 주거지의 네 벽면을 따라 구를 두른 경우, 네 벽 가운데 일부 벽에 구를 두른 경우, 네 벽에 구를 두른 후 한쪽 모서리 부분에 배수로를 만든 경우로 구분한 연구가 있다(이영철 1997). 벽구 내부에는 다수의 소주혈이 종종 확인되는데, 이는 벽체시설을 세우기 위한 목적으로 설치되었을 가능성이 높다. 주거지 내부의 벽구와 연결된 외부돌출구가 확인되는 경우에는 벽구의 용도가 물의 배수와 관련된 시설이었을 가능성을 뒷받침한다.

사진 91 외부돌출구가 시설된 예(서산 언암리 낫머리 24호) 주거지

일부 지역의 양상이지만 청원 연제리 2·4호(도면 85 참조)나 해남 신금 유적 등과 같이 주거지 외곽에 주구가 둘러진 사례도 있다. 주구의 평면형태를 통해 처마의 형태를 유추해볼 수 있다. 조사 시 유의해야 할 점은 주구에서 출토되는 유물이 수혈주거지와 관련이 없는 외부 유물일 가능성도 있으므로 반드시 유물의 성격을 규명할 필요가 있다는 것이다.

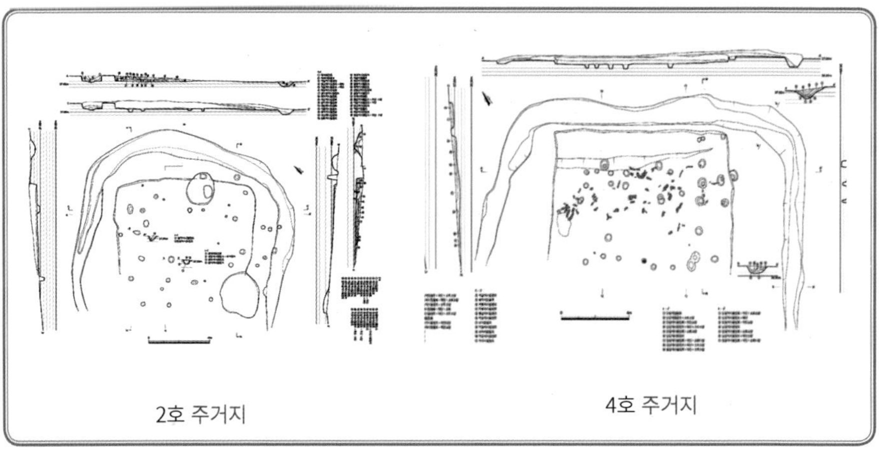

도면 85 청원 연제리 유적의 주구 설치 주거지

(4) 기타시설

일부 주거지에서는 영광 마전 5호와 무안 양장리 94-9호 주거지(사진 92 참조)와 같이 장타원형 구덩이가 1~3개 정도 확인되는데, 공간 분할을 위한 칸막

사진 92 장타원형 구덩이:무안 양장리 94-9호 주거지

이의 가능성이 있는 것으로 보기도 하며(김은정 2007), 사다리의 흔적으로 보기도 한다.

일반적으로 출입구시설은 잘 확인되지 않지만 돌출되어 '凸'자의 형태를 보이는 4주식 주거지가 천안 용원리(도면 86 참조)와 화성의 발안리, 마하리, 당하리, 요리 270-7번지 등 충청 북부와 경기 남부지역에서 확인되는 사례가 종종 있는데, 이는 여·철자형주거지와 접촉현상으로 이해되고 있다. 또한 청원 연제리의 사례와 같이 벽주식과 조합되거나 천안 용원리 유적 등의 사례처럼 오각형이나 육각형에 가까워 백제 주거지의 요소가 추가된 것으로 이해되기도 한다.

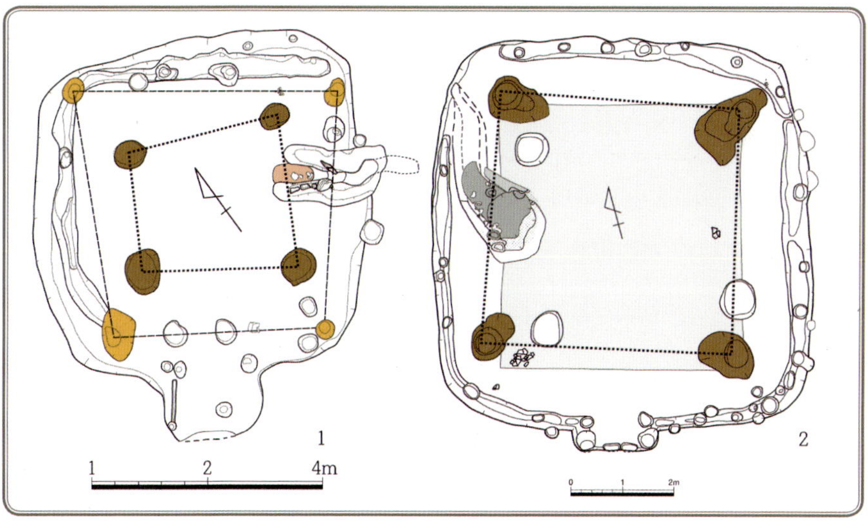

도면 86 출입구시설 : 화성 발안리 28호 주거지, 화성 길성리토성 6호 주거지

04

통일신라~조선시대

통일신라~조선시대 수혈주거지에 설치된 주요 내부시설은 다음과 같다.

❶ 통일신라시대 : 주혈, 노시설, 벽석렬, 출입구시설, 선반시설
❷ 고려시대 : 주혈, 노시설, 벽석렬
❸ 조선시대 : 주혈, 노시설, 배수구, 공방시설과 관련된 수혈

1) 주혈

주혈은 형태와 배치에 따라 주거의 상부 구조를 복원할 수 있는 중요한 시설이다. 여기에서는 시대별로 주거지에서 확인되는 주혈의 형태와 축조방법, 조사방법에 대해 살펴보고자 한다.

(1) 주혈 배치형태

통일신라~조선시대 주거지에서 확인되는 주혈은 대부분 중심주혈이며, 기둥

을 바닥에 받친 것으로 주거지 바닥에서 주혈이 확인되지 않는 무주혈식이 대부분을 차지한다.

❶ 통일신라시대 : 주거지 내부 또는 외곽에서 불규칙하게 확인
❷ 고려시대 : 1주식, 2주식, 4주식, 6주식, 무주혈식
❸ 조선시대 : 1주식, 2주식, 4주식, 다주식, 1주식+다주식, 무주혈식

1주식은 주거지 중앙에 1개의 중심주혈이 배치되며, 기둥 하부 구조는 주혈식과 초석식[46]이 확인된다. 2주식은 주거지 중앙에서 가장자리 또는 굴광선과 맞물려 2개의 주혈이 배치되며, 기둥 하부 구조는 주혈식만 확인된다. 이러한 2주식은 충적지에 입지한 고려~조선시대 주거지에서 나타나는 특징이다. 4주식은 주거지 내부에 4개의 주혈이 규칙성 있게 배치되며, 기둥 하부 구조는 주혈식과 초석식이 확인된다. 6주식은 주거지 내부에 6개의 주혈이 규칙성 있게 배치되며, 기둥 하부 구조는 주혈식만 확인된다. 다주식은 주거지에 설치된 노시설을 중심으로 내부 벽면을 따라 5~8개의 주혈이 원형으로 배치되는 형태이다. 1주식과 다주식이 혼합되어 배치되는 경우[47]는 기본적으로 주거지 내부 중앙에 1개의 주혈이 배치되며, 주거지 외곽 또는 내부 벽면을 따라 6~8개의 주혈이 원형 또는 방형으로 배치되는 형태이다.

---

46) 1주식과 4주식에서 기둥 하부구조의 초석식은 현재까지 고려시대 주거지에서만 확인된다.

47) 이러한 형태는 『金馬志』라는 사료에서 확인되며, 이것은 영조 32년(1756) 金馬의 군수 남태보(南泰普)가 편찬하였다. 그 내용은 "익산지방에서는 이른바 양반이라고 하는 사람들이 대체로 가난하여 머슴 하나도 두지 못하며 따라서 나무를 하고 물을 긷는 일도 몸소 하기 마련이다. 그래서 사람들은 이들을 '兼奴上典'이라고 부른다. 그들이 사는 집도 돼지우리나 진배없다. 가운데 기둥을 하나 세우고, 그 기둥에 의지하여 둥그렇게 돌아가며 서까래를 놓고 그 위에 풀을 덮어 만든 것이다. 날씨가 추울 때에는 움집 안에 거처하고 날씨가 따뜻해지면 밖으로 나와 노천에서 잔다."라고 기록되어 있다.

1주식	2주식	
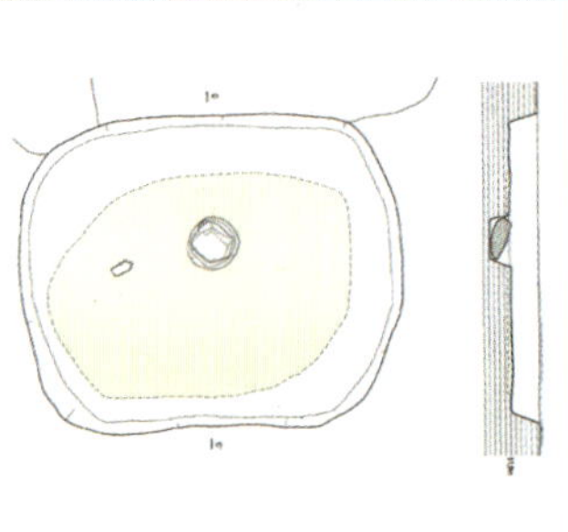	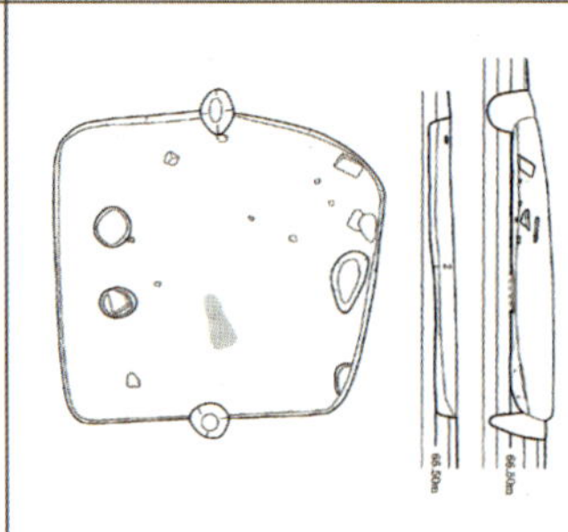	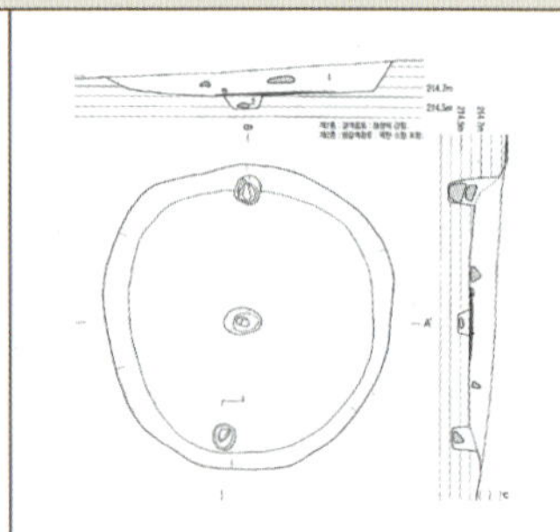
상주 복룡동 230-3 2G-39호	대전 상대동 3호	영덕 지품리 1호
4주식		6주식
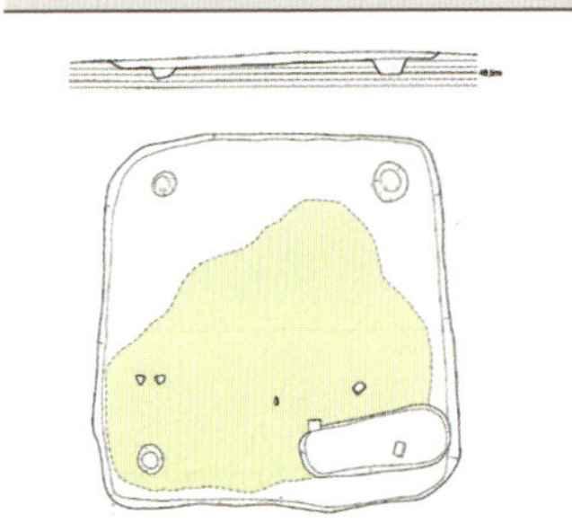	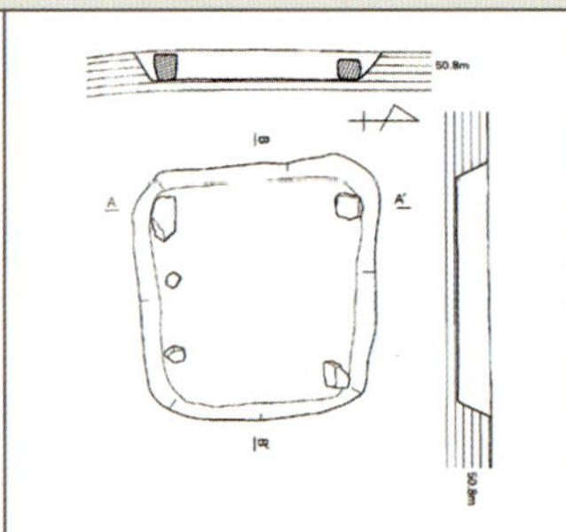	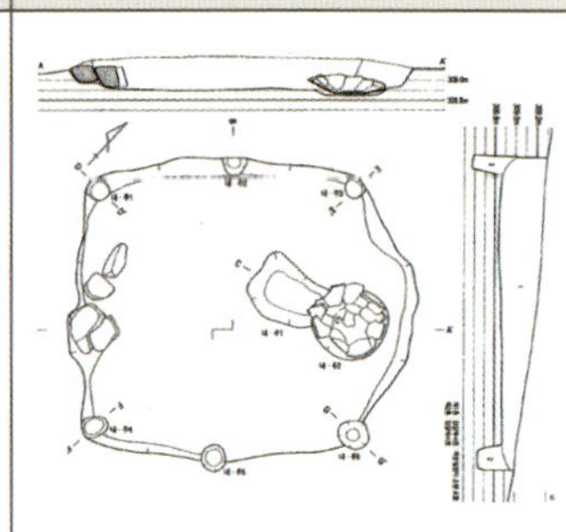
상주 복룡동 10-4 4-6호	상주 복룡동 256 C3-11호	봉화 창평리 산2-1 VI-1호

도면 87 고려시대 주거지 주혈 배치형태

1주식	2주식	4주식
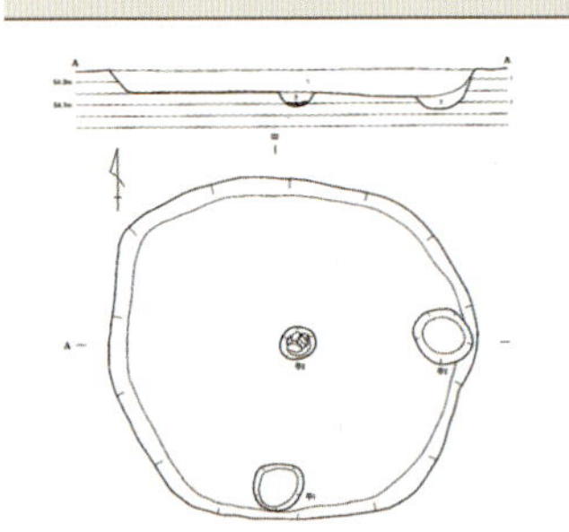	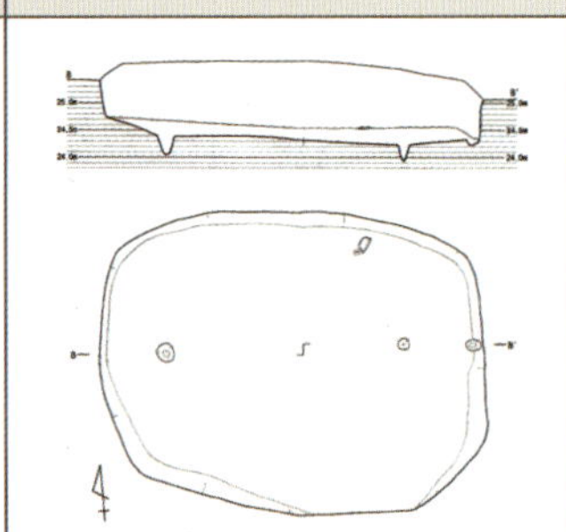	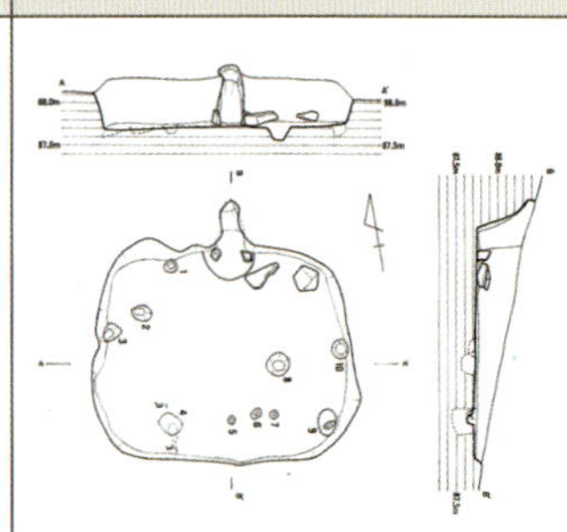
상주 무양동 152 I 47호	김포 양곡 1-23호	용인 구갈리 14호

다주식	1주식+다주식	
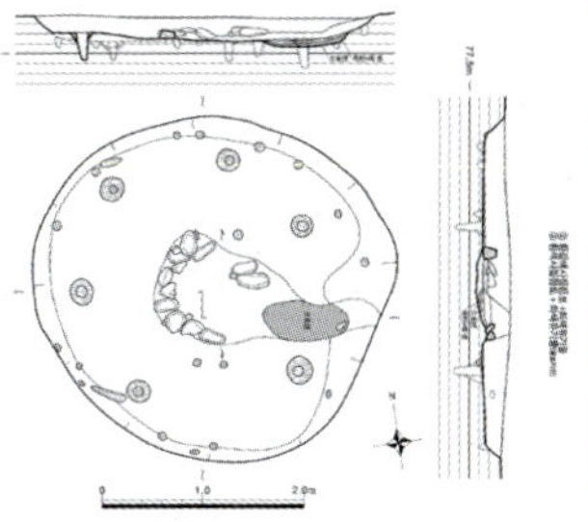	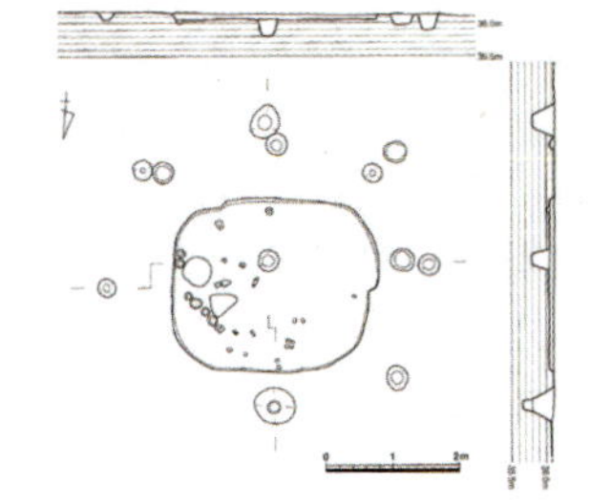	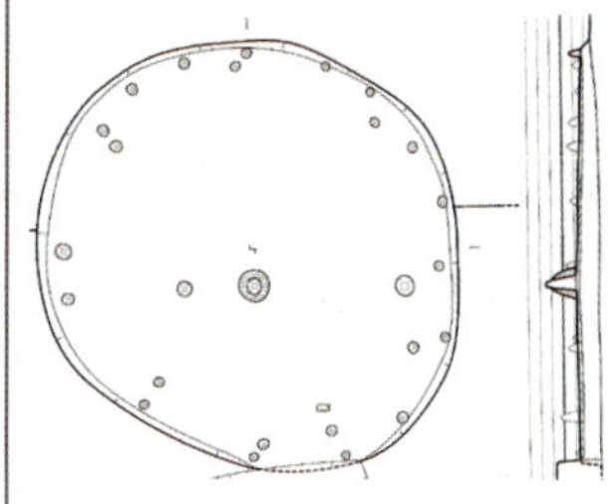
춘천 우두동 I 5호	울산 창평동 나호	춘천 우두동 I 3호

도면 88 조선시대 주거지 주혈 배치형태

(2) 기둥 설치방법

기둥의 설치방법은 크게 주혈식과 초석식이 확인된다. 주혈식은 주혈을 굴착한 다음 기둥을 세우고 가장자리에 점성이 강한 흙으로 보강하여 고정하는 방법이다. 초석식은 주거지 바닥에 얕은 수혈을 굴착한 다음 하부에 적심석을 놓거나 수혈 바닥에 바로 초석을 놓고 기둥을 세우는 방법이다.

표 13 조선시대 주거지 기둥 설치방법(황대일·최수형 2010 전재)

구분	주혈식(A)		초석식(B)	
	A1	A2	B1	B2
모식도	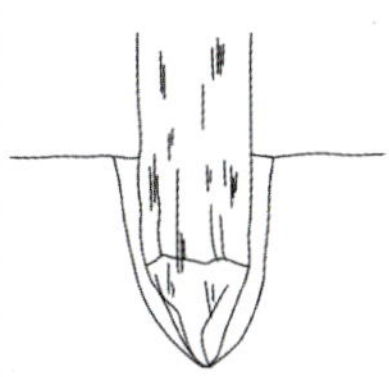	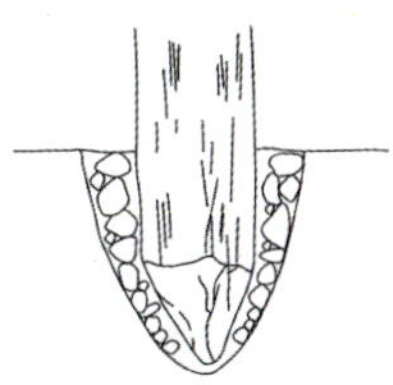	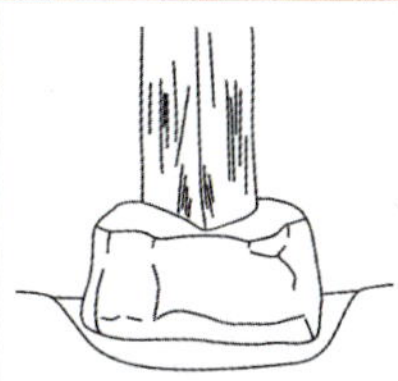	
사진		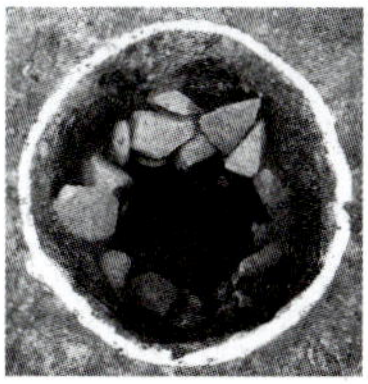		

(3) 주혈 조사방법

❶ 평면 굴광선 확인
❷ 사진촬영 및 평면실측 완료 후 토층조사
❸ 주혈식 - 단면 토층조사, 초석식 - 적심석 유무 확인
❹ 사진촬영 및 토층도 작성
❺ 절개한 나머지 부분 조사

주혈의 단면조사는 절반을 절개하는 방법이 가장 보편적이지만, 깊이에 따라 박스 형태로 절개하여 굴광선과 바닥을 명확하게 확인하는 방법도 유용하게 사용되고 있다. 초석식의 경우 둑을 설정한 후 초석 아래에 적심석 설치 유무를 확인하는 과정을 거쳐야 한다.

주혈 조사과정에서 주의할 점은 통일신라~조선시대 주거지에 주혈이 규칙적인 형태로 설치되어 있다면 발굴현장에서 누구라도 구분할 수 있을 정도로 명확하게 확인된다. 그러나 대부분의 주거지에서는 기둥을 바닥에 받치거나 무주혈의 형태로 확인되기 때문에 바닥면의 요철이나 얕은 깊이에 따라 주혈 내부

주혈식(울산 약사동 평산 I 240호 주거지)

초석식(울산 약사동 평산 I 210호 주거지)

사진 93 주혈 토층조사 사례

퇴적토를 단순 수혈과 구분하여 확인할 수 있어야 한다. 또 바닥에서 무질서하게 확인되는 형태의 주혈은 중심주혈, 보조주혈, 노시설과 관련된 주혈 등으로 구분하여 조사할 필요가 있다.

2) 노시설

(1) 노시설의 종류

통일신라~조선시대 노시설은 대부분의 주거지에 설치되어 있으며, 시대에 따라 종류와 형태가 다양하게 나타난다. 통일신라시대는 노, 부뚜막, 구들이 확인되며, 고려~조선시대는 노, 구들이 확인된다.

노는 주거지 바닥에 설치된 것과 벽에 붙여 설치된 것으로 구분할 수 있다. 통일신라시대 노 가운데 벽에 설치된 것은 부뚜막으로 불리지만, 고려~조선시대에서는 노시설이라는 큰 범주 안에 포함시켰다.

▪ 통일신라시대

노는 주거지 바닥에 평면형태 원형 또는 타원형으로 설치된 형태이다. 주거지 중앙 또는 중앙에서 좌·우로 조금씩 치우친 곳에 위치하며, 바닥을 얕게 굴착한 수혈식이다. 일반적으로 선사시대 주거지 노와 유사한 모습으로 볼 수 있다.

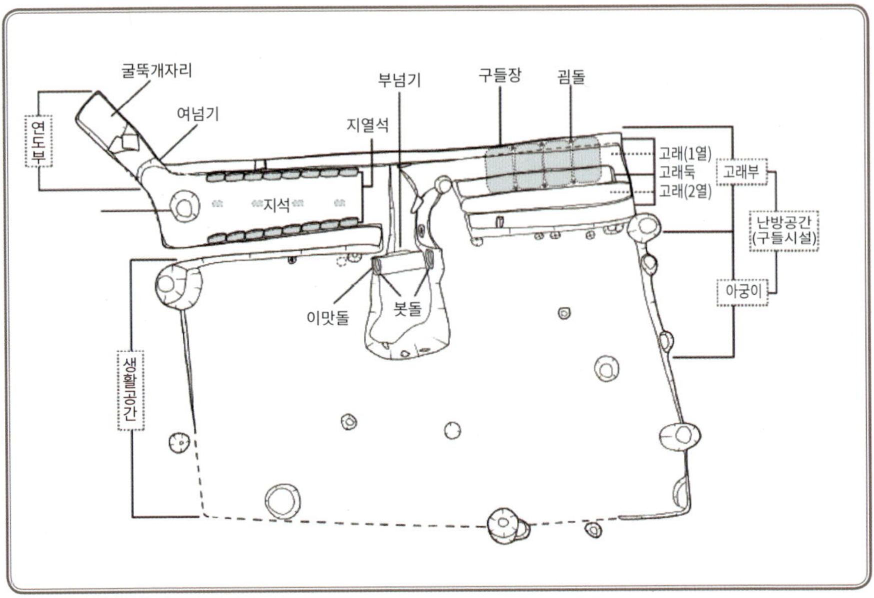

도면 89 통일신라시대 수혈주거지 세부 명칭(이상복 2011 전재)

부뚜막은 주거지 중앙 또는 벽모서리에 아궁이와 연도부가 설치된 형태이다. 구들의 고래부분만 탈락된 형태이며, 난방보다는 취사 중심의 시설로 사용된 것으로 보인다.

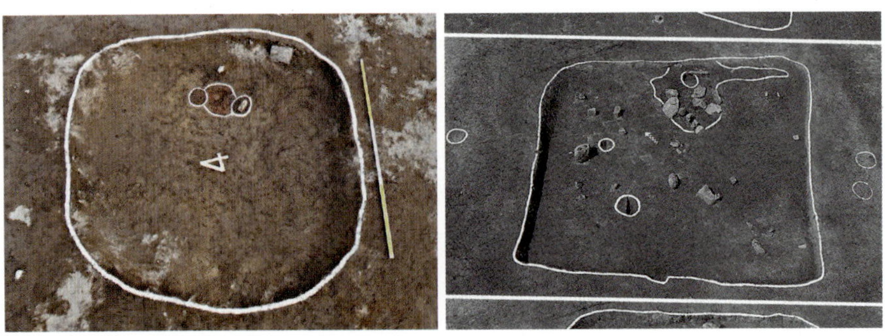

노(대구 연경동 IV-1 8호 주거지) 부뚜막(문경 모전동 I -1호 주거지)

사진 94 통일신라시대 노·부뚜막

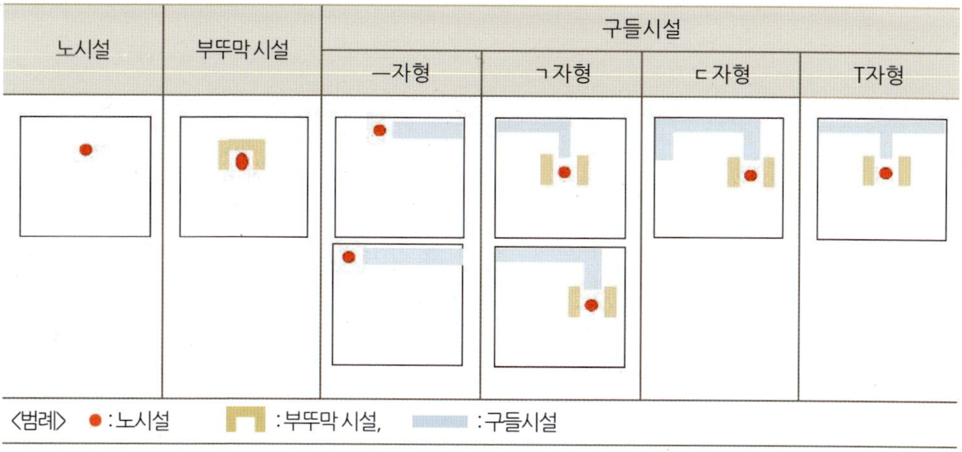

도면 90 통일신라시대 주거지 노시설 모식도(박달석 2012 전재)

구들은 一자형, ㄱ자형, ㄷ자형, T자형 등으로 세분된다. 중부지방은 남부지방보다 구들의 설치 비율이 높게 나타나며, 다양한 형태로 설치된다. 一자형 구들은 주거지 한쪽 벽면에 붙여서 연소부와 고래가 평행하게 연결되는 형태이다. 연도부는 평면형태 '∩'모양으로 주거지 외부로 돌출되어 있다. ㄱ자형 구들은 후벽에 직교한 연소부와 평행한 고래 배연부가 연결되는 형태이며, 벽면의 1/2, 2/3, 전체에 걸쳐 축조된다. ㄷ자형 구들은 주거지 한쪽 벽면 2/3 정도에 연소부와 고래가 직교하며, 단벽 일부까지 연결되는 형태이다. T자형 구들은 주거지 한쪽 벽면 전체에 붙여서 연소부와 고래가 직교하게 연결되는 형태이다. 연도부는 주거지 한쪽 모서리 부분에 평면형태 '∩'모양으로 돌출되어 있다.

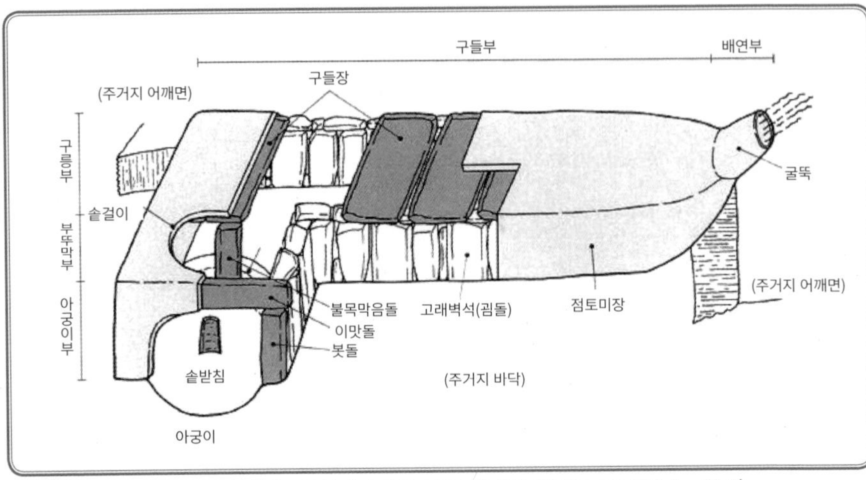

도면 91 외줄구들 세부명칭(대동문화재연구원, 2009, 『대구 읍내동 491유적 Ⅰ』 전재)

ㅡ자형 : 상주 복룡동 230-33G-3호 주거지

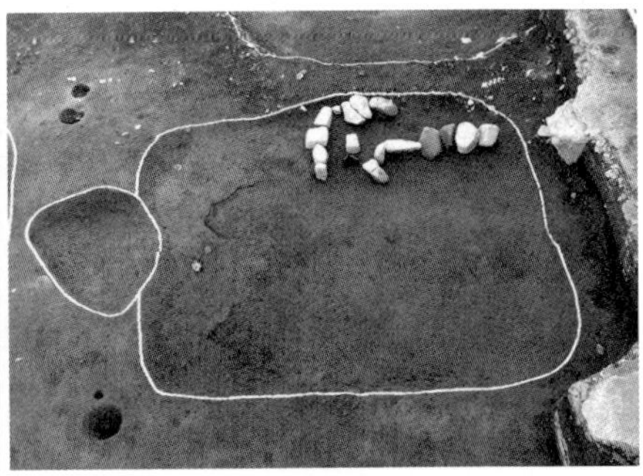

ㄱ자형 : 대구 읍내동 491 Ⅰ Ⅱ-4호 주거지

ㄷ자형 : 상주 복룡동 230-3 5G-23호 주거지

T자형 : 이천 갈산동 12호 주거지

사진 95 통일신라시대 구들

▪ **고려~조선시대**

고려시대 노시설은 바닥과 벽에 설치된 것으로 구분되며, 구들은 T자, ㄱ자, 一자가 확인된다. 바닥에 설치된 노는 평면형태 원형, 타원형, 부정형으로 확인되며, 아무런 시설이 없이 바닥 상면에 불을 지핀 상면식과 바닥을 얕게 굴착한 다음 내부에 봇돌 등의 시설을 설치한 수혈식으로 구분된다. 벽에 설치된 노는 주거지 내부 벽면에 붙여서 조성하였으며, 노 가장자리에 봇돌을 세우고 그 위에 이맛돌을 덮어 연도부와 연결한 형태이다. 연도부의 형태는 전형적인 조선시대 노와는 조금 차이가 있지만 '∩'모양으로 주거지 외부로 돌출된 형태와 돌출되지 않은 형태로 구분된다. T자형 구들은 주거지 한쪽 벽면 전체에 붙여서 연소부와 고래가 직교하게 연결되는 형태이다. ㄱ자형 구들은 후벽에 직교한 연소부와 평행한 고래 배연부가 연결되는 형태이다. 一자형 구들은 주거지 한쪽 벽면에 붙여서 연소부와 고래가 평행하게 연결되는 형태이다.

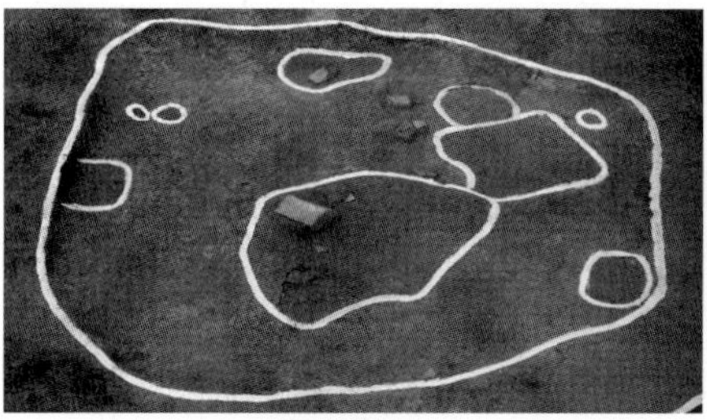

바닥설치 노
(수원 호매실동·금곡동 1-1호 주거지)

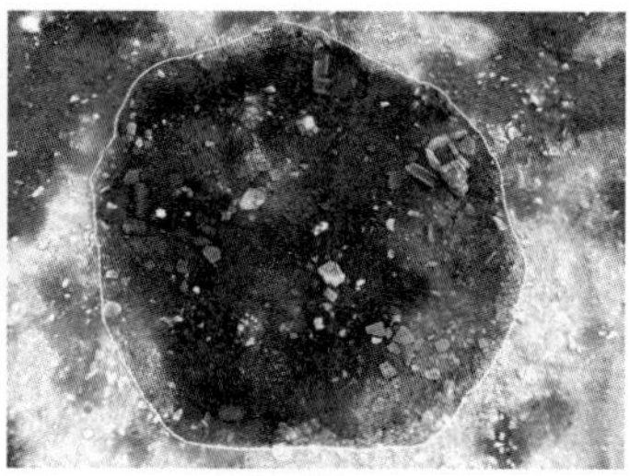

벽설치 노
(영천 용소리 B-5 3호 주거지)

구들(T자)
(영월 문산리 4호 주거지)

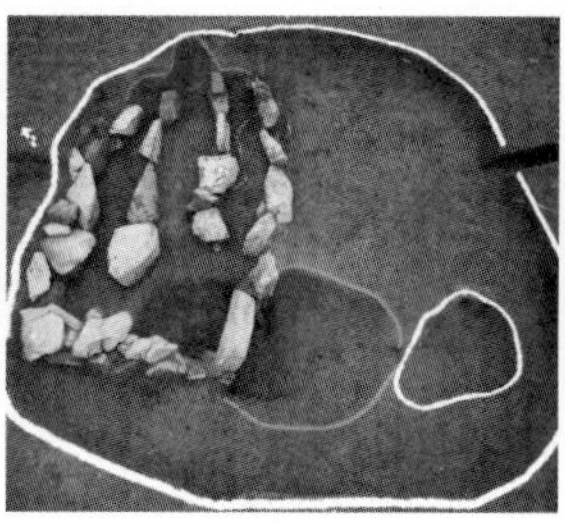

구들(ㄱ자)
(인천 운북동 8-4호 주거지)

구들(一자)
(봉화 창평리 산2-1 Ⅵ-2호 주거지)

사진 96 고려시대 노시설

연도부는 평면형태 '∩'모양으로 주거지 외부로 돌출되어 있는 경우와 주거지 벽 안쪽으로 설치되어 있는 경우로 구분된다. 봉화 창평리 산2-1 VI-2호의 경우 연도부가 고래 끝부분에 설치되어 있는 일반적인 一자형 구들과는 다른 형태로 고래 중간쯤 벽면에 돌출되게 설치하였다. 이러한 형태는 현재까지 영남지역에서만 확인된다.

조선시대 노시설은 고려시대와 유사한 형태이다. 그러나 벽에 설치된 노의 연도부가 대부분 '∩'모양으로 주거지 외부로 돌출된 형태이다. 구들은 주거지 내부 일부분에만 설치된 부분구들, 반구들과 주거지 전체에 설치된 온구들로 구분된다. 부분구들은 주거지 중앙이나 한쪽에 치우쳐 부분적으로 위치한다. 온구들은 주거지 내부 전체에 다줄의 구들이 설치된 형태와 주거지 내부가 상·하단부로 구분되어 상단부에 구들이 설치된 형태로 구분된다.

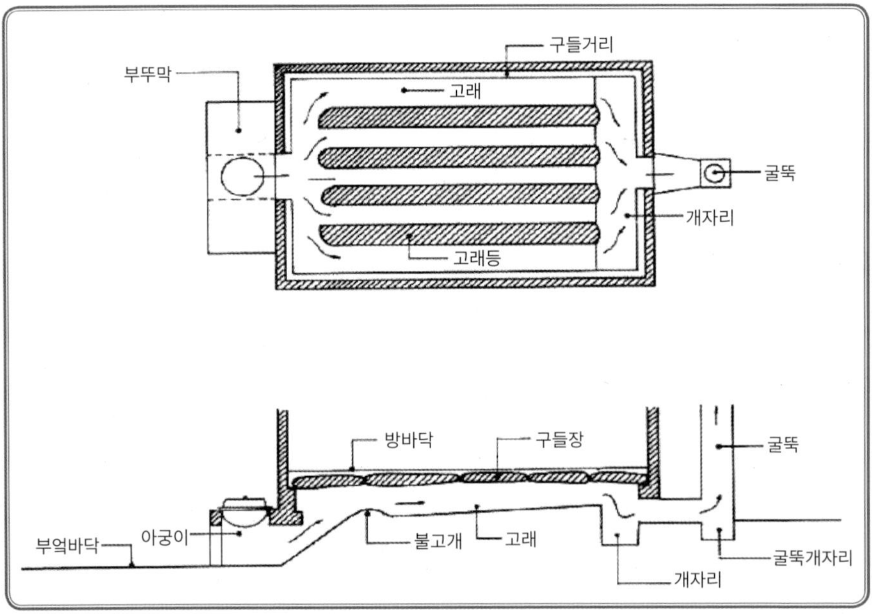

도면 92 조선시대 구들 모식도(김찬영 2010 전재)

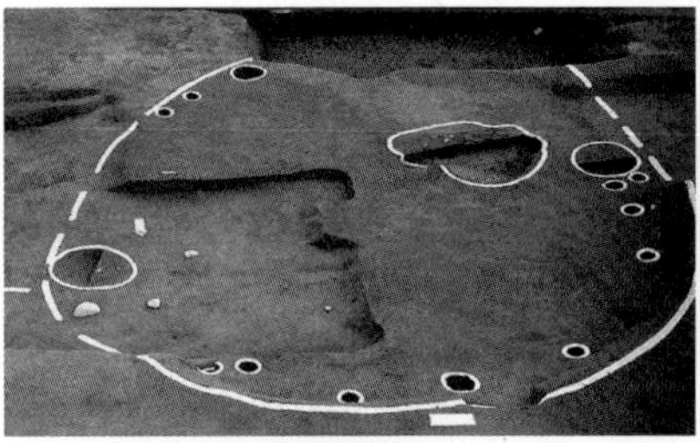

바닥설치 노
(춘천 우두동 I 1호 주거지)

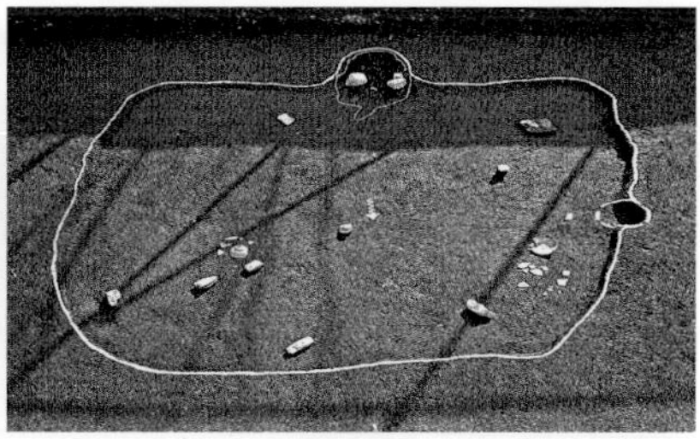

벽설치 노
(대구 시지동60-1 19호 주거지)

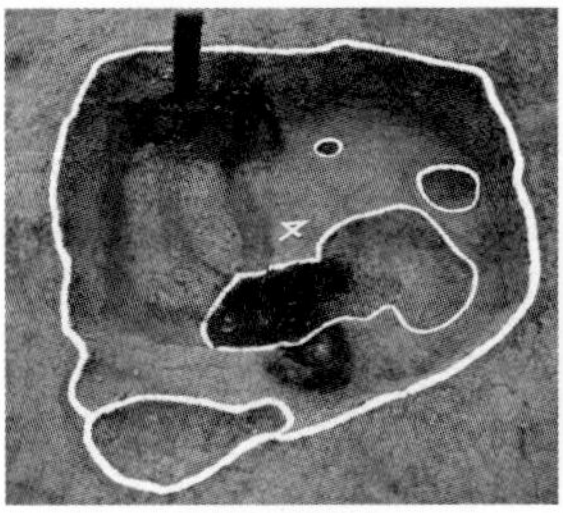

부분구들
(문산 당동리 7-3호 주거지)

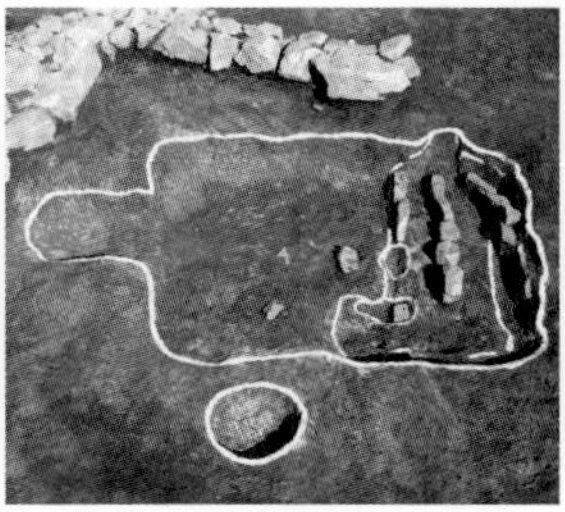

반구들
(파주 덕은리 2-2호 주거지)

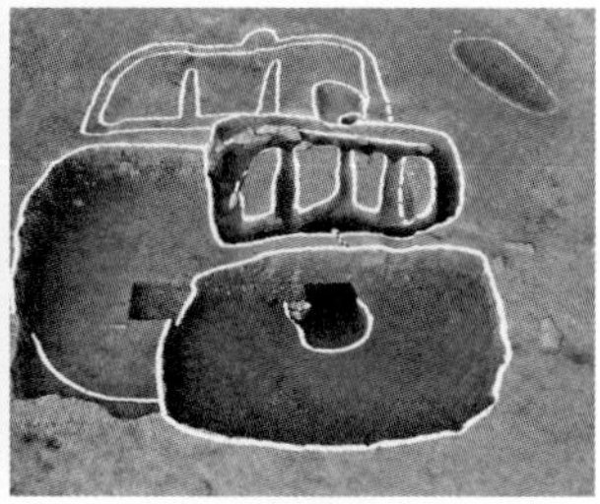

온구들
(화성 구문천리 A-3호 주거지)

사진 97 조선시대 노시설

한편, 조선시대 노 중에서는 복수의 노가 설치된 주거지가 확인된다. 바닥이나 벽에 설치된 노가 2~4개 확인되는 형태와 바닥설치 노와 벽설치 노가 주거지에서 함께 확인되는 형태, 벽설치 노와 구들이 주거지에서 함께 확인되는 형태가 있다.

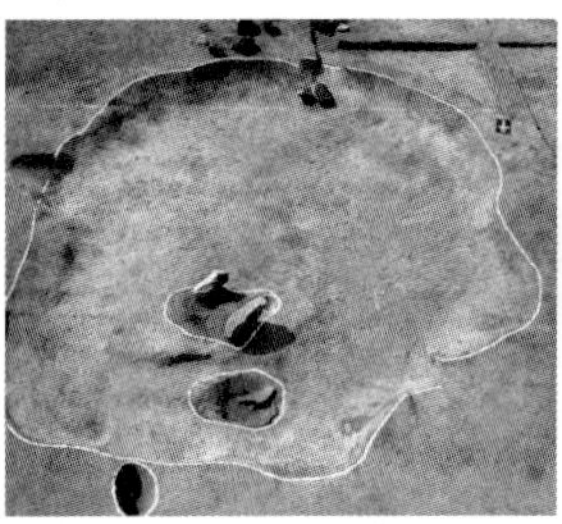

상주 무양동 152 I 29호 주거지

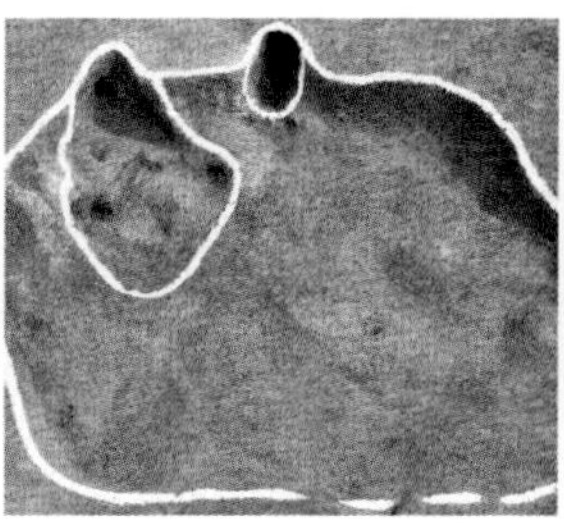

화성 남양동 4-17호 주거지

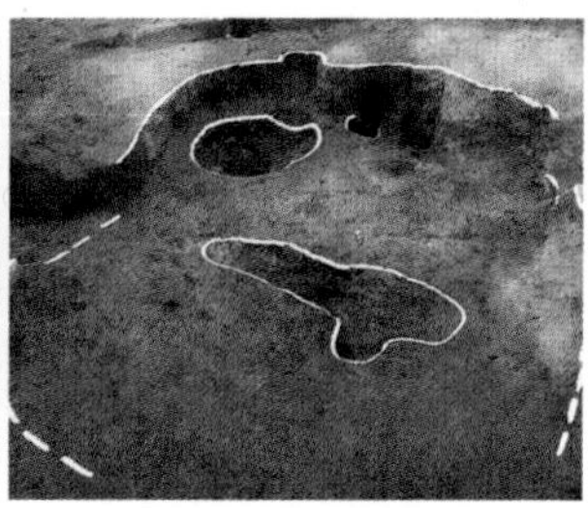

상주 용담리 27호 주거지

사진 98 조선시대 복수 노시설

(2) 노시설 조사방법

- **노** : 굴광선 확인 → 토층 조사(개별 토층둑 구획) → 내부퇴적토 제거 → 바닥 소결상태 노출 → 사진촬영 및 도면 작성 → 단면 조사
- **구들** : 윤곽 확인 → 토층 조사 → 내부퇴적토 제거 → 봇돌 · 이맛돌 노출 → 아궁이 · 연도부 확인 및 바닥 소결상태 노출 → 사진촬영 및 도면 작성 → 단면 조사 → 해체

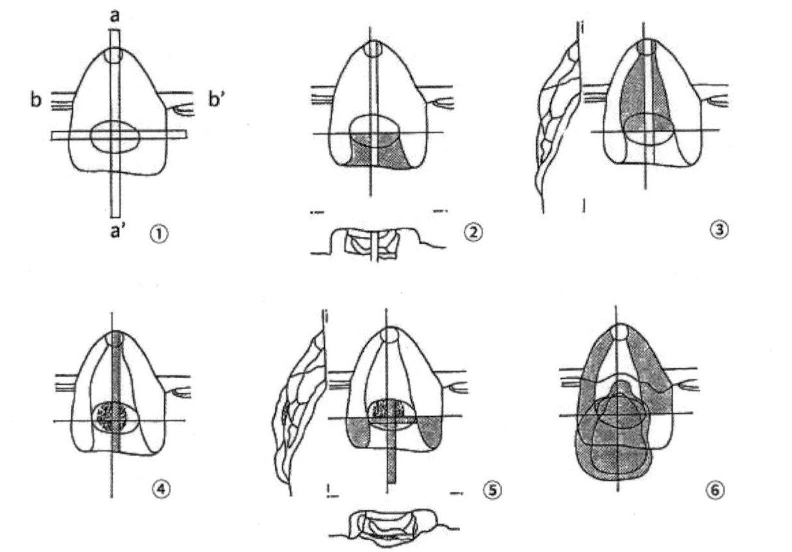

① 최대한 파괴가 적고 단면관찰이 가능한 폭으로 십자둑을 설정한다.
② b-b'선 아래쪽 노의 구축토를 제외하고 화구부(아궁이) 바닥까지 매몰토를 제거한 후, 단면토층을 실측한다.
③ a-a' 토층둑을 남기고 주변 매몰토를 제거한 후, 단면토층을 실측한다.
④ a-a' 토층둑을 제거하고 내부를 바닥까지 평면하강조사를 실시한 후, 평면을 실측한다.
⑤ b-b'선 기준으로 노의 구축부를 절개하여 단면을 관찰한 후, 토층도를 보완한다. a-a'와 b-b'선 기준으로 바닥까지 탐색트렌치 조사를 통해 바닥상태를 확인한 후, 단면도를 보완한다.
⑥ 노의 구축토를 모두 제거하고 바닥의 굴광면 등을 조사한다. 솥받침이 없으면 탈락된 자리를 세밀하게 관찰하여 조사할 필요가 있다.

도면 93 벽설치 노 조사방법(유병록 2011 수정)

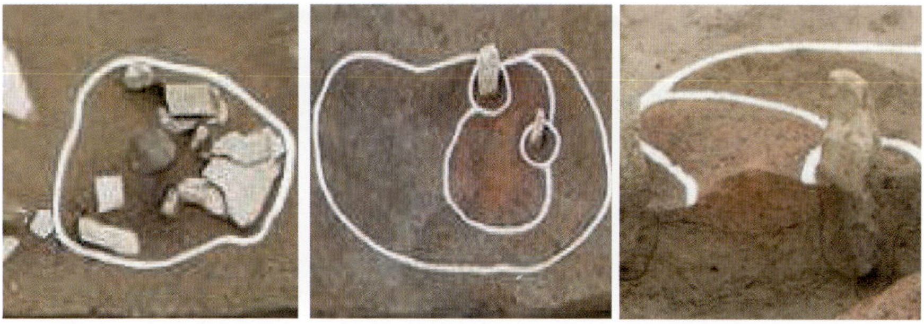

① ② ③

사진 99 바닥설치 노 조사 과정(①→②→③, 대구 연경동 IV-2 3호 주거지)

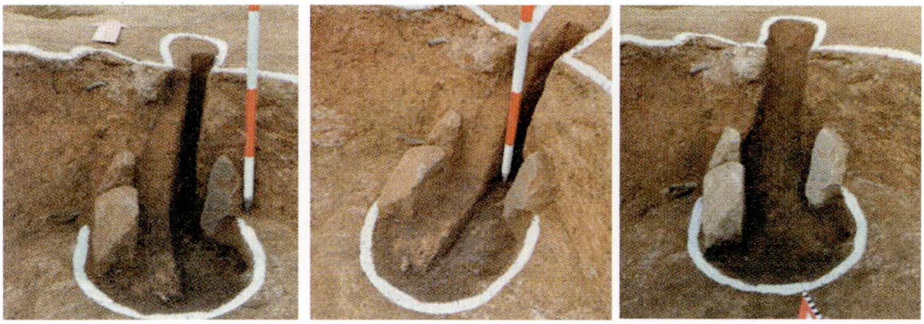

① ② ③

사진 100 벽설치 노 조사 과정(①→②→③, 화성 남양동 4-25호 주거지)

ⓐ ⓑ ⓒ

사진 101 구들 조사 과정(ⓐ→ⓑ→ⓒ, 대구 연경동 IV-2 16호 주거지

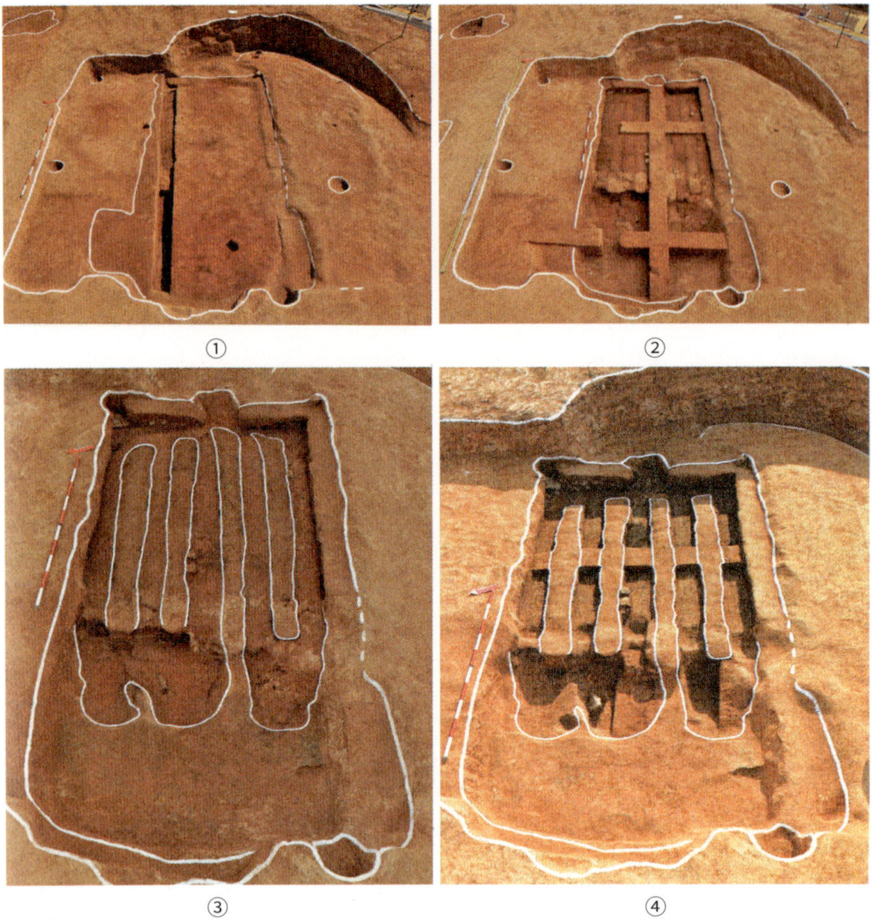

사진 102 조선시대 구들 조사 과정(①→②→③→④, 화성 남양동 12-3호 주거지)

조선시대 벽설치 노는 대부분 구릉 경사면 위쪽 벽면 주거지 중앙 또는 중앙에서 좌·우로 약간 치우친 곳에 위치한다. 그러나 동시기에 여러 동이 밀집되어 조성된 경우 벽설치 노의 위치를 의도적으로 조정한 예도 있다. 울산 약사동 평산 유적 I 23·24·26호 주거지는 노의 방향과 위치가 서로 다르게 확인되었는데, 특히 26호 주거지의 노는 구릉 아래쪽에 위치하는 것으로 볼 때 의도적으로 위치를 조정한 것으로 보인다.

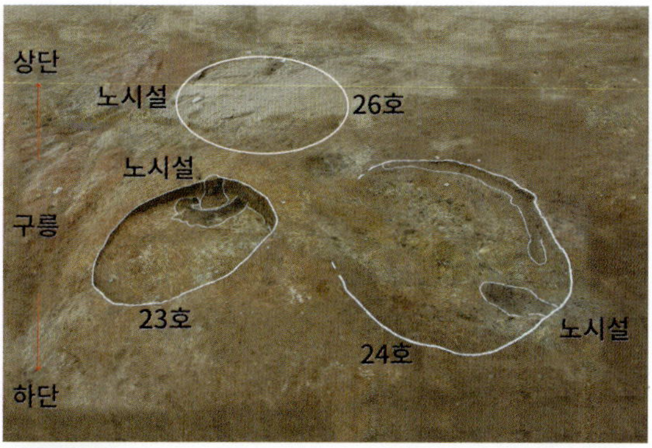

사진 103 주거지 노시설 위치 사례 (울산 약사동 평산 유적 I)

노시설을 조사하는데 있어서 인식하고 있으면 도움이 될 부분과 주의할 점은 다음과 같다.

❶ 복수의 노시설은 개별 노시설에 대한 토층 조사가 이루어져야 함.
❷ 부뚜막에서 이맛돌은 무너지거나 탈락되어 주변에 흩어져 있는 경우가 있는데, 자연 퇴적된 석재인지 구들과 관련된 석재인지 세밀하게 관찰해야 함.
❸ 구들은 주거지 윤곽선을 확인할 때 외부로 돌출된 연도가 확인되면, 방향이나 아궁이 위치 등 구조를 파악하기 쉬움.
❹ 구들에 대한 조사 시 점토 또는 기와편을 이용하여 보강한 부분을 구별하여 노출해야 함.
❺ 구들에서 연도부와 고래부가 연결되는 곳은 함몰되어 뚫려 있는 경우도 있지만 온전하게 남아 있는 경우는 함몰된 퇴적토와 생토의 구분이 어렵기 때문에 평면에서 세밀하게 관찰해야 함.

고려~조선시대 주거지 중에서 노시설이 확인되지 않는 것을 학술조사보고서에는 단순 수혈로 보고하는데 바닥 상태, 평면형태, 주혈의 규칙성 등 발굴현장에서 주거지로 판단할 수 있는 구조가 확인된다면, 반드시 주거지와 수혈을 구분하여 보고할 필요가 있다.

3) 벽석렬

(1) 벽석렬 유형

통일신라~고려시대 주거지 내부에서만 설치되는 특징적인 시설이며, 조선시대 주거지에서는 확인되지 않는다.

- 한쪽 벽에 치우쳐 설치
- 양쪽 벽에 마주보는 양벽 또는 'ㄱ'자형 설치
- 전체 벽에 설치

대구 연경동 Ⅳ-1 1호 주거지

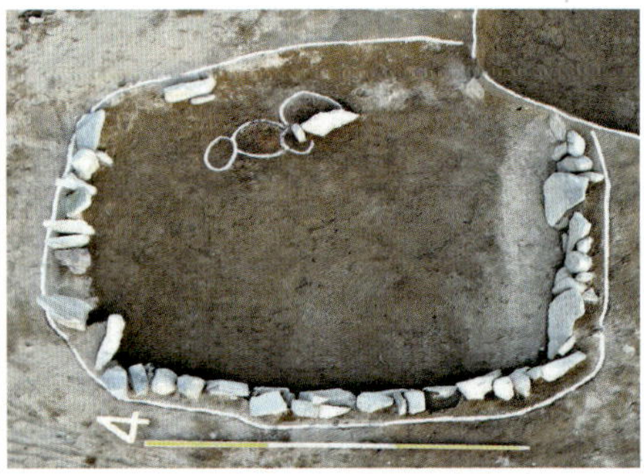

대구 연경동 Ⅳ-1 7호 주거지

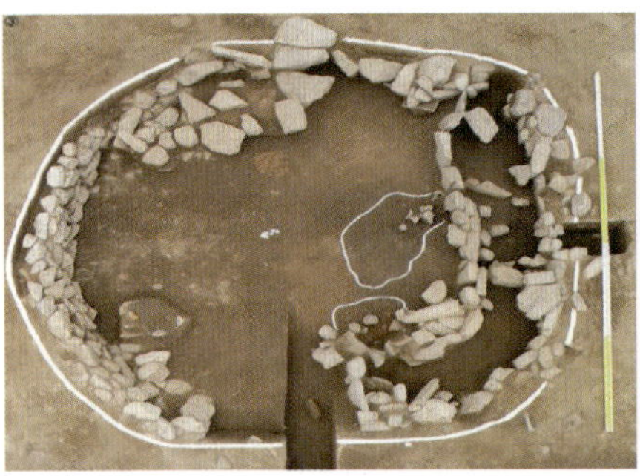

대구 연경동 Ⅳ-2 4호 주거지

대구 읍내동 491 Ⅰ Ⅱ-3호 주거지

사진 104 통일신라시대 벽석렬 유형

대구 연경동IV-1 1호 주거지

대구 연경동IV-2 4호 주거지

사진 105 통일신라시대 벽석렬 입면 모습

한쪽 벽에 설치된 석렬은 주거지의 한쪽 벽 전체 또는 일부에만 확인되며, 원형과 방형주거지에서 주로 나타나지만, 영남지역에서는 말각방형주거지에서 집중적으로 나타난다. 양쪽 벽에 설치된 석렬은 마주보는 양쪽 벽에 설치한 형태와 한쪽 모서리의 양쪽에 'ㄱ'자형으로 설치한 형태이다. 벽 전체에 설치된 석렬은 주거지 벽면 전체에 설치된 형태이다. 석렬의 평면형태는 원형과 방형으로 구분된다.

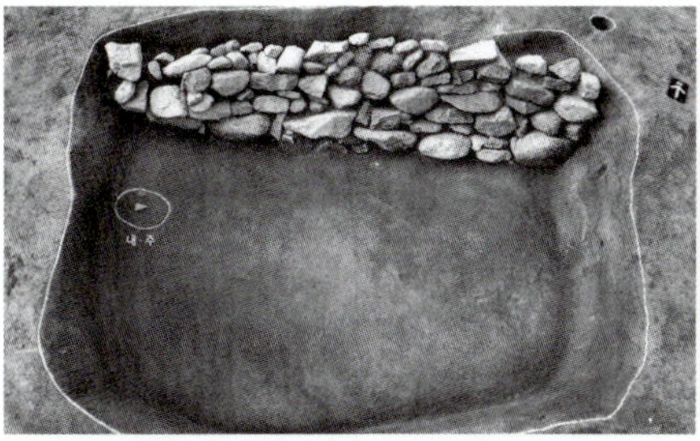

봉화 창평리 산2-1 VI-3호 주거지

춘천 우두동 707-1 9호 주거지

춘천 우두동 707-1 16호 주거지

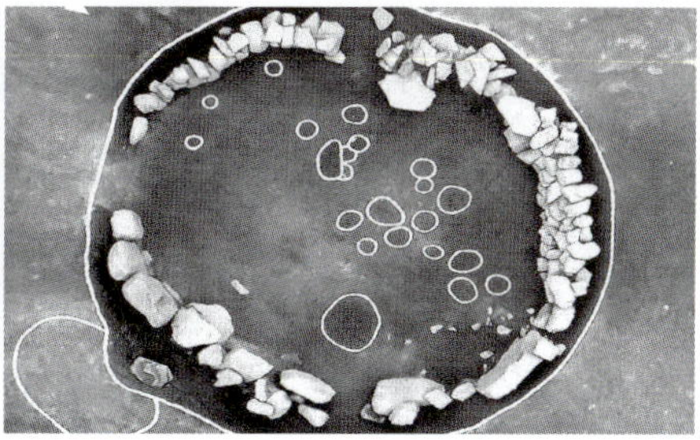

대구 읍내동 491 III-1호 주거지

사진 106 고려시대 벽석렬 유형

(2) 벽석렬 조사방법

벽석렬은 주거지의 굴광선을 확인할 단계부터 지상에 노출되어 있으면 쉽게 윤곽을 확인할 수 있지만, 주거지 깊이와 벽석렬이 한쪽 벽에만 설치되어 있는 경우 평면조사와 토층조사에서 확인되지 않을 수도 있다. 따라서 평면 하강조사를 실시하면서 벽석렬과 흙벽돌 유무를 인지한 상태에서 조사를 실시해야 한다. 벽석렬의 조사과정은 다음과 같다.

❶ 토층조사 또는 평면 하강조사에서 벽석렬 유무 확인
❷ 토층조사(굴광선과 벽석렬 사이)
❸ 사진촬영
❹ 도면작성
❺ 석렬 해체

주거지 전체에 설치된 석렬은 특히 구들로 사용되었는지 체크를 해야 하며, 벽석렬 사이 주혈의 유무도 확인해야 한다. 또 구들과 혼동될 수 있기 때문에 전체를 노출한 후 구별하여 조사해야 한다. 벽석렬의 재료는 기본적으로 천석과 할석을 혼용하여 축조한다.

벽석렬의 축조방법은 최하단석을 횡평적한 후 그 위로 횡평적과 종평적을 혼용하여 축조하였다. 그리고 도면 94와 같이 대부분 벽면과 석렬 사이를 점토로 채워 넣었다. 벽석렬의 배치와 축조방법에 따라 석렬의 기능에 대해서는 현재까지 벽체 하부구조(박구영 2006) 또는 선반(배성혁 2009)으로 추정하고 있다. 주거지 한쪽 벽 일부에만 설치된 석렬의 모습이 완전한 형태라고 한다면 취사도구 등을 올려 놓는 선반시설로 이용되었을 가능성이 있고, 벽 전체에 설치된 석렬의 경우 구조적인 양상으로 볼 때 선반시설보다는 벽체 하부시설일 가능성이 높다고 할 수 있다. 또 석렬과 지열석(이상복 2011) 사이를 점토로 채워 보강하였으며, 여기에서 벽석렬은 난방 시 화기나 연기가 누출되는 것을 방지하는 기능도 생각해 볼 수 있다. 따라서 주거지 내에서 벽석렬의 설치 형태에 따라 여러 가지 기능을 추론할 수 있기 때문에 무엇보다 현장에서 세밀하게 조사하고 보고서에서 원고를 자세하게 작성하는 것이 필요하다.

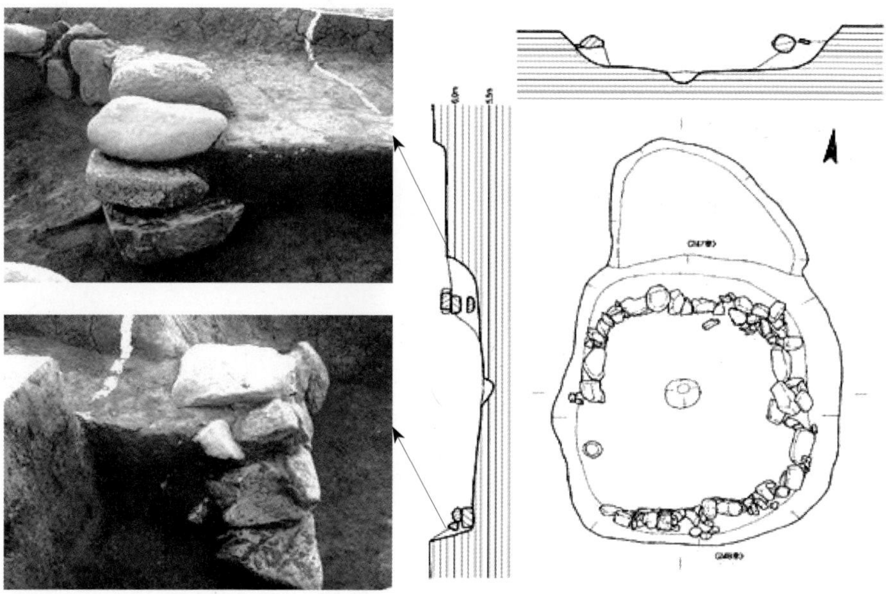

도면 94 벽면과 벽석렬 사이 축조방법(울주 연자도 248호 주거지)

4) 출입구시설

출입구시설은 건물에 드나들기 위하여 마련한 통로로서 주거지 바닥의 땅을 더 파거나 또는 주거지 바닥 내 성토하는 방식으로 별도의 추가시설을 한 경우와 바닥은 그대로 두고 벽(지붕)에 문을 마련한 방식 등으로 나누어진다.(취락연구회 2004)

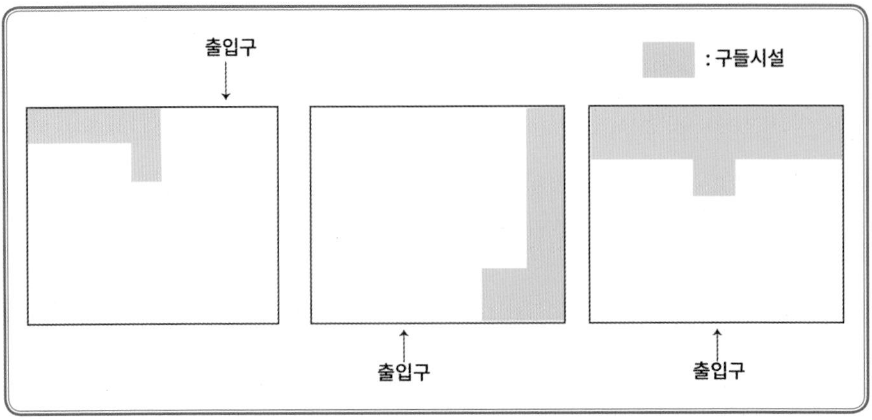

도면 95 통일신라시대 수혈주거지 출입구시설 위치 모식도(이상복 2007 전재)

출입구시설은 현재까지 통일신라시대 주거지에서만 확인된다. 출입구의 위치는 주거지 내 공간 활용에 있어서 구들의 위치, 주거지 규모와 밀접한 관련이 있다. 즉 주거지 규모가 대형인 장방형주거지는 구들을 구릉 경사면 상단부가 아닌 측벽에 설치하여 난방공간과 내부공간을 분리시킨 후, 측벽에 주혈을 배치하고 한쪽 측면에 출입구시설을 조성하였다. 그러나 소형인 방형주거지는 구들과 출입구시설을 같은 벽면에 조성하였다.

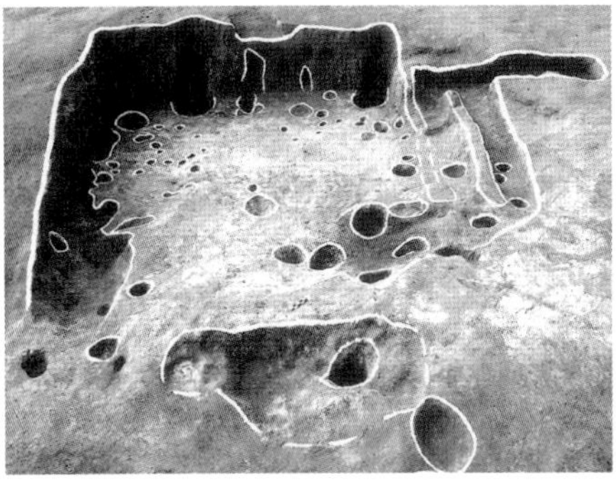

이천 갈산동 2호 주거지

평택 소사벌 3-3호 주거지

사진 107 출입구시설 설치 주거지

5) 선반시설

선반시설은 주거지 단벽에 조성하며, 현재까지 통일신라시대 주거지에서만 확인된다. 축조방법은 주거지 바닥면보다 약 30~50㎝ 높고 편평하게 정지한 형태로 축조하며, 출입구시설, 단시설과 혼동될 수 있기 때문에 평면과 토층조사를 실시한 후 주거지 전체 구조를 통하여 성격을 규명하는 것이 좋다. 또 선반시설 벽면에 석렬과 주혈 등이 설치되는 경우도 확인되므로 세밀한 조사가 필요하다.

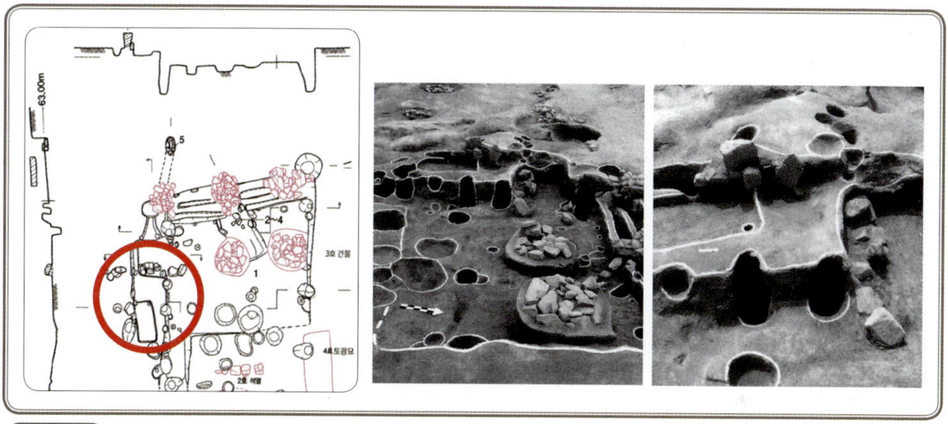

사진 108 선반시설 설치 수혈주거지(이천 갈산동 10호 주거지)

6) 배수구

배수구는 조선시대 수혈주거지에서 대부분 확인되며, 기능상으로 벽체를 세우기 위한 벽체 기초시설보다는 배수를 목적으로 설치된 것이다. 선사~삼국시대 주거지 내부 벽에서 확인되는 구溝와는 구조적으로 다르지만 주거지 외부로 돌출된 구가 확인되는 것과 구릉 상단에 주거지를 둘러싼 형태의 호상弧狀 구가 확인되는 것, 조선시대 주거지처럼 임시 거주나 단기간 거주를 목적으로 조성한 주거지에서 확인되는 것은 배수의 기능을 뒷받침하는 것으로 볼 수 있다.

배수구는 형태에 따라 크게 3가지로 분류된다.

- 바닥 또는 벽 노시설에서 시작하여 중앙으로 관통하여 외부로 돌출된 형태
- 주거지 내부시설과 상관없이 한쪽 방향에만 설치된 형태
- 노시설을 중심으로 일정한 간격을 두고 양방향으로 설치된 형태

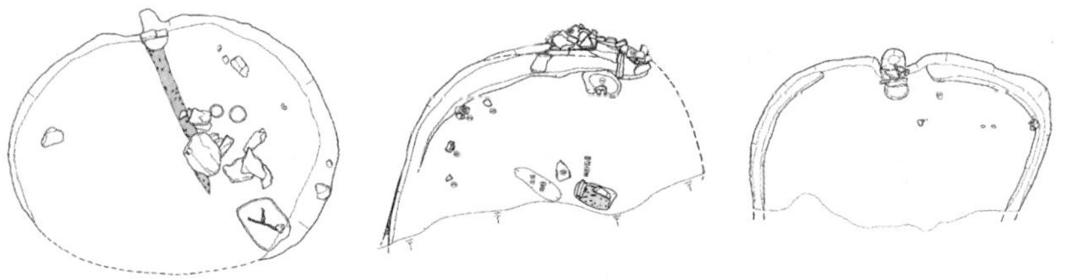

경산 마곡리 2호 주거지　　경산 현내리 II 11호 주거지　　울산 천곡동가재골III 1호 주거지

도면 96 조선시대 배수구 유형

배수구의 조사 과정은 다음과 같다.

❶ 토층조사 또는 주거지 바닥면 조사에서 배수구 유무 확인
❷ 평면조사에서 윤곽확인 후 토층조사
❸ 내부퇴적토 제거
❹ 사진촬영
❺ 도면작성

7) 수혈

통일신라~조선시대 주거지 내부에서 확인되는 수혈은 성격을 알 수 없는 단순수혈, 저장시설, 주거지의 부속시설 등으로 구분된다. 수혈의 토층과 내부에서 출토되는 유물은 성격과 주거지의 기능을 판단할 수 있는 적극적인 자료가 될 수 있으므로 세밀한 조사가 필요하다.

통일신라시대 주거지에서는 바닥에 장경호가 매납되어 저장시설로 추정할 수 있는 수혈이 확인되며(사진 109 참조), 조선시대 주거지에서 확인되는 수혈은 공방시설과 관련된 흔적이나 유물이 출토되고 있다. 따라서 주변 유적이나 공반 유구에 대한 검토를 통하여 수혈의 성격을 밝혀낼 수 있다. 기장 하장안유적 취락 내 주거지와 지면식 건물지에서는 분청사기 공방과 관련된 수혈이 확인되었으며, 수혈에서 갓모·굽대 등 요도구가 출토되었다.(도면 110 참조)

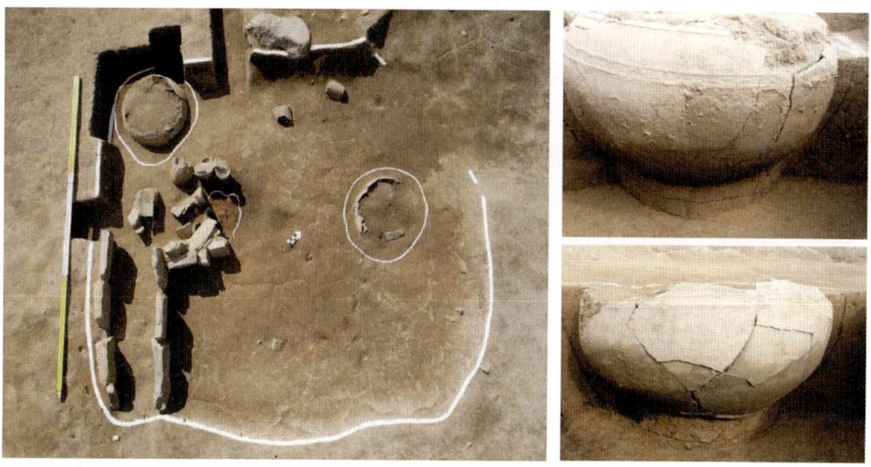

사진 109 통일신라시대 주거지 내 저장시설(대구 연경동IV-2 6호 주거지)

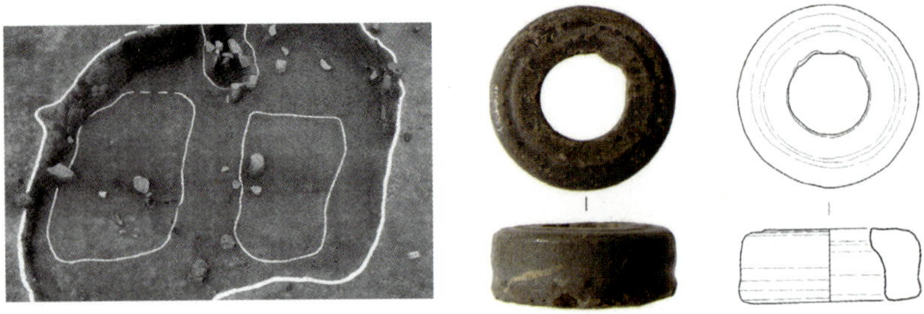

사진 110 공방과 관련된 수혈과 출토유물(기장 하장안 8·22호 주거지)

8) 도면 작성

수혈주거지 내부에 설치된 시설의 노출이 완료되면, 1차적으로 전체 사진을 촬영한 후 1차 평면도를 작성한다. 그리고 입·단면도 작성을 위해 레벨링을 하며, 출토유물을 수습한다.

(1) 사진촬영

- 최초상태와 동일한 지점에서 직상방 촬영
- 방위표 또는 스타프(함척)는 주거지 굴광선과 인접한 외곽에 놓고 촬영
- 촬영 순서는 전체 전경을 촬영한 후 내부시설에 대한 세부 촬영

(2) 평면도 작성

- 유적 상황에 따른 개별 또는 그리드를 기준으로 방안설치
- 토층도 크기와 동일한 크기로 작성
- 토층도와 같은 도면에 작성하는 것이 원칙
- 우측 상단에 유적명, 유구명, 축척, 실측일, 실측자, 해발고도 등 기입

사진 111 개별 격자 방안 설치(울산외광리귀지유적)

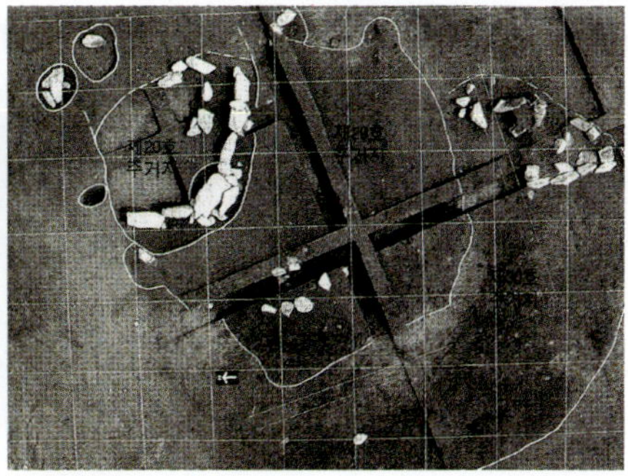

사진 112 유적 격자 방안 설치(상주무양동152유적)

(3) 레벨링 및 입·단면도 작성

❶ 레벨기는 기준점과 주거지 사이 적당한 위치에 설치한다.
❷ 레벨기의 높이는 읽는 사람의 키에 맞도록 세운다.
❸ 일반적으로 2인 1조 또는 3인 1조가 되어 레벨링을 한다.
❹ 내부시설의 위치에 따라 입·단면 기준선을 도면에 그어 놓고 레벨링을 한다.
❺ 평면도에는 눈에 잘 띄는 색상의 펜으로 숫자를 기입한다.
❻ 내부시설 중 구들이나 벽석렬 등 석재를 이용하여 조성한 시설은 반드시 현장에서 입·단면도를 작성하는 것이 바닥이나 해체조사 과정에서 도면을 바르게 수정할 수 있다.

(4) 유물수습

- 반드시 층위별 또는 수습/바닥 출토유물을 구분하여 수습한다.
- 평면도에 번호와 유물명을 기입한다.
- 수습봉투에도 평면도와 일치되도록 유적명, 유구, 호수, 유물명, 수습일을 기입한다.

사진 113 2인 1조 레벨링 모습(울산외광리귀지유적)

사진 114 출토유물 수습 모습(울산외광리귀지유적)

9) 바닥 및 단면(해체)조사

수혈주거지의 1차 노출 사진 촬영과 도면 작성, 출토유물 수습이 완료되면, 주거지 바닥 조사와 최종상태 사진 촬영, 도면 수정, 자연과학분석 시료채취, 단면(해체)조사 등 최종적으로 조사를 마무리하는 단계이다.

(1) 바닥 조사

- 토층 조사를 위해 설치한 탐색트렌치 바닥 양상을 바탕으로 주거지 전면에 확장
- 통일신라~조선시대 주거지 대부분의 바닥은 생토면을 그대로 이용
- 바닥 전체 불다짐 현상은 없으며, 일부 불다짐 처리한 주거지 확인

(2) 최종 사진 촬영 및 도면 수정

- 최초상태, 내부시설 노출상태와 동일한 지점에서 직상방 촬영
- 방위표 또는 스타프(함척)는 주거지 굴광선과 인접한 외곽에 놓고 촬영
- 바닥조사 또는 내부시설에 대한 보완조사 후 도면(평면, 입단면) 수정

사진 115 최종촬영(함척, 방위표 사용, 화성남양동유적)

사진 116 고고지자기 측정 모습(영월문산리유적)

(3) 자연과학분석 시료채취

수혈주거지에서 출토된 유물 이외에 편년 등 자연과학적 분석을 위해 시료를 채취하는 단계이다.

현재까지 통일신라~조선시대 수혈주거지에서 출토된 유물을 통해 편년을 시도하거나 연구가 진행된 사례는 드물며, 대부분 분묘 또는 가마 등에서 출토된 유물을 통해 기존의 편년에 대입하는 형식이다. 따라서 주거지에서 출토된 유물을 분석하여 고고학적 편년 작업을 반드시 진행해야 하며, 동시에 주거지 내에서 편년의 보조자료로 사용할 수 있는 시료를 채취하여 자연과학적 분석을 실시하는 것이 바람직하다.

화재주거지의 경우 탄화된 목재를 수습하여 AMS연대측정을 의뢰하는 방법이 있으며, 주거지 내 노시설의 바닥이나 벽, 아궁이, 연도부 등에 연소를 통해 경화된 면에 대한 고고지자기 연대측정하는 방법이 있다. 목탄이나 경화면 등 자연과학분석에 의뢰할 시료는 현장에서 오염되지 않도록 주의가 필요하다.

고려~조선시대 수혈주거지는 대부분 주거지 내 노시설의 바닥이나 벽, 아궁이, 연도부 등에 연소를 통해 경화된 면에 대한 고고지자기 연대측정하는 방법으로 자연과학적 분석을 시도한다.

(4) 해체(단면조사)

사진 117 주거지 단면조사 모습(대구 읍내동 491 I Ⅱ-3호 주거지)

수혈주거지 해체와 단면조사는 벽과 바닥면에 대한 조사가 완료된 후 최종적으로 내부시설에 대한 절개(단면조사)를 실시하는 작업이다. 발굴조사 후 유적을 보존하는 목적으로 실시하는 학술조사를 제외하면 유적이 파괴되는 대부분의 구제발굴조사에서는 조사의 마지막 단계로 주거지의 벽, 바닥, 내부시설 등을 해제하는 작업을 시행한다.

단면조사는 내부시설에 대한 조사방법을 설명하면서 일부 다루어진 부분이다. 해체작업은 유적에서 선별적으로 하는 것보다 유구 전체에 실시하는 것이 바람직하며, 해체작업을 통해 주거지의 구조와 축조양상, 계절 주거 등 고고학적으로 최대한 다양한 정보를 얻을 수 있다.

고려시대 수혈주거지에서는 조사자가 노시설과 벽석렬을 혼동할 수 있는데 해체 조사를 통해 명확하게 구분할 수 있을 것이다. 그리고 벽석렬의 축조방법에서 벽 사이에 채워진 충전토의 유·무, 구조적인 부분 등을 확인하여 주거지에 설치된 벽석렬의 기능을 유추할 수 있게 된다.

해체작업을 실시하면서 노시설, 벽, 바닥, 주혈, 벽석렬, 출입구시설, 선반시설 등 주거지와 관련된 내부시설의 입·단면 도면을 보완하여 최종 완성하게 된다. 보완된 도면은 반드시 토층도, 평면도와 함께 보관하는 것이 분실의 위험을 줄일 수 있다.

맺/음/말

이상으로 수혈주거지의 개념과 용어의 문제, 시대별 구조와 형태, 조사과정과 방법에 대해 살펴보았다. 유적의 발굴조사는 고고학의 기초 자료를 획득하는 가장 중요한 작업이다. 그러므로 발굴조사에서 자료의 획득과정은 정확하고 세밀하게 이루어져야 하고, 유구와 유물의 올바른 해석을 위해서는 적절한 조사방법이 적용되어야 한다. 발굴조사는 실습이 아니므로 올바른 조사를 위해서는 현장에서의 경험과 판단이 중요하며 이론적인 검토만으로는 한계가 있다. 또한 발굴조사가 기계적이고 습관적으로 이루어진다면 단순한 땅파기의 수준에 머무를 수 있음을 간과해서는 안 될 것이다.

국내의 발굴조사 여건은 시간적으로 부족하고 신속하게 해결되어야 하는 상황에 놓여 있다. 발굴조사는 충분한 시간적 여유를 가지고 실시되어야 함에도 이러한 현실적인 문제로 인하여 만족스러운 결과를 얻지 못하고 있는 실정이다. 다만 이러한 현실 속에서도 유구에 대한 충분한 인식을 갖고 효과적으로 대응한다면 정확하고 유익한 정보를 얻을 수 있을 것이다.

고고학에서 가장 중요한 것은 유구와 유물의 해석이다. 올바른 해석이 바탕이 되어야 과거 문화의 올바른 복원이 가능하다. 발굴조사에서 경험하는 다양한 유구는 각각의 특성에 맞는 적절한 조사방법이 적용되어야 한다. 또한 조사기간이 넉넉하지 않은 현재의 상황에서는 좀 더 효과적인 조사방법이 필요하다. 이 책은 이러한 필요성에서 출발하였지만 여러 가지로 미진한 부분이 많았음을 느꼈다. 이 책에서 부족한 부분은 향후 여러 연구자에 의해 보완되어 좀 더 나은 조사방법이 소개되기를 기대한다.

끝으로 부족하지만 이 책을 발간할 수 있도록 기회와 도움을 주신 백두문화재연구원 신창수 이사장님, 서봉수 원장님, 김운환 부장님과 어려운 여건 속에서도 이 책의 감수를 맡아주신 최병현 선생님께 깊은 감사의 마음을 전하고자 한다.

참고문헌

- 논문 및 단행본 -

강세호, 2009, 「북한강 중상류지역 철기시대 취락의 전개 양상-주거지 출토 토기를 중심으로」, 『강원고고학보』 12·13합집, 강원고고학회.

강세호, 2018, 「북한강유역 원삼국~한성백제기 주거와 취락구조」, 『고고학』 17-1, 중부고고학회.

강영환, 1999, 『한국주거문화의 역사』, 기문당.

강영환·최운, 2011 「중국 동북지역 요·금시기 온돌형식에 관한 연구-최근 발굴된 유적을 중심으로」, 『建築』 270, 대한건축학회.

姜淨美, 2011, 「기장 가동 취락의 고고학적 연구」, 釜山大學校 大學院 考古學科 碩士學位論文.

孔敏奎, 2003, 「무문토기문화 가락동유형의 성립과 전개」, 숭실대학교 대학원 석사학위논문.

공봉석, 2008, 「경남서부지역 삼국시대 수혈건물지의 구들 연구」, 『한국고고학보』 66, 한국고고학회.

공봉석, 2009, 「경남 서부지역 삼국시대 주거와 취락」, 『嶺南地方 原三國·三國時代 住居와 聚落』 I, 第18回 嶺南考古學會 學術發表會, 嶺南考古學會.

공봉석, 2011, 「신라·가야시대 수혈건물지」, 『2011년도 매장문화재 전문교육 수혈건물지 조사법』, (사)한국문화재 조사연구기관협회.

공봉석, 2012, 「신라·가야지역 수혈건물지 조사법」, 『2012년도 매장문화재 전문교육 수혈건물지 조사법』, (사)한국문화재 조사연구기관협회.

공봉석, 2013, 「영남지방 원삼국·삼국시대 주거」, 『주거의 고고학』, 제37회 한국고고학전국대회, 韓國考古學會.

공봉석, 2014, 「신라의 주거와 취락」, 『신라고고학개론』上, 중앙문화재연구원 학술총서16, 진인진.

공봉석, 2015, 「신라·가야 취락의 분화와 전개」, 『영남고고학』 73, 嶺南考古學會.

공봉석, 2016, 「가야의 주거와 취락」, 『가야고고학개론』, 중앙문화재연구원 학술총서29, 진인진.

구자린, 2008. 「統一新羅 臺附盌의 型式分類와 變遷-서울·京畿地域을 中心으로-」, 한신대학교 대학원 碩士學位論文.

구자진, 2003, 「옥천 대천리의 신석기시대 집자리 연구」, 한남대학교 대학원 석사학위논문.

具滋振, 2010, 「한국 신석기시대의 집자리와 마을 연구」, 崇實大學校 大學院 博士學位論文.

국립문화재연구소, 2005, 『한국 매장문화재 조사연구방법론』 I.

국립문화재연구소, 2006, 『한국 고고학 저널』2005(창간호).

국립문화재연구소, 2007, 『한국 고고학 저널』2006.

국립문화재연구소, 2007, 『한국 매장문화재 조사연구방법론』III.

국립문화재연구소, 2008, 『한국 고고학 저널』2007.

국립문화재연구소, 2009, 『한국 고고학 저널』2008.
국립문화재연구소, 2013, 『風納土城』 XⅤ.
국립문화재연구소, 2014, 『한성백제 건축유적 유형분류와 복원연구』.
국립문화재연구소, 2015, 『한국 고고학 저널』2014.
국립문화재연구소, 2016, 『한국 고고학 저널』2015.
權貴香, 2012, 「洛東江 以西地域 三國時代 住居址의 展開樣相」, 釜山大學校 大學院 考古學科 碩士學位論文.
권귀향·김정호, 2007, 「西部慶南地域의 三韓時代 住居址 小考」, 『東亞文化』 2·3 合輯, 東亞細亞文化財研究院.
권오영, 2009, 「원삼국기 한강유역 정치체의 존재양태와 백제국가의 통합양상」, 『고고학』 8-2, 중부고고학회.
畿甸文化財研究院, 2005, 「漢江 中上流 流域」, 『漢城百濟 考古資料集』上.
金奎正, 2000, 「湖南地方 青銅器時代 住居址研究」, 木浦大學校 大學院 碩士學位論文.
金權中, 2005, 「北漢江流域 青銅器時代 住居址 研究-龍岩里·泉田里 遺蹟을 中心으로-」, 檀國大學校 大學院 碩士學位論文.
金權中, 2010, 「生活遺蹟의 調査와 記錄」, 『2010년도 매장문화재 전문교육 조사기초과정』, (사)한국문화재조사연구기관협회.
金權中, 2012, 「先史時代 爐의 調査法」, 『2012년도 매장문화재 전문교육 조사기술특강』, (사)한국문화재조사연구기관협회.
金羅英, 2007, 「嶺南地域 三韓時代 住居址의 變遷과 地域性」, 釜山大學校 大學院 碩士學位論文.
김나영, 2009, 「영남지방 원삼국시대 주거와 취락」, 『嶺南地方 原三國·三國時代 住居와 聚落』, 第8回 嶺南考古學會 學術發表會, 嶺南考古學會.
김도경·주남철, 1988, 「新石器時代 움집의 構造와 變遷에 관한 研究」, 『大韓建築學會論文集』14-10, 大韓建築學會.
김도헌, 2017, 「수혈주거지 조사법」, 『발굴조사 업무의 이해』(2017년도 매장문화재조사 전문교육자료), 한국매장문화재협회.
김동욱·이경미·박진희, 2012, 「원삼국시대 주거지 복원계획」, 『漣川 江內里 遺蹟』, 高麗文化財研究院.
김미연, 2005, 「주거지 부뚜막 조사법 일안」, 『연구논문집』 5, 목포대학교박물관.
金範哲·金庚澤, 2017, 「青銅器時代 家口規模 推算 試論」, 『湖西考古學』 36, 湖西考古學會.
김성태·이병훈, 2004, 「사료를 통한 조선시대 수혈주거지의 검토」, 『고고학』 3-2, 서울경기고고학회.
김승옥, 2000, 「호남지역 마한 주거지의 편년」, 『호남고고학보』 11. 호남고고학회.
김승옥, 2004, 「전북지역 1~7세기 취락의 분포와 성격」, 『한국상고사학보』 44.
김승옥, 2007, 「금강유역 원삼국~삼국시대 취락의 전개과정 연구」, 『한국고고학보』 65, 한국고고학회.
金良善, 1958, 『考古學概論』, 崇實大學.

金良善·林炳泰, 1968, 「驛三洞住居址 發掘報告」, 『史學研究』 20, 史學研究會.

김영승, 2018, 「임진강유역 중도식주거문화권 취락 연구」, 숭실대학교 대학원 석사학위논문.

김은정, 2007, 「전북지역 원삼국시대 주거지 연구」, 『호남고고학보』 26.

김일규, 2009, 「가평 대성리유적의 원삼국시대 후기 취락」, 『加平 大成里遺蹟』, 京畿文化財研究院.

김용석, 1996, 「우리나라 先史時代 竪穴式 住居建築에 관한 研究」, 고려대학교 대학원 석사학위논문.

金勇男·金用玕·黃基德, 1975, 『우리나라 원시집자리에 관한 연구』, 사회과학출판사.

金正基, 1968, 「韓國竪穴住居址考(一)」, 『考古學』 1, 한국고고학회.

金正基, 1974, 「韓國竪穴住居址考(二)」, 『考古學』 3, 한국고고학회.

김지한, 2015, 「임진·한탄강 유역 원삼국시대 주거지 연구」, 한양대학교 대학원 석사학위논문.

김지혜, 2013, 「조선시대 경기도지역 수혈주거지에 대한 고찰」, 숭실대학교 대학원 석사학위논문.

김진철, 2008, 「삼국시대 타원형 수혈주거지 연구」, 동아대학교 대학원 석사학위논문.

김찬영, 2010, 「건물지 조사법」, 『매장문화재조사연구원교육』, 한국문화재조사연구기관협회.

김창억, 2009, 「영남내륙지역 삼국시대 주거와 취락」, 『嶺南地方 原三國·三國時代 住居와 聚落』, 第8回 嶺南考古學會 學術發表會, 嶺南考古學會.

金昌億, 2013, 「大邱·慶北地域 三國時代 聚落의 特徵과 性格」, 『韓日聚落研究』, 韓日聚落研究會, 서경문화사.

金賢植, 2005, 「無文土器時代 住居址 內部의 積石現想과 意味-울산지역 자료를 중심으로-」, 『嶺南考古學』 37, 嶺南考古學會.

金賢植, 2008, 「蔚山式住居址의 復元」, 『韓國青銅器學報』 2, 韓國青銅器學會.

김현주, 2014, 「화성 남양동 유적 조선시대 수혈주거지 연구」, 단국대학교 대학원 석사학위논문.

金鴻植, 1977, 「先史時代 살림집의 構造에 대한 研究(假說)」, 『文化財』 11, 문화재관리국.

김희찬, 1995, 「신석기시대 주거내 공간활용과 주거 인원수에 관한 연구」, 『경희사학』 19, 경희대학교 사학과.

문수균, 2016, 「경기서북지역 청동기시대 중·소형주거지 연구」, 『韓國青銅器學報』 19, 韓國青銅器學會.

朴剛民, 2004, 「三韓時代 住居址內 부뚜막과 구들시설에 대한 研究」, 東亞大學校 大學院 碩士學位論文.

박경신, 2006, 「高句麗의 炊煖施設 및 煮沸容器에 대한 一研究」, 『崇實史學』19, 崇實史學會.

박경신, 2009, 「'百濟 한성지역의 景觀 변화에 대한 초보적 검토' 토론문」, 『2009년 서울경기고고학회 학술대회 발표요지문』, 서울경기고고학회.

박경신, 2012a, 「중부지방 원삼국시대 취락 구조」, 『고고학』 11-2, 중부고고학회.

박경신, 2012b, 「呂(凸)자형 주거지 조사방법론」, 『2012년도 매장문화재 전문교육 수혈건물지 조사법』, 한국문화재조사연구기관협회.

박경신, 2015, 「북한강유역 원삼국시대 취락 편년」, 『崇實史學』 34, 崇實史學會.

박경신, 2016, 「중부지역 원삼국시대 외줄구들의 편년과 전개양상」, 『고고학』 15-3, 중부고고학회.

朴達錫, 2012, 「統一新羅時代 沙伐州 伏龍洞聚落과 地方都市構造 研究」, 釜山大學校 大學院 碩士學位論文.

朴性姬, 2012, 「中西部地域 青銅器時代 前期 住居의 構造 變化와 意味」, 『韓國青銅器學報』 11, 韓國青銅器學會.

박순발, 1998, 「VI.遺物에 대한 考察. 3. 土器·磁器」, 『聖住寺址』, 忠南大學校博物館.

朴榮九, 2000, 「嶺東地域 青銅器時代 住居址 硏究」, 檀國大學校 大學院 碩士學位論文.

박중국, 2011, 「몸자형 주거지를 통해 본 중도문화의 지역성」, 한신대학교 대학원 석사학위논문.

박중국, 2016, 「중부지역 쪽구들 문화의 계통과 전개」, 『고고학』 15-1, 중부고고학회.

박태우, 2011, 「대전 상대동 고려시대 유적의 성격에 대한 고찰-SD1·D2호 건물지를 중심으로-」, 『대전 상대동 고려유적의 종합적 검토』, 한국중세사학회.

朴漢宰, 2007, 「조선시대 경기지방의 수혈주거지」, 祥明大學校 大學院 碩士學位論文.

배성혁, 2006, 「김천 송죽리 신석기시대 취락 연구」, 계명대학교 대학원 석사학위논문.

白弘基, 1991, 「명주군 안인리주거지 발굴조사 약보고」, 『韓國 先史稻作農耕의 諸問題』(第15回 韓國考古學全國大會 발표요지), 韓國考古學會.

邊永煥, 2006, 「羅末麗初土器 硏究-保寧 眞竹里遺蹟 出土遺物을 中心으로-」, 忠南大學校 大學院 碩士學位論文.

사회과학원 고고학연구소, 1977, 『조선고고학개요』, 과학백과사전출판사.

서길덕, 2012, 「청동기시대 주거지의 조사방법」, 『2012년도 매장문화재 전문교육-수혈건물지 조사법』, (사)한국문화재조사연구기관협회.

서현주, 2010, 「호서지역의 원삼국문화-주거지를 중심으로-」, 『馬韓·百濟 사람들의 주거지와 삶』, 국립공주박물관·중앙문화재연구원.

서현주 외, 2013, 「마한·백제 사주식주거지의 의미와 과제」, 『주거의 고고학』, 제37회 한국고고학전국대회 발표요지, 한국고고학회.

손성진, 2013, 「조선시대 강원지역 움집유적 연구」, 강원대학교 대학원 석사학위논문.

손진태, 1981, 「조선 고대 민가형식고」, 『손진태선생전집2』, 태학사.

宋滿榮, 1999, 「中部地方 原三國 文化의 編年的 基礎」, 『韓國考古學報』 41, 韓國考古學會.

송만영, 2000, 「中部地方 原三國時代~漢城百濟時代 戰爭 樣相의 變化-火災住居址 資料를 中心으로-」, 『韓國考古學報』 43, 韓國考古學會.

송만영, 2015, 「中島式 住居 외줄구들의 變化와 意味」, 『古文化』 85, 한국대학박물관협회.

송은숙, 2003, 「암사동선사주거지의 특성」, 『동아시아 속의 암사동 선사문화의 위치』, 제5차 암사동 선사 문화 국제학술대회 자료집.

申年植, 2006, 「3~5세기 호서지방 주거지 연구」, 『硏究論文集』 2, 中央文化財硏究院

신연식, 2010, 「호서지역 마한·백제 주거지 연구」, 『마한·백제인들의 일본열도 이주와 교류』, 중앙문화재연구원 학술총서4, 중앙문화재연구원.

신연식, 2012, 「마한·백제지역 수혈건물지 조사법-호서지역을 중심으로-」, 『수혈건물지 조사법』, 2012년도 매장문화재 전문교육 자료집.

辛裕梨, 2011, 「中部地方 新羅 竪穴住居址 研究」, 檀國大學校 大學院 碩士學位論文.

심재연, 2007, 「남한강 중상류지역의 철기시대 문화의 특징」, 『고고학』 6-2, 서울경기고고학회.

安德任, 1985, 「漢江流域 初期鐵器時代 文化」, 漢陽大學校 大學院 碩士學位論文.

안재호, 2010, 「한반도 청동기시대 시기구분」, 『한반도 청동기시대의 쟁점』, 청동기시대 마을풍경 특별전 학술심포지엄, 국립중앙박물관.

梁慧珍, 2011, 「청동기시대 송국리문화 취락의 폐기 양상 연구」, 『韓國靑銅器學報』 8, 韓國靑銅器學會.

오승규, 2010, 「중부지방 조선시대 수혈주거지의 성격 검토」, 동아대학교 대학원 석사학위논문.

오승환, 2008, 「부뚜막의 구조와 이용」, 『炊事의 考古學』, 서경문화사.

오승환, 2011, 「漢江유역 原三國~三國時代 呂字·凸字形 住居址調査」, 『2011년도 매장문화재 전문 교육 조사기술특강 수혈건물지 조사법』, 한국문화재조사연구기관협회.

오승환, 2012, 「백제 사람들의 밥 짓기와 음식조리」, 『백제의 맛, 음식이야기』, 한성백제박물관.

吳焌赫, 2008, 「朝鮮時代 竪穴住居址에 대한 檢討-大田地域 調査資料를 中心으로」, 公州大學校 大學院 碩士學位論文.

유병록, 2004, 「수혈건물지 조사방법론 II -시기차가 있는 출토유물의 해석문제-」, 『嶺南文化財研究』 17.

兪炳琭, 2010, 「竪穴建物 廢棄行爲 硏究1 -家屋葬-」, 『釜山大學校 考古學科 創設20周年 記念論文集』, 釜山大學校 考古學科.

유병록, 2011, 「수혈건물지의 개념 및 기초 조사법」, 『2011년도 매장문화재 전문 교육 조사기술특강 수혈건물지 조사법』, 한국문화재조사연구기관협회.

유병록, 2012, 「수혈건물지 조사방법」, 『2012년도 매장문화재 전문교육-수혈건물지 조사법』, (사)한국문화재조사연구기관협회.

유창현, 2006, 「江原地域 先史時代 爐址 硏究」, 翰林大學校 大學院 碩士學位論文.

윤기준, 1984, 「청동기시대 집터에 관한 연구」, 청주대학교 대학원 석사학위논문.

음식고고연구회, 2011, 『炊事實驗의 考古學』.

이건일, 2011, 「호서지역 백제주거지의 지상화과정에 관하여」, 『호서고고학』 24, 호서고고학회.

이경복·전경아, 2004, 「조선시대 움집과 그 안에 살던 사람들」, 『백산학보』 69, 백산학회.

이경복, 2008, 「조선시대 움집에 설치된 온돌의 조사법 일사례」, 『호서고고학』 18, 호서고고학회.

이근욱, 1993, 「보성강 유역 집자리 유적의 성격과 변천」, 『한국상고사학보』 14.

이나영, 2010, 「3~4세기 원형계 수혈주거지의 복원에 대한 연구-서부경남지역을 중심으로-」, 『慶南硏究』2, 경남발전연구원 역사문화센터.

이남석, 1998, 「원삼국시대 주거지 일례-천안 용원리 유적의 고분군내 주거지-」, 『선사와 고대』 11, 한국고대학회.

이남석·이현숙, 2009, 「계룡면 용동리 신석기시대 주거지」, 『한국신석기연구』 18, 한국신석기학회.

李東憲, 2008, 「印花文 有蓋盌 硏究-慶州地域 出土遺物을 中心으로-」, 釜山大學校 大學院 碩士學位論文.

이동희, 2007, 「전남 동부지역 마한~백제계 주거지의 변천과 그 의미」, 『선사와 고대』 27, 한국고대학회.
李民錫, 2003, 「韓國 上古時代의 爐施設 硏究-湖南地域을 中心으로」, 全北大學校 大學院 碩士學位論文.
이병훈, 2011, 「原三國~漢城百濟期 中部地方 외줄구들의 變遷過程」, 崇實大學校 大學院 碩士學位論文.
이병훈, 2016, 「중부지방 원삼국시대 외줄구들 유형의 변천과정 재검토」, 『古文化』 88, 한국대학박물관협회.
이상균, 2003, 「한반도 신석기시대 주거지의 변천과 구조적 양상」, 『고문화』 61, 한국대학박물관협회.
李相吉, 2000, 「廢棄에 관한 考古學的 檢討」, 『慶北大學校 考古人類學科 20周年 紀念論叢』, 慶北大學校 考古學科.
李尙馥, 2007, 「이천 갈산동유적의 통일신라시대 수혈주거지 연구」, 韓南大學校 大學院 碩士學位論文.
이상복, 2011, 「중서부지역 통일신라시대 수혈주거지의 분류와 편년-'ㄱ'자형 구들시설을 中心으로-」, 『中央考古硏究』 9, 中央文化財硏究院.
李秀鴻, 2012, 「青銅器時代 檢丹里類型의 考古學的 硏究」, 釜山大學校 大學院 博士學位論文.
이영철, 1997, 「전남지역 주거지의 벽구시설 검토」, 『박물관연보』 6, 목포대학교 박물관.
李暎澈·金美蓮, 2005, 「수혈건물지 조사법」, 『발굴사례 연구논문집』 2, 한국문화재조사연구기관협회.
이요한, 2015, 「원삼국시대 임진·한탄강유역 지역성 연구」, 상명대학교 대학원 석사학위논문.
이은정, 2007, 「전남지역 3~6세기 주거지 연구」, 『호남고고학보』 26.
李宗哲, 2015, 「松菊里型文化의 聚落體制와 發展」, 全北大學校 大學院 博士學位論文.
이주성, 2008, 「嶺南地方 三韓時代 竪穴住居址에 對한 一考察」, 『東亞文化』 5, 東亞細亞文化財硏究院.
이준민, 2015, 「남한강 유역 원삼국시대 취락의 편년과 변화」, 숭실대학교 대학원 석사학위논문.
이현석·권태용·문백성·유병록·김병섭, 2004, 「수혈건물의 폐기양식(pattern)」, 『발굴사례 연구논문집』 창간호, 한국문화재조사연구기관협회.
李炫錫·金鍾昊, 2005, 「青銅器時代 住居址內 積石의 檢討」, 『발굴사례·연구논문집』 2, 한국문화재조사연구기관협회.
이형원, 2017, 「창산 김정기선생의 수혈주거지 연구」, 『한국 문화유적 조사·연구의 개척과 창산(昌山) 김정기』(창산 김정기 저작집 완간기념 학술회의 발표자료집), 국립경주문화재연구소.
이홍종, 1993, 「부뚜막시설의 등장과 지역상」, 『嶺南考古學』 12, 嶺南考古學會.
이희경, 2017, 「백제 국가 형성에 따른 중부지방의 농업 양상의 변화」, 『한국고고학보』 103, 한국고고학회.
임동중, 2013, 「호남지역 사주식주거지의 변천과정」, 전남대학교 대학원 석사학위논문.
임상택, 2006, 「한국 중서부지역 빗살무늬토기문화의 연구」, 서울대학교 대학원 박사학위논문.
林榮玉, 2000, 「嶺南地方 原三國時代의 住居址硏究」, 漢陽大學校 大學院 碩士學位論文.
임영호·정여선, 2007, 「조선시대 수혈주거지에 대한 연구」, 『야외고고학』 3, 한국문화재조사연구기관협회.
林永珍, 1985, 「움집의 分類와 變遷」, 『한국고고학보』 17·18합호, 한국고고학회.
林潤美, 1989, 「韓國 先史時代 爐址 硏究」, 崇實大學校 大學院 碩士學位論文.
장경호, 2005, 「건물터의 발굴조사」, 『한국 매장문화재 조사연구방법론』 Ⅰ, 국립문화재연구소.

張德元, 2010, 「原三國~三國時代 금강유역 주거와 취사시설의 변화로 본 정치적 동향」, 『湖西考古學』 22, 湖西考古學會.

장인경·김기룡·배기동, 2010, 「연천 삼곶리 철기생산 마을유적 발굴조사 성과 및 향후과제」, 『移住의 고고학』(제34회 한국고고학전국대회 발표요지문), 한국고고학회.

정동헌, 2011, 「화성 청계리 통일신라시대 취락 연구」, 중앙대학교 대학원 석사학위논문.

정상석, 2006, 「부뚜막부 쪽구들 구조분석과 조사방법에 대한 일고찰」, 『야외고고학』 創刊號, 한국문화재조사연구기관협회.

정성희, 1994, 「암사동 주거지에 대하여」, 『마을의 고고학』, 한국고고학회.

정우현, 2012, 「경남지역 삼국시대 방형계 수혈주거지 연구」, 동아대학교 대학원 석사학위논문.

鄭 一, 2005, 「全南地方 3~5世紀 四柱式住居址 硏究」, 慶北大學校 大學院 碩士學位論文.

정 일, 2006, 「全南地域 四柱式住居址의 構造的인 變遷 및 展開過程」, 『韓國上古史學報』 54, 韓國上古史學會.

정 일, 2007, 「사주식주거지의 상부구조 복원 시론」, 『연구논문집』 7, 호남문화재연구원.

趙亨徠, 1996, 「竪穴住居의 壁과 壁溝에 관한 硏究」, 釜山大學校 大學院 碩士學位論文.

주남철, 2000, 『한국건축사』, 고려대학교출판부.

중앙문화재연구원 편, 2018, 『한국고고학 전문용어집』.

池賢柄, 1999, 「嶺東地域의 鐵器時代 硏究-住居址를 中心으로-」, 檀國大學校 大學院 博士學位論文.

지현병, 2003, 「강원지방의 선사시대 주거구조에 대한 고찰」, 『강원지역의 역사와 문화』, 한국대학박물관협회 제50회 춘계학술대회 자료집.

지현병, 2007, 「선사시대 수혈주거지」, 『한국 매장문화재 조사연구방법론』III, 국립문화재연구소.

池賢柄, 2012, 「江陵 安仁里遺蹟의 鐵器時代 文化」, 『강릉 안인리유적 발굴 20주년 기념 학술대회』, 강릉원주대학교박물관·강원고고문화연구원.

車宇根, 2007, 「北漢江 流域과 南漢江 流域의 鐵器時代 聚落 硏究」, 한림대학교 대학원 석사학위논문.

崔夢龍·朴洋震, 1984, 「麗州 欣岩里 先史聚落」, 『古文化』 25, 韓國大學博物館協會.

최인창, 2010, 「삼국시대 중부지역의 주거시설연구」, 수원대학교 대학원 석사학위논문.

秋佳英, 2015, 「中部地域 原三國~百濟 漢城期 住居地 空間活用 方式 硏究」, 龍仁大學校 大學院 碩士學位論文.

취락연구회, 2004, 『竪穴建物址 調査方法論』, 춘추각.

한국문화재조사연구기관협회, 2011, 『2011년도 매장문화재 전문교육 조사기술특강 수혈건물지 조사법』.

한국문화재조사연구기관협회, 2012a, 『2012년도 매장문화재 전문교육 조사기술특강 취사난방시설의 조사방법론』.

한국문화재조사연구기관협회, 2012b, 『2012년도 매장문화재 전문교육 수혈건물지 조사법』.

한성백제박물관, 2013, 『백제의 꿈, 王都漢山』.

黃大一, 2011, 「蔚山地域 朝鮮時代 竪穴住居址에 대한 一考察」, 慶尙大學校 大學院 碩士學位論文.
황대일, 2014, 「고려시대 수혈주거지의 구조와 변천」, 『中央考古研究』 14, 中央文化財研究院.
현대환·양지훈, 2011, 「湖西地域 原三國時代 住居構造와 展開」, 『금강유역 마한문화의 지역성』, 제23회 호서고고학회 학술대회 발표요지, 湖西考古學會.
홍보식, 2005, 「통일신라 연결고리유개호의 발생과 전개」, 『韓國上古史學報』 50, 韓國上古史學會.
홍주희, 2016, 「천전리식주거의 출현과정에 관한 새로운 견해」, 『韓國青銅器學報』 19, 韓國青銅器學會.
홍지윤·오준혁·김규홍, 2008, 「원삼국시대 주거지 축조과정과 상대편년 수립을 위한 기초적 연구 -남양주 장현유적 사례를 중심으로」, 『야외고고학』 4, 한국문화재조사연구기관협회.

- 일문 -

奈良文化財研究所, 2005, 『発掘調査のてびき-集落遺跡編-』.
大場磐雄, 1955, 「主要繩文式竪穴の考察」, 『平出』, 平出遺蹟調査會.
都出比呂志, 1989, 『日本農耕社會の成立過程』, 岩波書店.
文化廳文化財部記念物課, 2013, 『発掘調査のてびき』, 第二版, 同成社.
文化廳文化財保護部, 1966, 『埋蔵文化財発掘調査の手びき』, 財團法人國土地理協會.
山中敏史, 2006, 「発掘調査のてびき-集落遺跡編-の作成事業」, 『奈文研ニュース』22, 奈良文化財研究所.
小林謙一, 1994, 「竪穴住居の廢絶時の姿-SFC遺蹟·大橋遺蹟の繩文中期の事例から」, 『日本考古學協會第60會總會研究發表要旨』.
小林謙一, 1998, 「繩文集落の實態を復元していくための問題意識と調査方法」, 『シンポジウム繩文集落研究の新地坪』 2, 日本考古協會.
小野忠熙, 1962, 「先史時代の集落」, 『歷史地理講座』 3.
水ノ江和同, 2016, 「発掘調査報告書デジタル化の方向性を探る」, 全国遺跡報告総覧シンポジウム(文化遺産の記録をすべての人々へ!), 国立文化財機構奈良文化財研究所.

- 사료 -

『朝鮮王朝實錄』
『金馬志』
『朝鮮賦』

-보고서-

江原考古文化硏究院, 2010a, 『橫城 邑下里聚落』.

江原考古文化硏究院, 2010b, 「홍천 하화계지구 양수장 확장이전부지 내 유적 발굴조사 약보고서」.

江原考古文化硏究院, 2011, 『寧越 酒泉里聚落』.

江原考古文化硏究院, 2012, 『平昌 泉洞里·馬池里 聚落』.

江原考古文化硏究院, 2014a, 『春川 中島洞 聚落』.

江原考古文化硏究院, 2014b, 「국도31호선 영월-방림(1) 도로건설공사구간(후평리, 주진리, 방림리)내 유적 발굴조사(후평리구간) 약식보고서」.

江原大學校博物館, 1984, 『屯內』.

江原文化財硏究所, 2003, 『擧頭里 遺蹟』.

江原文化財硏究所, 2005, 『新梅里 54-4番地 遺蹟』.

江原文化財硏究所, 2006, 『春川 牛頭洞 707-1,35番地 遺蹟 發掘調査 報告書』.

江原文化財硏究所, 2007a, 『春川 牛頭洞 롯데인벤스 우두파크 신축부지內 發掘調査報告書』.

江原文化財硏究所, 2007b, 『龍岩里』.

江原文化財硏究所, 2008a, 『橫城 屯內遺蹟』.

江原文化財硏究所, 2008b, 『春川 擧頭2地區 遺蹟』.

江原文化財硏究所, 2008c, 『泉田里』.

江原文化財硏究所, 2008d, 『寧越 文山里 遺蹟』.

江原文化財硏究所, 2010a, 『洪川 哲亭里 II 遺蹟』.

江原文化財硏究所, 2010b, 『정선 아우라지 유적』.

江原文化財硏究所, 2011, 『原州 加峴洞 遺蹟』.

江原文化財硏究所, 2015, 『陽口 高垈里 遺蹟』.

江原文化財硏究所, 2017, 『춘천 천전리 97-5번지 유적』.

겨레문화유산연구원, 2011, 『가평 대성리유적』 II.

경기도박물관, 2004, 『抱川 自作里遺蹟』 I.

京畿文化財硏究院, 2003, 『龍仁 舊葛里遺蹟』.

京畿文化財硏究院, 2009a, 『加平 大成里遺蹟』.

京畿文化財硏究院, 2009b, 『華城 南陽洞遺蹟』.

京畿文化財硏究院, 2009c, 『汶山 堂洞里遺蹟』.

京畿文化財硏究院, 2010a, 『廣州 墻枝洞 聚落遺蹟』.

京畿文化財硏究院, 2010b, 『華城 花山洞 遺蹟』.

京畿文化財硏究院, 2011, 『水原 好梅實洞·金谷洞 遺蹟』.

京畿文化財硏究院, 2012, 『金浦 陽谷遺蹟』.

慶南考古學研究所, 2002, 『泗川 鳳溪里 三國時代 集落』.
慶南考古學研究所, 2006, 『勒島貝塚 A地區·住居群』.
慶南文化財研究院, 2010, 『진주 평거동 유적 Ⅰ -삼국시대 취락-』.
慶南文化財研究院, 2011a, 『기장 청강·대라리유적(Ⅰ~Ⅳ지구)』.
慶南文化財研究院, 2011b, 『山淸 下村里 遺蹟 Ⅱ』.
慶南文化財研究院, 2012, 『진주 평거동 유적Ⅳ-종합고찰·부록-』.
慶南發展研究院 歷史文化센터, 2007a, 『泗川 芳芝里 遺蹟』.
慶南發展研究院 歷史文化센터, 2007b, 『咸陽 花山里遺蹟』.
慶南發展研究院 歷史文化센터, 2011a, 『山淸 下村里遺蹟』.
慶南發展研究院 歷史文化센터, 2011b, 『진주 평거3-1지구 유적 Ⅰ~Ⅵ』.
慶尙大學校博物館, 2011, 『泗川 本村里遺蹟』.
慶尙北道文化財研究院, 2002, 『대구 수성구 상동 우방아파트 건립부지내 上洞遺蹟發掘調査報告書』.
경상북도문화재연구원, 2007, 『高靈 池山洞遺蹟』.
경상북도문화재연구원, 2008a, 『성주 가암리 유적』.
경상북도문화재연구원, 2008b, 『浦項 虎洞遺蹟 Ⅱ~Ⅷ』.
경상북도문화재연구원, 2010, 『달성 평촌리·예현리유적』.
경상북도문화재연구원, 2011, 『영천 용소리유적』.
高麗大學校 埋藏文化財研究所, 2001, 『寬倉里遺蹟-B·G區域』.
高麗文化財研究院, 2008, 『平澤 素沙洞 遺蹟(Ⅰ)』.
高麗文化財研究院, 2009a, 『安山 新吉洞 遺蹟』.
高麗文化財研究院, 2009b, 『富川 如月洞 遺蹟』.
高麗文化財研究院, 2010, 『加平 項沙里 遺蹟』.
高麗文化財研究院, 2012, 『漣川 江內里 遺蹟』.
고려문화재연구원, 2015, 『춘천 중도 LEGOLAND KOREA Project A~E구역 문화재 발굴조사』PPT자료.
高麗文化財研究院, 2017, 『廣州 昆池岩里 遺蹟』.
公州大學校博物館, 2008, 『燕岐 鷹岩里 遺蹟』.
公州大學校博物館·忠淸南道·天安市, 1999, 『白石洞 遺蹟』.
國立慶州文化財研究所, 2004, 『月城垓子 發掘調査報告書 Ⅱ』.
국방문화재연구원, 2013, 『파주 덕은리유적』.
國立中央博物館, 1980, 『中島 -進展報告 Ⅰ-』, 國立博物館 古蹟調査報告 第十二冊.
國立中原文化財研究所, 2009, 『忠州 塔坪里 遺蹟(中原京 추정지) 시굴조사보고서』.
國立晉州博物館, 2001, 『晋州 大坪里 玉房1地區 遺蹟 Ⅰ·Ⅱ』.
경기도자박물관, 2017, 『파주 대능리 유적』.

京畿文化財硏究院, 2014, 『水原 好梅實洞·金谷洞 遺蹟』.
畿甸文化財硏究院, 2007a, 『華城 發安里 마을遺蹟』.
畿甸文化財硏究院, 2007b, 『華城 石隅里 먹실遺蹟』.
畿甸文化財硏究院, 2007c, 『南楊州 好坪洞 지새울 遺蹟』.
기호문화재연구원, 2009, 『龍仁 農書里 遺蹟』
金秉模·崔虎林, 1984, 「中原 荷川里D地區 遺蹟發掘調査 報告」, 『忠州 댐 水沒地區 文化遺蹟發掘調査 綜合報告書』.
大東文化財硏究院, 2009, 『大邱 邑內洞 491遺蹟 I ～III』.
大東文化財硏究院, 2011, 『尙州 武陽洞 152遺蹟』.
大東文化財硏究院, 2014, 『奉化 昌坪里 산2-1遺蹟』.
大東文化財硏究院, 2015, 『영덕 지품리유적』.東亞大學校博物館, 1981, 『金海 府院洞遺蹟』.
東亞大學校博物館, 1996, 『鎭海 龍院遺蹟』.
東亞大學校博物館, 1998, 『梁山 平山里遺蹟』.
東亞大學校博物館, 2005, 『泗川 勒島CI』.
東亞細亞文化財硏究院, 2009a, 『昌原 加音丁 複合遺蹟』.
東亞細亞文化財硏究院, 2009b, 『昌原 新方里 低濕遺蹟』.
東亞細亞文化財硏究院, 2010, 『昌原 加音丁 複合遺蹟 II 』.
渼沙里先史遺蹟發掘調查團, 1994, 『渼沙里』 I ~ V .
木浦大學校博物館, 1997, 『務安 良將里 遺蹟』.
백제문화재연구원, 2011, 『대전 상대동(중동골·양촌) 유적』.
부경문물연구원, 2014, 『梁山 梒洞 遺蹟』.
부경문물연구원, 2017a, 『居昌 松亭里 遺蹟 II -A지구 삼국시대 취락-』.
부경문물연구원, 2017b, 『居昌 松亭里 遺蹟IV-고찰·부록-』.
釜山大學校博物館, 1989, 『勒島住居址』.
釜山大學校博物館, 1998, 『金海 鳳凰臺遺蹟』.
釜山大學校博物館, 2006, 『傳金官加耶宮墟址』.
釜山博物館, 2013, 『機張 下長安遺蹟』.
서울대학교박물관, 2009, 『인천 삼목도III유적 발굴조사 보고서』.
서울문화유산연구원, 2016a, 『광주 곤지암리 I 유적』.
서울문화유산연구원, 2016b, 『광주 곤지암리 II 유적』.
서울문화유산연구원, 2017, 『구리 토평동 유적』.
崇實大學敎博物館, 1994, 『渼沙里』III, 渼沙里先史遺蹟發掘調査團.
숭실대학교 한국기독교박물관, 2010, 『水原 西屯洞 遺蹟』.

嶺南文化財硏究院, 2002a,『大邱 西邊洞聚落遺蹟 I 』.
嶺南文化財硏究院, 2002b,『蔚山川上里聚落遺蹟』.
嶺南文化財硏究院, 2003,『蔚山 倉坪洞遺蹟』.
嶺南文化財硏究院, 2004a,『大邱 時至洞60-1番地遺蹟』.
嶺南文化財硏究院, 2004b,『聞慶 矛田洞遺蹟』.
嶺南文化財硏究院, 2004c,『慶州 東川洞 793番地遺蹟』.
嶺南文化財硏究院, 2005a,『慶山 縣內里 II 遺蹟』.
嶺南文化財硏究院, 2005b,『慶山 麻谷里遺蹟』.
嶺南文化財硏究院, 2007,『慶山 雁村里遺蹟』.
嶺南文化財硏究院, 2008,『尙州 伏龍洞 256番地遺蹟 I ～IV』.
嶺南文化財硏究院, 2009a,『尙州 伏龍洞 230-3番地遺蹟 I · II 』.
嶺南文化財硏究院, 2009b,『尙州 伏龍洞 10-4番地遺蹟 I · II 』.
嶺南文化財硏究院, 2009c,『慶州 西岳洞256番地遺蹟』.
嶺南文化財硏究院, 2009d,『大邱 梅湖洞 1008番地遺蹟』.
嶺南文化財硏究院, 2015,『大邱 八達洞遺蹟 II 』.
예맥문화재연구원, 2010a,『東海 望祥洞遺蹟』II .
예맥문화재연구원, 2010b,『洪川 哲亭里 II 遺蹟』.
예맥문화재연구원, 2011a,『春川 槿花洞遺蹟』.
濊貊文化財硏究院, 2011b,『東海 智興洞 遺蹟』.
예맥문화재연구원, 2013,『華川 原川里遺蹟』.
우리문화재연구원, 2013,『河東 橫川里遺蹟』.
울산대학교박물관, 2009,『기장 가동유적 II 』.
蔚山文化財硏究院, 2009,『蔚山泉谷洞가재골III遺蹟』.
蔚山文化財硏究院, 2011,『蔚山明山里遺蹟』.
蔚山文化財硏究院, 2013a,『蔚山藥泗洞平山遺蹟 I 』.
蔚山文化財硏究院, 2013b,『蔚山藥泗洞平山遺蹟 II 』.
蔚山文化財硏究院, 2016,『고속국도 제14호선 밀양-울산 건설공사 (2～10공구)부지 내 밀양 금곡리 유물산포지1.지석묘군 정밀발굴조사 부분 완료 약식보고서』.
울산발전연구원 문화재센터, 2012,『울주 연자도 유적』.
尹容鎭, 1984,「中原 荷川里 F地區 遺蹟發掘調査 報告」,『忠州댐 水沒地區 文化遺蹟發掘調査綜合報告書』.
中部考古學硏究所, 2013,『華城 靑園里·石橋里 遺蹟』.
中部考古學硏究所, 2014,『加平 邑內里 766-3番地 遺蹟』.

中央文化財研究院, 2004,『華城 求文川里遺蹟』.
中央文化財研究院, 2006,『大田 龍溪洞·龍雲洞·佳陽洞遺蹟』.
中央文化財研究院, 2007,『利川 葛山洞遺蹟』.
中央文化財研究院, 2008,『淸原 蓮提里遺蹟』.
中央文化財研究院, 2010a,『仁川 雲西洞遺蹟 Ⅰ』.
中央文化財研究院, 2010b,『南楊州 長峴里遺蹟』.
中央文化財研究院, 2011a,『平澤 소사벌遺蹟』.
中央文化財研究院, 2011b,『仁川 中山洞遺蹟』.
中央文化財研究院, 2014,『抱川 射亭里 모래내遺蹟』.
중원문화재연구원, 2016,「화성 봉담2보금자리지구 및 우회도로 내 유적 시·발굴조사 약보고서」.
忠靑文化財硏究院, 1999,『천안 용원리 유적(A지구)』.
충청문화재연구원, 2010,『서산 언암리 낫머리 유적』.
한강문화재연구원, 2012,『인천 운북동 유적』.
한강문화재연구원, 2014,『인천 구월동 유적』.
한강문화재연구원, 2017a,『춘천 우두동유적』.
한강문화재연구원, 2017b,『대구 연경동 취락유적』.
한국문물연구원, 2012,『昌原 鳳林洞遺蹟(Ⅱ)』.
韓國文化財保護財團, 1999,『尙州 龍潭里遺蹟』.
한국문화재재단, 2016,「춘천 율문리 75-4번지 유적」,『2014년도 소규모 발굴조사 보고서』Ⅵ.
한국선사문화연구원, 2015,「청주 테크노폴리스 조성부지 내 Ⅶ지구 유적 학술자문회의 자료」.
한백문화재연구원, 2009,『가평 연하리 유적』.
한백문화재연구원, 2014,『화성 남양동 유적』.
한양대학교 문화재연구소, 2012,『연천 삼곶리 유적』.
한울문화재연구원, 2010,「연천 군남 홍수조절지 건설사업부지내 유적(H, 취우당지) 시·발굴조사 약보고서」.
한울문화재연구원, 2012,『연천 합수리(H지역)·취우당지 유적』.
호남문화재연구원, 2007,『潭陽 台木里遺蹟』Ⅰ.
湖巖美術館, 1995,『利川 孝養山遺蹟 발굴조사보고서』.

사진 · 도면 자료 출처 목록

▶ 강원고고문화연구원

『橫城 邑下里聚落』, 횡성 읍하리 3호 주거지 p.41.

『홍천 하화계지구 양수장 확장이전부지 내 유적 발굴조사 약보고서』, 홍천 하화계리 1호 주거지 p.16.

『寧越 酒泉里聚落』, 영월 주천리 1호 주거지 p.125.

『平昌 泉洞里·馬池里 聚落』, 평창 천동리 3호 주거지 p.350.

▶ 강원문화재연구소

『春川 牛頭洞 롯데인벤스 우두파크 신축부지內 發掘調査報告書』, 춘천 우두동 롯데인벤스 우두파크 1호 주거지 p.36·37.

『泉田里』, 춘천 천전리 A-47호 주거지 p.139.

『龍岩里』, 화천 용암리 93호 주거지 p.275.

『春川 擧頭2地區遺蹟』, 춘천 거두2지구 13호 주거지 p.211.

『擧頭里 遺蹟』, 춘천 거두리 5호 주거지 p.62.

『楊口 高岱里 遺蹟』, 양구 고대리 89호 주거지 p.488.

『橫城 屯內遺蹟』, 횡성 둔내 1호 주거지 p.26.

『泉田里』, 천전리 B-나-6호 주거지 p.311.

『寧越 文山里 遺蹟』, 영월 문산리 6호 주거지 p.77.

『春川 牛頭洞遺蹟 I 』, 춘천 우두동 5호 주거지 p.363, 춘천 우두동 3호 주거지 p.360.

『洪川 哲亭里 II 遺蹟』, 홍천 철정리 A-13호 주거지 p.27.

『龍岩里』, 화천 용암리 139-a·b호 주거지 p.842, 화천 용암리 153-a·b호 주거지 p.870.

『洪川 哲亭里 II 遺蹟』, 홍천 철정리 II A-54호 주거지 p.156.

『龍岩里』, 화천 용암리 71호 주거지 p.721, 79호 주거지 p.736, 87호 주거지 p.748, 121호 주거지 p.799, 93호 주거지 p.758, 130호 주거지 p.820, 88호 주거지 p.750.

『洪川 哲亭里 II 遺蹟』, 홍천 철정리 II A-20호 주거지 p.65, A-21호 주거지 p.69, A-13호 주거지 p.243, A-청47호 주거지 p.142, A-청1·2호 주거지 p.13, A-철5호 주거지 p.218, C-청2호 주거지 p.332.

『龍岩里』, 화천 용암리 9호 굴립주유구 p.909, 94호 주거지 p.760, 75호 주거지 p.729, 141호 주거지 p.847.

『泉田里』, 춘천 천전리 A-47호 주거지 p.22,

『龍岩里』, 화천 용암리 19호 주거지 p.650.

『橫城 屯內遺蹟』, 횡성 둔내 1호 주거지 p.3.

『原州 加峴洞 遺蹟』, 원주 가현동 20호 주거지 p.114, 22호 주거지 p.121.

『춘천 천전리 97-5번지 유적』, 춘천 천전리 97-5번지 주거지 p.50.

『寧越 文山里 遺蹟』, 영월 문산리 4호 주거지 p.145.

『春川 牛頭洞遺蹟 I 』, 춘천 우두동 1호 주거지 p.654.

『春川 牛頭洞 707-1,35番地 遺蹟』, 춘천 우두동 9호 주거지 p.196, 춘천 우두동 16호 주거지 p.217.

▶ 겨레문화유산연구원

『가평 대성리유적 II』, 가평 대성리 가-7호 주거지 p.388, 가평 대성리 2호 주거지 p.381, 가평 대성리 2호 주거지 p.330, 가평 대성리 4호 주거지 p.347, 가평 대성리 10호 주거지 p.421, 가평 대성리 4호 주거지 p.346, 가평 대성리 2호 주거지 p.8.

▶ 경기도박물관

『抱川 自作里遺蹟』, 포천 자작리 3-5호 주거지 부록 CD, 포천 자작리 2호 주거지 부록 CD. 포천 자작리 1호 주거지 부록 CD, 포천 자작리 2호 주거지 부록 CD.

▶ 경기도자박물관

『파주 대능리 유적』, 파주 대능리 배치도 p.326, 파주 대능리 28호 주거지 p.471. 파주 대능리 35호 주거지 p.485.

▶ 경기문화재연구원

『加平 大成里遺蹟』, 가평 대성리 10호 주거지 p.158.

『華城 石隅里 먹실遺蹟』, 화성 석우리 먹실 6호 주거지 p.8.

『華城 花山洞 遺蹟<본문3>』, 화성 화산동 9-3호 주거지 p.39.

『水原 好梅實洞·金谷洞 遺蹟-제3권』, 수원 호매실·금곡동 6-1호 주거지 p.71.

『金浦 陽谷遺蹟』, 김포 양곡 1-23호 주거지 p.176.

『龍仁 舊葛里遺蹟』, 용인 구갈리 14호 주거지 p.88.

『南楊州 好坪洞 지새울 遺蹟』, 남양주 호평동 지새울 3호 주거지, 사진번호 원색3.

『華城 發安里 마을遺蹟』, 화성 발안리 21호 주거지 p.108.

『華城 石隅里 먹실遺蹟』, 화성 석우리 먹실 6호 주거지 P.41, 화성 석우리 먹실 6호 주거지 p.45. 화성 석우리 먹실 7호 주거지 p.52.

『華城 發安里 마을遺蹟』, 화성 발안리 21호 주거지 p.20.

『華城 石隅里 먹실遺蹟』, 화성 석우리 먹실 10호 주거지 p.69.

『加平 大成里遺蹟』, 가평 대성리 10호 주거지 p.6, 가평 대성리 11호 주거지 p.174.

『廣州 墻枝洞 聚落遺蹟』, 광주 장지동 20호 주거지 p.19.

『華城 石隅里 먹실遺蹟』, 화성 석우리 먹실 13호 주거지 p.79.

『加平 大成里遺蹟』, 가평 대성리 10호 주거지 p.6, 가평 대성리 11호 주거지 p.174.
『水原 好梅實洞·金谷洞 遺蹟-제1권』, 수원 호매실·금곡동 1-1호 주거지 p.522.
『汶山 堂洞里遺蹟』, 문산 당동리 7-3호 주거지 p.368.
『華城 南陽洞遺蹟』, 화성 남양동 4-17호 주거지 p.160.

▶ 경남대학교 박물관

『泗川 本村里遺蹟』, 사천 본촌리 3호 주거지 p.65.

▶ 경남문화재연구원

『진주 평거동유적 I 』, 진주 평거동 13호 주거지 p.93, 진주 평거동 15호 주거지 p.99.
진주 평거동 24호 주거지 p.126.
『진주 평거동유적 II 』, 진주 평거동 32호 주거지 p.9, 진주 평거동 17-1호 주거지 p.273.
진주 평거동 46호 주거지 p.332, 진주 평거동 95호 주거지 p.433, 진주 평거동 48-1호 주거지 p.337.
진주 평거동 48-1호 주거지 p.339, 진주 평거동 48-1호 주거지 p.339.
진주 평거동 6호 주거지 p.253, 진주 평거동 7호 주거지 p.255, 진주 평거동 43호 주거지 p.327.
진주 평거동 50-1호 주거지 p.343, 진주 평거동 24호 주거지 p.287, 진주 평거동 32호 주거지 p.306.
진주 평거동 31호 주거지 p.304, 진주 평거동 24호 주거지 p.286, 진주 평거동 24호 주거지 p.287.
진주 평거동 24호 주거지 p.287, 진주 평거동 53호 주거지 p.347, 진주 평거동 73호 주거지p. 383.
『산청 하촌리 유적 II 』, 산청 하촌리 56호 주거지 p.180.
『기장 청강·대라리 유적(II 지구)』, 기장 청강·대라리 1-1호 주거지 p.194.

▶ 경남발전연구원 역사문화센터

『사천 방지리유적』, 사천 방지리 7호 주거지 p.33.
『山淸 下村里遺蹟- I 지구-』, 산청 하촌리 I A-6호 주거지 p. 152.
『함양 화산리유적』, 함양 화산리 21호 주거지 p.323, 함양 화산리 23호 주거지 p.58.

▶ 경상북도문화재연구원

『달성 평촌리·예현리 유적』, 달성 평촌리 1호 주거지 p.146.

▶ 고려대학교 매장문화재연구소

『寬倉里 遺蹟』, 보령 관창리 KC056호 주거지 도판72, KC097호 주거지 도판109.

▶ 고려문화재연구원

『漣川 江內里 遺蹟』, 연천 강내리 6호 주거지 p.81.

『춘천 중도 LEGOLAND KOREA Project A~E구역 문화재 발굴조사』 PPT자료, 춘천 중도 D3-23호 주거지 p.27.

『廣州 昆池岩里 遺蹟』, 광주 곤지암리 29·30·31호 주거지 p.120.

『漣川 江內里 遺蹟』, 연천 강내리 27호 주거지 p.139, 연천 강내리 27호 주거지 p.140.
연천 강내리 27호 주거지 p.137, 연천 강내리 60호 주거지 p.251, 연천 강내리 27호 주거지 p.137.
연천 강내리 29호 주거지 p.151.

『加平 項沙里 遺蹟』, 가평 항사리 유적 나-9호 주거지 p.8, 가평 항사리 나-16호 주거지 p.153.
가평 항사리 나-20호 주거지 p.170, 가평 항사리 나-9호 주거지 p.8, 가평 항사리 가-1호 주거지 p.15.
가평 항사리 유적 나-16호 주거지 p.153, 가평 항사리 유적 가-11호 주거지 p.49.

▶ 공주대학교 박물관

『白石洞遺蹟』, 천안 백석동 A-4호 주거지 p.59, 천안 백석동 I -23호 주거지 p.244.

『燕岐 鷹岩里 遺蹟』, 연기 응암리 유적 15호 주거지 p.140.

『鷄龍 龍洞里 遺蹟』, 계룡 용동리 1호 주거지, 사진번호 원색2.

▶ 국립경주문화재연구소

『월성해자 발굴조사보고서 II』, 월성해자 북서편 1호 주거지 p.490.

▶ 국립문화재연구소

『風納土城 XV』, 풍납토성 라-3호 주거지 p. 99·103, 풍납토성 라-8호 주거지 p.139.

『한국고고학저널 2006』, 춘천 율문리 75-2 1호 주거지 p.14.

▶ 국립중원문화재연구소

『忠州 塔坪里 遺蹟(中原京 추정지) 시굴조사보고서』 충주 탑평리 시굴-2호 주거지 p.110.

▶ 국방문화재연구원

『파주 덕은리유적』, 파주 덕은리 2-2호 주거지 p.399.

▶ 대동문화재연구원

『영덕 지품리유적』, 영덕 지품리 1호 주거지 p.37.

『大邱 邑內洞 491遺蹟 II』, 대구 읍내동 III-13호 주거지 p.88.

『奉化 昌坪里 산2-1遺蹟』, 봉화 창평리 VI-1호 주거지 p.100.

『尙州 武陽洞 152遺蹟 I 』, 상주 무양동 47호 주거지 p.154.

『大邱 邑內洞 491遺蹟III』, 대구 읍내동 II-4호 주거지 p.168, 대구 읍내동 II-3호 주거지 p.156.

『奉化 昌坪里 산2-1遺蹟』, 봉화 창평리 VI-2호 주거지 p.83, 봉화 창평리 VI-3호 주거지 p.89.

『尙州 武陽洞 152遺蹟 II 』, 상주 무양동 29호 주거지 p.90.

『大邱 邑內洞 491遺蹟IV』, 대구 읍내동 III-1호 주거지 p.57.

『大邱 邑內洞 491遺蹟 I 』, 대구 읍내동 II-3호 주거지, 원색도판5-8.

▶ 동아대학교 박물관

『사천 늑도C I 』, 사천 늑도 C-13호 주거지 p.95.

『양산 평산리유적』, 양산 평산리 12호 주거지 p.82.

『김해 부원동유적』, 김해 부원동 C-2호 주거지 p.270.

『진해 용원유적』, 진해 용원 12-1호 주거지 p.105.

▶ 동아세아문화재연구원

『창원 신방리 저습유적』, 창원 신방리 저습유적 1호 주거지 p.43.

『창원 가음정 복합유적(상) 청동기시대~통일신라시대』, 창원 가음정 2호 주거지 p.71.

▶ 목포대학교 박물관

『務安 良將里 遺蹟』, 무안 양장리 94-4호 주거지 p.385.

▶ 백제문화재연구원

『대전 상대동(중동골·양촌) 유적(III)』, 대전 상대동 3호 주거지 p.192.

▶ 부산대학교 박물관

『김해봉황대유적』, 김해 봉황대 46호 주거지 p.239.

▶ 부산박물관

『機張 下長安遺蹟』, 기장 하장안 8호 주거지 p.44·193, 기장 하장안 22호 주거지 p.40.

▶ 삼강문화재연구원(舊 경남고고학연구소)

『사천 봉계리 삼국시대 집락』, 사천 봉계리 91-2~6호 주거지 p.474.

『늑도 패총 II 』, 늑도패총 다-2-4호 주거지 p.12.

▶ 서울문화유산연구원

『구리 토평동 유적』, 구리 토평동 F-3호 주거지 p.603.
『파주 덕은리유적』, 파주 덕은리 2-2호 주거지 p.399.
『광주 곤지암리 I 유적』, 광주 곤지암리 51호 주거지 p.796, 광주 곤지암리 2-23호 주거지 p.732·733.
『광주 곤지암리 II 유적』, 광주 곤지암리 12호 주거지 p.177.

▶ 숭실대학교 한국기독교박물관

『수원 서둔동 유적』, 수원 서둔동 1호 주거지 p.35.
『渼沙里 III』, 하남 미사리 콘트롤 피트 p.409.

▶ 영남문화재연구원

『大邱 西邊洞聚落遺蹟 I 』, 대구 서변동 25호 주거지 p.167.
『尙州 伏龍洞 230-3番地遺蹟 I 』, 상주 복룡동 1G-5호 주거지 p.50.
『慶州 東川洞 793番地遺蹟』, 경주 동천동 1호 주거지 p.74.
『慶山 雁村里遺蹟』, 경산 안촌리 2호 주거지 p.19.
『慶州 西岳洞256番地遺蹟』, 경주 서악동 2호 주거지 p.53.
『尙州 伏龍洞 230-3番地遺蹟 I 』, 상주 복룡동 2G-39호 주거지 p.208.
『尙州 伏龍洞 10-4番地遺蹟 II 』, 상주 복룡동 4-6호 주거지 p.130.
『尙州 伏龍洞 256番地遺蹟III』, 상주 복룡동 C3-11호 주거지 p.133.
『蔚山 倉坪洞遺蹟』, 울산 창평동 나호 주거지 p.214.
『慶山 麻谷里遺蹟』, 경산 마곡리 2호 주거지 p.32.
『慶山 縣內里 II 遺蹟』, 경산 현내리 11호 주거지 p.56.
『蔚山 川上里聚落遺蹟』, 울산 천상리 22호 주거지 p.8.
『대구 매호동 1008번지 유적』, 5호 주거지 p.vi.
『聞慶 矛田洞遺蹟』, 문경 모전동 1-1호 주거지 p.123.
『尙州 伏龍洞 230-3番地遺蹟 I 』, 상주 복룡동 3G-3호 주거지 p.564, 상주 복룡동 5G-23호 주거지 p.463.
『大邱 時至洞60-1番地遺蹟』, 대구 시지동 19호 주거지 p.148.
『蔚山 川上里聚落遺蹟』, 울산 천상리 22호 주거지 p.8.
『대구 매호동 1008번지 유적』, 대구 매호동 1008번지 5호 주거지 p.vi.
『聞慶 矛田洞遺蹟』, 문경 모전동 1-1호 주거지 p.123.
『尙州 伏龍洞 230-3番地遺蹟 I 』, 상주 복룡동 3G-3호 주거지 p.564.
『尙州 伏龍洞 230-3番地遺蹟 II 』, 상주 복룡동 5G-23호 주거지 p.463.
『大邱 時至洞60-1番地遺蹟』, 대구 시지동 19호 주거지 p.148.

▶ 예맥문화재연구원

『東海 望祥洞遺蹟 II』, 동해 망상동 단야공방지 p.344·345.

『春川 槿花洞遺蹟』, 춘천 근화동 C-30호 주거지 p.342, 춘천 근화동 C-5호 주거지 p.272.

『지흥동』, 동해 지흥동 가-1지점 3호 주거지 p.9.

『洪川 哲亭里 II 遺蹟』, 홍천 철정리 II A-6호 주거지 p.221, 홍천 철정리 II A-1호 주거지 p.190.
홍천 철정리 II A-14호 주거지 p.249.

『華川 原川里遺蹟』, 화천 원천리 76호 주거지 p.203, 화천 원천리 21호 주거지 p.68.

▶ 울산대학교 박물관

『기장 가동유적 II』, 기장 가동 36호 주거지 p.300, 기장 가동 35호 주거지 p.295.
기장 가동 79호 주거지 p.333, 기장 가동 78호 주거지 p.328.

▶ 울산문화재연구원

『울산 사연리 늠네유적』, 울산 사연리 늠네 5호 주거지 p.20.

『蔚山明山里遺蹟』, 울산 명산리 1호 주거지 p.280.

『蔚山泉谷洞가재골III遺蹟』, 울산 천곡동 1호 주거지 p.181.

『蔚山藥泗洞平山遺蹟 I』, 울산 약사동 210호 주거지 p.228, 울산 약사동 240호 주거지 p.245.

『蔚山藥泗洞平山遺蹟 I』, 울산 약사동 23·24호 주거지 p.106.

▶ 울산발전연구원

『울주 연자도 유적』, 울주 연자도 248호 주거지 p.226·453.

▶ 중앙문화재연구원

『南楊州 長峴里遺蹟』, 남양주 장현리 6호 주거지 p.86.

『清原 蓮提里遺蹟』, 청원 연제리 2호 주거지 p.29, 청원 연제리 4호 주거지 p.35.

『利川 葛山洞遺蹟』, 이천 갈산동 12호 주거지 p.73, 이천 갈산동 10호 주거지 p.64.
이천 갈산동 10호 주거지 p.32·34.

『大田 龍溪洞遺蹟』, 대전 용계동 12호 주거지 p.50.

『南楊州 長峴里遺蹟』, 남양주 장현리 6호 주거지 p.59, 남양주 장현리 47호 주거지 p.235.
남양주 장현리 36호 주거지 p.183. 남양주 장현리 40호 주거지 p.199, 남양주 장현리 9호 주거지 p.74.
남양주 장현리 75호 주거지 p.342.

『抱川 射亭里 모래내遺蹟』, 포천 사정리 모래내 11호 주거지 p.181. 포천 사정리 모래내 18호 주거지 p.203.

『南楊州 長峴里遺蹟』 남양주 장현리 35호 주거지 p.176, 남양주 장현리 6호 주거지 p.59.

남양주 장현리 52호 주거지 p.248, 남양주 장현리 52호 주거지 p.248.

남양주 장현리 32호 주거지 p.156, 남양주 장현리 32호 주거지 p.156.

『南楊州 長峴里遺蹟』, 남양주 장현리 71호 주거지 p.312, 남양주 장현리 71호 주거지 p.312.

『抱川 射亭里 모래내遺蹟』, 포천 사정리 모래내 2호 주거지 p.164, 포천 사정리 모래내 16호 주거지 p.199.

『利川 葛山洞遺蹟』, 이천 갈산동 12호 주거지 p.41, 이천 갈산동 2호 주거지 p.7.

『華城 求文川里遺蹟』, 화성 구문천리 A-3호 주거지 p.150.

『平澤 소사벌遺蹟』, 평택 소사벌 3-3호 주거지 p.93.

▶ 중원문화재연구원

『화성 봉담2보금자리지구 및 우회도로 내 유적 시·발굴조사 약보고서』, 화성 봉담2보금자리 가-4-f지점 주거지 p.122.

▶ 충청문화재연구원

『天安 龍院里 遺蹟(A地區)』, 천안 용원리(A지구) A-4호 주거지 p.42.

『서산 언암리 낫머리 유적』, 서산 언암리 낫머리 24호 주거지 p.44.

▶ 취락연구회

『竪穴建物址 調査方法論』, 출입시설 분류도 p.89.

▶ 한강문화재연구원

『춘천 우두동유적』, 춘천 우두동 218호 주거지 p.174, 춘천 우두동 113호 주거지 p.285.

『인천 구월동 유적』, 인천 구월동 41호 주거지 p.245, 인천 구월동 30호 주거지 p.185.

인천 구월동 31호 주거지 p.194, 인천 구월동 34호 주거지 p. 213, 인천 구월동 29호 주거지 p.171.

『춘천 우두동유적』, 춘천 우두동 137호 주거지 p339, 춘천 우두동 94호 주거지 p.242.

춘천 우두동 29호 주거지 p.92, 춘천 우두동 156호 주거지 p.22. 춘천 우두동 112호 주거지 p.279.

춘천 우두동 218호 주거지 p.170. 춘천 우두동 218호 주거지 p.170, 춘천 우두동 4호 주거지 p.43.

『대구 연경동 취락유적』, 대구 연경동 IV-2 4호 주거지 p.148, 대구 연경동 IV-2 6호 주거지 p.153.

대구 연경동 IV-2 23호 주거지 p.179, 대구 연경동 IV-1 8호 주거지 p.111.

대구 연경동 IV-2 3호 주거지 p.147, 대구 연경동 IV-2 16호 주거지 p.170·171.

대구 연경동 IV-1 1호 주거지 p.93, 대구 연경동 IV-1 7호 주거지 p.109.

대구 연경동 IV-2 4호 주거지 p.148, 대구 연경동 IV-1 1호 주거지 p.94.

대구 연경동 IV-2 4호 주거지 p.149, 대구 연경동 IV-2 6호 주거지 p.153·154.

『인천 운북동 유적』, 인천 운북동 8-4호 주거지 p.629.

▶ 한국문물연구원

『창원 봉림동유적(Ⅱ)』, 창원 봉림동 B2-5호 주거지 p.7.

▶ 한국문화재재단(舊 한국문화재보호재단)

『2014년도 소규모 발굴조사 보고서 Ⅵ』, 춘천 율문리 75-4 1호 주거지 p.400.

『尙州 龍潭里遺蹟』, 상주 용담리 27호 주거지 p.190.

▶ 한백문화재연구원

『가평 연하리유적』, 가평 연하리 1호 주거지 p.63, 가평 연하리 13호 주거지 p.157.

『화성 남양동 유적 Ⅱ』, 화성 남양동 4지점 24호 주거지 p.164, 화성 남양동 4지점 25호 주거지 p.165.
화성 남양동 12지점 3호 주거지 p. 263.

▶ 한양대학교 문화재연구소

『연천 삼곶리 유적』, 연천 삼곶리 4호 주거지 p.83.

▶ 한울문화재연구원

『연천 군남 홍수조절지 건설사업부지내 유적(H, 취우당지) 시·발굴조사 약보고서』, 연천 합수리 7호 주거지 p.34.

『연천 합수리(H지역)·취우당지 유적』, 연천 합수리 3호 주거지 p.249.

▶ 호남문화재연구원

『潭陽 台木里遺蹟 Ⅰ』, 담양 태목리 97호 주거지 p.471, 담양 태목리 96호 주거지 p.470.

찾아보기

【ㄱ】

【ㄴ】

【ㄷ】

【ㄹ】

【ㅁ】

【ㅂ】

【ㅅ】

【ㅇ】

【ㅈ】

【ㅊ】

【ㅋ】

【ㅌ】

【ㅍ】

【ㅎ】

발굴조사 길라잡이

수혈주거지 조사방법

초판 발행 2019년 8월 15일
2소 발행 2019년 10월 25일

저자 김권중 · 박경신 · 황대일 · 공봉석
감수 최병현
펴낸이 신창수
펴낸곳 백두문화재연구원
기획 서봉수
편집 김운환 · 노호
디자인 김민선
인쇄 DreamAD & Printing Group
등록 제2017-000026호
연락처 TEL. 031-918-6003~4 FAX. 031-918-6001
주소 경기도 고양시 일산동구 일산로 449, 4층
홈페이지 http://www.baekdu.or.kr

ISBN 979-11-89589-10-3

이 도서의 국립중앙도서관 출판예정도서목록(CIP)은 서지정보유통지원시스템 홈페이지(http://seoji.nl.go.kr)와 국가자료종합목록 구축시스템(http://kolis-net.nl.go.kr)에서 이용하실 수 있습니다. (CIP제어번호 : CIP2019030084)